# Limpos de Sangue

Familiares do Santo Ofício, Inquisição e
Sociedade em Minas Colonial

Programa de Pós-Graduação em História Social
Universidade de São Paulo
Faculdade de Filosofia, Letras e Ciências Humanas
Série Teses

**Universidade de São Paulo**
Reitor: Prof. Dr. João Grandino Rodas
Vice-Reitor: Prof. Dr. Franco Lajolo
**Faculdade de Filosofia, Letras e Ciências Humanas**
Diretora: Profa. Dra. Sandra Margarida Nitrini
Vice-Diretor: Prof. Dr. Modesto Florenzano
**Departamento de História**
Chefe: Profa. Dra. Marina de Mello e Souza
Vice-Chefe: Profa. Dra. Ana Paula Torres Megiani
**Programa de pós-graduação em História Social**
Coordenadora: Profa. Dra. Sara Albieri
Vice-Coordenador: Prof. Dr. Marcelo Cândido da Silva

Aldair Carlos Rodrigues

# Limpos de Sangue

Familiares do Santo Ofício, Inquisição e
Sociedade em Minas Colonial

Copyright © 2011 Aldair Carlos Rodrigues

Grafia atualizada segundo o Acordo Ortográfico da Língua Portuguesa de 1990, que entrou em vigor no Brasil em 2009.

Publishers: Joana Monteleone/ Haroldo Ceravolo Sereza/ Roberto Cosso
Edição: Joana Monteleone
Editor Assistente: Vitor Rodrigo Donofrio Arruda
Revisão: Ana Paula Marchi Martini
Assistente de produção: João Paulo Putini
Projeto gráfico, capa e diagramação: Sami Reininger

CIP-BRASIL. CATALOGAÇÃO-NA-FONTE
SINDICATO NACIONAL DOS EDITORES DE LIVROS, RJ

R611l

Rodrigues, Aldair Carlos
LIMPOS DE SANGUE: FAMILIARES DO SANTO OFÍCIO, INQUISIÇÃO E SOCIEDADE EM MINAS COLONIAL
Aldair Carlos Rodrigues.
São Paulo: Alameda, 2011.
268p.

Inclui bibliografia
ISBN 978-85-7939-095-1

1. Inquisição – Minas Gerais. 2. Brasil – História – Período colonial, 1500-1822.
I. Título.

11-3133   CDD: 272.2098151
          CDU: 272.2(815.1)

026829

ALAMEDA CASA EDITORIAL
Rua Conselheiro Ramalho, 694, Bela Vista
CEP 01325-000 – São Paulo SP
Tel. (11) 3012-2400
www.alamedaeditorial.com.br

*Aos meus pais, Luciana e José Carlos, pelo apoio incondicional*

*Aos meus irmãos, Ronaldo, Gilmar e Janaina*

*Ao meu querido sobrinho e afilhado, Raul, pela alegria que trouxe à nossa família*

# Índice

Apresentação 11

Introdução 15

PARTE I – FAMILIARES DO SANTO OFÍCIO E AÇÃO INQUISITORIAL EM MINAS 31

### 1: A Inquisição na Capitania do Ouro 33

Notários e Comissários do Santo Ofício 36

Justiça Eclesiástica e Inquisição 53

O Papel Auxiliar dos Clérigos Não Agentes do Santo Ofício 65

### 2: Familiares do Santo Ofício e Ação Inquisitorial em Minas 71

Funções 72

Prestígio e Poder Inquisitorial: Usos e Abusos do Título de Familiar 81

As Práticas Heterodoxas dos Familiares 92

PARTE II – DISTINÇÃO SOCIAL E FAMILIATURA DO SANTO OFÍCIO EM MINAS 99

### 3: O Cargo de Familiar do Santo Ofício: Definição e Requisitos 101

Habilitar a Familiar do Santo Ofício: os procedimentos 105

Problemas nos Processos de Habilitação: Honra e Limpeza de Sangue 113

"Padece Da Fama": Rumores de "Sangue Infecto" e Habilitação ao Santo Ofício 115

A Persistência da "Fama": Basta a Habilitação no Santo Ofício?     120

As Instituições do Antigo Regime Português e o "Atestado de Limpeza de Sangue"     125

As habilitações reprovadas     128

Problemas nos Outros Requisitos     131

**4: A Formação da Rede de Familiares do Santo Ofício em Minas**     137

**5: Perfil Sociológico e Recrutamento da Rede de Familiares do Santo Ofício**     165

Naturalidade     165

Idade     169

Estado Civil     173

Ocupação     179

Cabedal     202

**6: Familiatura do Santo Ofício e Distinção Social**     207

Ordens Terceiras     214

Câmaras e Ordenanças     222

Ordem de Cristo     224

**Considerações Finais**     235

**Fontes**     239

**Referências Bibliográficas**     249

**Agradecimentos**     265

## ABREVIATURAS

AHCMM – Arquivo Histórico da Câmara Municipal de Mariana
AHU – Arquivo Histórico Ultramarino/ Projeto Resgate
AHCSM – Arquivo Histórico da Casa Setecentista de Mariana
AEAM – Arquivo Eclesiástico da Arquidiocese de Mariana
BNL – Biblioteca Nacional de Lisboa
CGSO – Conselho Geral do Santo Ofício
HOC – Habilitações da Ordem de Cristo
HSO – Habilitações do Santo Ofício
IANTT – Instituto dos Arquivos Nacionais/ Torre do Tombo
IL – Inquisição de Lisboa
mç. – maço
doc. – documento

# APRESENTAÇÃO

O TRABALHO QUE AGORA vem a público aporta um largo conjunto de novidades. Ao mesmo tempo, consolida o conhecimento disponível sobre outros itens, todos indispensáveis ao estudo da Inquisição e dos seus dispositivos institucionais ou de poder nas periferias. O Santo Ofício não os podia dispensar. Em larga medida, da sua organização e eficácia dependia a sobrevivência desta instituição, criada para vigiar e disciplinar comportamentos, tanto na Corte como nos espaços mais recônditos do Portugal metropolitano ou do Império.

A rede de familiares e comissários tornou-se numa parcela essencial dessa disseminação de poder, mesmo quando eram pouco atuantes, como acontecia com os familiares em Minas Gerais. Mesmo assim, pelo capital de *status* do cargo, contribuíam para difundir o Tribunal no interior do Brasil.

Desde o último quartel de Seiscentos, pelo lugar estruturante da limpeza de sangue nas sociedades ibéricas, o Santo Ofício transformou-se numa instituição de vocação repressiva que actuava também pelo lado da distinção. Por isso revelava-se mais eficaz. Esta última tinha um profundo eco na sociedade do Antigo Regime, marcada pelo privilégio, pela desigualdade e pelo peso esmagador do que era público e notório, como era o grau de limpeza de sangue de cada um na Península Ibérica. Eis como o medo e o prestígio se associavam sem qualquer contradição e onde quer que fosse, até ao terceiro quartel do século XVIII. Aldair Rodrigues deixa muito clara esta dimensão da rede de familiares, na segunda parte do livro, a mais extensa e a mais estimulante deste texto.

Assente num pertinente quadro problemático, muito devedor – entre outros – à obra de James E. Wadworth, o trabalho deste jovem percorreu um sólido *corpus* documental, construído a partir das fontes legadas pelo Santo Ofício e pela Mesa da Consciência, bem como pelas instituições de *status* de recorte local. Não esqueceu também os testamentos e as visitações episcopais. Revela igualmente um bom domínio da historiografia brasileira, portuguesa e de outros idiomas sobre o contexto no qual os seus atores sociais se movimentaram e interagiram. Não nos oferece, pois, análises estruturais do seu ficheiro prosopográfico, desgarradas da envolvente local, seja ela o Minho ou as comarcas mineiras. Por sua vez, o registado em Minas Gerais é situado em conexão com a realidade de outras capitanias do Brasil, recentes e mais antigas. Este jogo de escalas e contextos é outro dos trunfos fortes das páginas que se seguem.

Por vezes torna-se notória a sedução do Autor pelo trabalho de arquivo. Depreende-se que, para ele, longe de ser uma atividade mecânica, pode transformar-se num espaço de descoberta e de permanente refinamento do quadro problemático.

Interessante é também a sua abordagem dos circuitos e fluxos de comunicação Santo Ofício / Minas, do papel dos comissários na articulação entre justiça eclesiástica local e Inquisição, tal como a representação do familiar e da sua atividade nas periferias ou da ligação entre um determinado comissário e um certo familiar. Alguns comissários teriam um "braço-direito" que efetuaria diligências à sua sombra, deduz-se de algumas das suas passagens, e será um ponto a aprofundar em futuros trabalhos sobre esta temática. A exploração dos livros de correspondência em elo imediato com a documentação local permitiu-lhe desvendar alguns destes tópicos muitas vezes esquecidos ou escassamente aflorados pela investigação disponível.

Ao mesmo tempo, nas páginas deste livro, perpassa a ideia que, no século XVIII, a limpeza sangue não era inquestionável no âmbito da rede de agentes inquisitoriais. Aqui e ali, uma ou outra pessoa da época dera-se conta da situação. Conforme se reproduz neste trabalho, havia até quem afirmasse, por meados da centúria: "quem quer pode ser familiar".

Como remate deste itinerário historiográfico, o Autor traça o perfil social dos familiares do Santo Ofício de Minas Gerais, na sua maioria reinóis e negociantes. E mais não diremos. Cabe ao leitor descobrir.

Indubitavelmente, com este trabalho, Aldair Rodrigues afirma-se como um jovem promissor para a vasta e dinâmica historiografia brasileira. Por tudo isto, foi com satisfação que o acolhemos no projeto "Inquirir da honra" (sedeado no CIDEHUS.UE) e o ajudamos nos seus primeiros passos nos arquivos de Lisboa. Uma vez mais foi cientificamente estimulante interagir com a Laura Mello e Souza, sua orientadora, e com o projeto "Dimensões do Império Português", da Cátedra Jaime Cortesão da Universidade de São Paulo.

Évora, 23 de Fevereiro de 2010

Fernanda Olival

# INTRODUÇÃO

ESTE TRABALHO TRATA da relação estabelecida entre a Inquisição portuguesa e a sociedade colonial através dos Familiares do Santo Ofício – grupo de agentes civis do tribunal inquisitorial – presentes em Minas Gerais durante o século XVIII. Embora vários estudiosos tenham se dedicado ao tema da atuação do Santo Ofício na Colônia, a historiografia brasileira explorou muito pouco os aspectos institucionais da atuação inquisitorial, sobretudo no que diz respeito aos agentes.

Os estudos sobre a Inquisição começaram a ganhar destaque na produção brasileira[1] a partir da década de 1970. Neste decênio, foram publicadas duas teses importantes sobre o assunto: *Cristãos Novos na Bahia*,[2] em 1972, e *A Inquisição Portuguesa e Sociedade Colonial*,[3] em 1978.

---

1 Não pretendemos aqui dar conta de todos os trabalhos que tangenciaram a temática da Inquisição na Colônia, mas sim apontar as tendências principais da historiografia através dos estudos de maior repercussão. O fio condutor de nossa discussão historiográfica se apoiará sobre a forma como os aspectos institucionais da Inquisição no Brasil aparecem nos trabalhos e sobre a maneira como os agentes inquisitoriais foram abordados. Organizaremos a discussão historiográfica em torno de três eixos temáticos: (I) a Inquisição no Brasil, de modo geral; (II) a Inquisição em Minas; (III) os Familiares do Santo Ofício na Colônia.

2 NOVINSKY, Anita. *Cristãos-novos na Bahia*. São Paulo: Perspectiva, 1972. Após anos de pesquisa e levantamentos exaustivos nos arquivos portugueses, a autora publicou também três importantes guias de pesquisa que têm facilitado muito o trabalho de historiadores que se dedicam à temática da ação inquisitorial no Brasil: _____. *Inquisição: prisioneiros do Brasil*. Rio de Janeiro: Expressão e cultura, 2001; _____. *Rol dos culpados*: Fontes para a História do Brasil. Rio de Janeiro: Expressão e Cultura, 1992; _____. *Inquisição*: inventário de bens confiscados a cristãos-novos: fontes para a história de Portugal e do Brasil. Rio de Janeiro: Imprensa Nacional, Casa da Moeda, 1976.

3 SIQUEIRA, Sônia Aparecida. *A Inquisição portuguesa e a Sociedade Colonial*. São Paulo: Ática, 1978.

De Anita Novinsky, *Cristãos-novos na Bahia* tem como preocupação principal esclarecer a especificidade que o fenômeno marrano[4] – no seu aspecto religioso e social – adquiriu na América Portuguesa. A autora investiga as condições históricas da migração dos cristãos-novos para a Colônia e a sua inserção no espaço social, econômico e administrativo da sociedade baiana entre 1624-54.

Novinsky endossa a tese de Antonio José Saraiva segundo a qual a Inquisição portuguesa lutava contra a ascensão da classe burguesa constituída, em sua maioria, por indivíduos de ascendência judaica. Como veremos mais adiante, essa tese, segundo a qual a Inquisição funcionava uma arma da nobreza contra a burguesia comercial, tem sido relativizada por trabalhos recentes – sobretudo no que se refere ao século XVIII.[5]

Além de produzir diversos trabalhos sobre a perseguição do Santo Ofício aos conversos, Novinsky orientou várias teses acadêmicas coerentes com a sua perspectiva em relação à problemática dos *cristãos-novos*.[6] Ademais, atuou na di-

---

4   A autora entende como "marranos" os descendentes dos judeus que viviam na Península Ibérica ou nas suas colônias, regiões onde a religião judaica era proibida.

5   TORRES, José Veiga. "Da repressão à promoção social: a Inquisição como instância legitimadora da promoção social da burguesia mercantil". *Revista Crítica de Ciências Sociais*, 40, out. 1994. p. 105-135.

6   CARNEIRO, Maria Luiza Tucci. *A questão da pureza de sangue em Portugal e Brasil Colônia: cristãos-novos*. São Paulo, FFLCH/ USP, 1980 (Dissertação de Mestrado). Este trabalho foi publicado em duas ocasiões: CARNEIRO, Maria Luiza Tucci. *Preconceito Racial no Brasil-Colônia: os cristãos-novos*. São Paulo: Brasiliense, 1983. CARNEIRO, Maria Luiza Tucci. *Preconceito Racial em Portugal e Brasil-Colônia: os cristãos-novos e o mito da pureza de sangue*. 3ª edição revista e ampliada. São Paulo: Perspectiva, 2005. BROMBERG, Rachel Mizrahi. *Trajetória de vida de um capitão-mor na Colônia: Miguel Telles de Mendonça*. São Paulo, FFLCH/ USP, 1981 (Dissertação de Mestrado). NAZÁRIO, Luiz Roberto Pinto. *Autos-de-fé como espetáculos de massa*. São Paulo, FFLCH/ USP, 1989 (Dissertação de Mestrado). SILVA, Lina Gorenstein Ferreira da. *Inquisição no Rio de Janeiro setecentista: uma família cristã-nova*. São Paulo, FFLCH/ USP, 1989 (Dissertação de Mestrado). CAROLLO, Denise H. M. de Barros. *A política inquisitorial na restauração portuguesa e os cristãos-novos*. São Paulo, FFLCH/ USP, 1995 (Dissertação de Mestrado). _____. *Homens de negócio cristãos-novos portugueses e*

vulgação de fontes sobre a ação inquisitorial no Brasil relativas, principalmente, aos réus cristãos-novos.

Na tese *A Inquisição portuguesa e a Sociedade Colonial*, Sônia Siqueira trabalha com uma vasta documentação, em especial com a que resultou das Visitações do Santo Ofício às capitanias baiana e pernambucana. Nesse estudo há a preocupação em investigar a estrutura através da qual a Inquisição, associada aos interesses da Coroa, atuou na Colônia. Privilegiando a análise do funcionamento das Visitações na região nordestina, a tese de Siqueira é um dos raros trabalhos que se detêm nos aspectos estrutural e institucional da Inquisição.

Na década de 1980, assistimos à expansão dos trabalhos ligados à temática da ação inquisitorial na Colônia. Inspirados pela história das mentalidades – sobretudo – e pela micro-história italiana – com destaque para os trabalhos de Carlo Ginzburg –, os pesquisadores brasileiros, tal como seus colegas europeus, empreenderam análises revigoradas a partir da utilização de fontes inquisitoriais e eclesiásticas, trazendo à baila temas até então intocados, tais como feitiçaria, sodomia, bigamia, sexualidade e moralidade.

Como expoentes deste grupo que promoveu uma extraordinária renovação historiográfica em torno do tema Inquisição, podemos destacar Laura de Mello e Souza, Ronaldo Vainfas, Luiz Mott e Lana Lage da Gama Lima.

Laura de Mello e Souza, em *O Diabo e a Terra de Santa Cruz*,[7] estudou a feitiçaria e a religiosidade popular na América portuguesa entre os séculos XVI e XVIII. Não obstante o empenho repressivo e depurador das instituições imbuídas do projeto contra-reformista, a feitiçaria e a religiosidade popular

---

*a transformação do Antigo Regime*. São Paulo, FFLCH/ USP, 2001 (Tese de Doutorado). FERNANDES, Neusa. *A Inquisição em Minas Gerais no séc. XVIII*. São Paulo, FFLCH/ USP, 1997 (Dissertação de Mestrado). JUNIOR, Adalberto Gonçalves Araújo. *Os Cristãos-novos e a Inquisição no século de ouro em Goiás*. São Paulo, FFLCH/ USP, 1998 (Dissertação de Mestrado). SANTOS, Suzana Maria de Souza. *Marranos e Inquisição (Bahia, século XVIII)*. São Paulo, FFLCH/ USP, 1997 (Dissertação de Mestrado). _____. *Além da exclusão*: convivência entre cristãos-novos e cristãos-velhos na Bahia setecentista. São Paulo, FFLCH/ USP, 2002 (Tese de Doutoramento).

[7] SOUZA, Laura de Mello e. *O Diabo e a Terra de Santa Cruz*: feitiçaria e religiosidade popular no Brasil colonial. São Paulo: Companhia das Letras, 1986.

continuavam existindo e adquiriram especificidade na Colônia. Especificidade esta resultante da interpenetração de múltiplas crenças e tradições culturais. Para a autora, a complexidade adquirida pela religiosidade popular em terras brasileiras contou com elementos e contribuições de origem europeia e com o desenrolar da colonização, africana e indígena.

Ronaldo Vainfas, em *Trópico dos pecados*,[8] abordou a sexualidade e a moralidade na América portuguesa. O autor privilegiou a análise do que era pregado pelas instituições em busca da depuração da fé e da sexualidade e o confronto deste projeto com as condutas morais e sexuais vigentes na Colônia.

Luiz Mott se destacou na historiografia brasileira devido às suas pesquisas no âmbito da sexualidade e moralidade no Brasil colonial, mais especificamente sobre a prática repressiva da Inquisição em relação aos sodomitas. O autor se dedicou também ao estudo dos cultos afro-brasileiros e questões respeitantes ao sincretismo no período colonial.[9]

Lana Lage da Gama Lima foi outra historiadora que se deteve na temática da sexualidade e moral católica em sua tese de doutoramento.[10] A autora tratou da perseguição do Santo Ofício ao pecado da solicitação *ad turpia*, delito no qual os padres solicitavam às confitentes a praticarem relações sexuais no momento da confissão.

Em relação à produção historiográfica recente sobre a temática da Inquisição no Brasil, destacamos a tese de Bruno Feitler, *Inquisition, Juifs et nouveaux-chrétiens au Brésil*.[11] O objetivo principal do autor foi estudar os cristãos-novos da

---

8   VAINFAS, Ronaldo. *Trópico dos pecados*: moral, sexualidade e Inquisição no Brasil. Rio de Janeiro: Campus, 1989.

9   Dentre outros, ver principalmente: MOTT, Luiz. *Escravidão, homossexualidade e demonologia*. São Paulo: Ícone, 1988; _____. *Rosa Egipcíaca*: Uma Santa Africana no Brasil. Rio de Janeiro, Bertrand Brasil, 1993.

10  LIMA, Lana Lage da Gama. *A Confissão pelo Avesso*: O Crime de Solicitação no Brasil. 3 vols. São Paulo, FFLCH/USP, 1990 (Tese de Doutorado).

11  FEITLER, Bruno. *Inquisition, Juifs et nouveaux-chrétiens au Brésil*: Le Nordeste, XVIIe et XVIIIe siècles. Louvain: Leuven University Press, 2003. Boa parte deste livro encontra-se traduzido para o português: *Nas Malhas da Consciência*: Igreja e Inquisição no Brasil. São Paulo: Alameda, Phoebus, 2007.

Paraíba e Pernambuco perseguidos pela Inquisição em virtude das suas práticas e crenças religiosas e analisar a inserção desses personagens no espaço social daquela região nordestina entre os séculos XVII e XVIII.

Como, num primeiro momento da tese, o autor estudou detidamente o funcionamento da engrenagem inquisitorial e seus agentes nas regiões mencionadas, podemos dizer que esse é um dos raros trabalhos sobre a ação inquisitorial na Colônia que conjuga o aspecto institucional do Santo Ofício e os seus alvos. De modo geral, a tendência da historiografia brasileira pautou-se pelo estudo de temas que foram alvos do tribunal inquisitorial, tais como o cristão-novismo – sobretudo –, a feitiçaria, a bigamia, a sodomia, a solicitação.

Na medida em que os trabalhos citados investigam os perseguidos pelo Santo Ofício, eles revelam a ação inquisitorial na Colônia; ao mesmo tempo, a análise dessa produção historiográfica aponta para uma lacuna: a escassez de estudos detidos sobre o aspecto institucional da atuação do Tribunal na Colônia, seja do ponto de vista dos agentes ou dos mecanismos.

Portanto, em relação a esse primeiro eixo de análise – a Inquisição no Brasil, de modo geral –, podemos dizer que o nosso trabalho traz contribuições para a compreensão do aspecto institucional da presença da Inquisição na América portuguesa – enfocando um grupo de agentes inquisitoriais, os Familiares do Santo Ofício.

Sobre a presença da Inquisição em Minas Gerais, os trabalhos são muito escassos e pouco aprofundados. Destacamos aqui os trabalhos de José Gonçalves Salvador, Luiz Mott, Neusa Fernandes, Caio César Boschi e Luciano Figueiredo. Da mesma forma como ocorre na historiografia brasileira tangente ao tema do Santo Ofício na Colônia de modo mais amplo, em relação à capitania mineradora predominou o estudo dos alvos da ação inquisitorial, com destaque para os cristãos-novos.

José Gonçalves Salvador trata da presença e do papel desempenhado pelos cristãos-novos no descobrimento e desenvolvimento socioeconômico das Minas. O autor presume que a ação do Santo Ofício na Capitania se devia à prosperidade alcançada por ela decorrente da exploração do ouro, durante o século XVIII.[12]

Em *A Inquisição em Minas Gerais no Século XVIII*, Neusa Fernandes segue a linha interpretativa de José Gonçalves Salvador. A autora procura demonstrar

---

12   SALVADOR, José Gonçalves. *Os cristãos-novos em Minas Gerais durante o ciclo do ouro*. São Paulo: Pioneira, 1992.

a importância e papel dos cristãos-novos no povoamento e desenvolvimento da capitania de Minas Gerais, sobretudo no campo mercantil. Entretanto, ao ocupar-se mais da descrição e do resumo do conteúdo dos processos contra os cristãos-novos, a historiadora realiza pouca problematização em torno do tema.[13]

Abordando uma temática diferente, mas ainda voltada aos alvos do Santo Ofício, temos o artigo de Luiz Mott, *Modelos de santidade para um clero devasso*. O autor analisa vários processos de clérigos das Minas setecentistas que caíram nas garras da Inquisição por praticarem o pecado de sodomia ou de solicitação.[14]

Numa linha diferente dos trabalhos acima, temos os estudos pioneiros de Luciano Figueiredo – *Barrocas Famílias*[15] – e de Caio César Boschi – *As Visitações Diocesanas e a Inquisição na colônia*. Ambos se concentram na análise da estrutura do Santo Ofício e não, propriamente, em seus alvos. Embora sintéticos, estes são os únicos trabalhos voltados para o aspecto da engrenagem institucional da Inquisição montado nas Minas. No entanto, conforme veremos ao longo desta dissertação, a relação de complementaridade entre as Devassas Eclesiásticas e a Inquisição em Minas foi tratada de forma superestimada pelos autores.

De maneira geral, a temática inquisitorial na região das Minas tem recebido pouca atenção da historiografia brasileira. Talvez isto se deva ao fato da zona mineradora não ter sido alvo das Visitações do Santo Ofício, cuja documentação produzida – quando da incursão pelas capitanias do nordeste colonial – embasou as pesquisas de muitos estudiosos que tangenciaram a problemática inquisitorial.

Em relação a esse segundo eixo em torno do qual organizamos a discussão historiográfica, o nosso trabalho procura aprofundar e ampliar a análise da pre-

---

13  FERNANDES, Neusa. *A Inquisição em Minas Gerais no séc. XVIII*. Rio de Janeiro: Eduerj, 2000.

14  MOTT, Luiz. "Modelos de santidade para um clero devasso: a propósito das pinturas do cabido de Mariana, 1760". *Revista do Departamento de História* – UFMG, Belo Horizonte, n. 9, 1989. p. 96-120.

15  O autor aborda esse tema no tópico A pequena Inquisição, p. 41-69. In: FIGUEIREDO, Luciano. *Barrocas famílias:* vida familiar em Minas Gerais no século XVIII. São Paulo: Hucitec, 1997.

sença da Inquisição em Minas, destacando os agentes e o aspecto institucional que permitiu ao Santo Ofício alcançar a região do ouro.

Especificamente sobre os Familiares do Santo Ofício – tema deste trabalho – podemos citar, inicialmente, trabalhos de caráter ensaístico, como os de Novinsky[16] e David Higgs.[17] Nos respectivos artigos, ambos definem o cargo de Familiar na hierarquia inquisitorial e o seu papel nas atividades do Santo Ofício. Numa análise preliminar de réus brasileiros, Novinsky pressupõe uma ação intensa dos Familiares na Colônia, e, ao final do artigo, apresenta uma lista de candidatos que não obtiveram o cargo pela ausência dos requisitos necessários. Já Higgs faz apontamentos – ocupação, residência, naturalidade – sobre um conjunto de Familiares habilitados nas últimas décadas do século XVIII (1770-1800). São trabalhos genéricos, mas pioneiros, pois chamam a atenção dos historiadores para a raridade de estudos sobre o tema dos agentes inquisitoriais e importância de novas e mais aprofundadas pesquisas.

Com a dissertação de mestrado Em Nome do Santo Ofício: Familiares da Inquisição portuguesa no Brasil Colonial,[18] Daniela Calainho realizou o primeiro trabalho de pós-graduação sobre os Familiares. A autora demonstrou a relevância do estudo desses agentes para a compreensão da realidade colonial brasileira e realizou os primeiros levantamentos estatísticos sobre a rede de Familiares da América portuguesa.

---

16  NOVINSKY, Anita. "A Igreja no Brasil colonial: agentes da Inquisição". *Anais do Museu Paulista*, t. XXXIII, 1984. p. 17-34

17  HIGGS, David. "Comissários e Familiares do Santo Ofício ao fim do período colonial". In: NOVINSKY, Anita; CARNEIRO, M. L. Tucci (orgs.). *Inquisição*: ensaios sobre heresias, mentalidades e arte. São Paulo: Edusp, 1992.

18  CALAINHO, Daniela Buono. *Em nome do Santo Ofício*: familiares da Inquisição portuguesa no Brasil colonial. Rio de Janeiro, UFRJ, 1992 (Dissertação de Mestrado). Utilizamos neste trabalho a versão datiloscrita, existe, no entanto, a versão publicada: *Agentes da Fé*: familiares da Inquisição portuguesa no Brasil colonial. Bauru: EDUSC, 2006. A autora dialogou sobretudo com a produção historiográfica brasileira sobre a Inquisição realizada na década de 1970 e 1980, nomeadamente, Anita Novinsky, Luiz Mott, Laura de Mello e Souza e Ronaldo Vainfas.

A proposta de Calainho foi examinar tais agentes sobretudo ao nível das suas funções. Os dados para a análise desse aspecto foram buscados nos regimentos inquisitoriais, processos e em menções episódicas da ação dos familiares em trabalhos da historiografia brasileira que tangenciaram a temática do Santo Ofício na Colônia.

Apesar de ter enfocado os Familiares sobretudo a partir das suas funções inquisitoriais, Calainho não ignora que a familiatura poderia ser utilizada como uma forma de distinção social. Ao analisar os aspectos gerais do o perfil dos Familiares da Colônia, a autora demonstra que o grupo ocupacional mais representativo de sua amostragem era aquele ligado ao comércio e ávido por distinção social.

O trabalho mais aprofundado já realizado sobre os Familiares da Inquisição portuguesa é *Agents of Orthodoxy*, tese de doutoramento de James Wadsworth. Apoiado em uma vastíssima documentação inédita, sobretudo da Torre do Tombo, o autor analisou vários aspectos da rede de Familiares de Pernambuco, entre 1613 e 1820, chegando à conclusão de que a familiatura era procurada porque oferecia distinção e prestígio social aos habitantes da Capitania.

Além de revelar o perfil social da rede, Wadsworth pesquisou vários documentos de natureza legislativa que esclareceram pontos importantes do estatuto e privilégios dos Familiares. Ademais, analisou a organização dos Familiares de Pernambuco em companhias militares e na irmandade de São Pedro mártir.

Por não utilizar a documentação inquisitorial resultante diretamente da ação do Santo Ofício – tais como cadernos do promotor e processos de réus –, o autor subestimou as funções institucionais dos Familiares. No trabalho de Wadsworth, esses agentes praticamente não aparecem cumprindo suas funções inquisitoriais. Apesar de indubitavelmente a familiatura ter se voltado mais para uma função social, ou seja, oferecer prestígio e distinção social – sobretudo a partir de finais do século XVII e até o terceiro quartel do século XVIII –, não podemos esquecer que os Familiares do Santo Ofício eram agentes da Inquisição e, enquanto tais, cumpriam uma série de funções.[19]

---

19   Em relação às familiaturas, o autor chegou a afirmar que "a Inquisição transformou-se de um tribunal de repressão em uma instituição de promoção social nos fins do século XVII". p. 21. WADSWORTH, James. "Children of the Inquisition: Minors as Familiares

Em relação a esse último eixo em torno do qual organizamos a discussão historiográfica, a nossa dissertação segue na esteira dos que foram produzidos por Wadsworth – com ênfase na função social da familiatura – e Calainho – com enfoque maior na função institucional dos Familiares. Pretendemos avançar a discussão no que diz respeito a inserção social dos indivíduos que se tornaram Familiares. Além da documentação inquisitorial, analisaremos conjuntos documentais compostos por fontes camarárias, documentação das ordenanças, habilitações da Ordem de Cristo, inventários e testamentos.

No que diz respeito à problemática da distinção social, destacamos ainda Francisco Bethencourt e José Veiga Torres. Numa perspectiva comparativa e de longa duração, o primeiro analisou as Inquisições italiana, espanhola e portuguesa entre os séculos XVI e XIX, verificando que o Santo Ofício era uma instituição dinâmica e que, por isso, conseguiu se adaptar a diferentes contextos. Sobre os agentes inquisitoriais, o autor chama atenção para a necessidade de estudá-los "para se começar a esboçar uma imagem mais rigorosa do enraizamento social das Inquisições e dos jogos de poder em que estiveram envolvidos".[20]

Em artigo pioneiro – *Da Repressão Religiosa para a Promoção Social: A Inquisição como instância legitimadora da promoção social da burguesia mercantil*[21]– apoiado em dados estatísticos respeitantes à habilitação de Familiares do Santo Ofício, José Veiga Torres demonstrou que para entendermos o papel histórico desta instituição não podemos nos apoiar apenas na perspectiva da repressão. Devemos ir além, trabalhar também com a perspectiva da promoção social.

A estatística das habilitações dos Familiares fornece uma imagem nova da Inquisição. Desde o último quartel do século XVII, a expedição de familiaturas passou a ocorrer num ritmo destoante da repressão inquisitorial. O número de

---

of the Inquisition in Pernambuco, Brazil, 1613-1821". *Luso-Brazilian Review*, n. 42:1, 2005. p. 21-43.

20  BETHENCOURT, Francisco. *História das Inquisições*: Portugal, Espanha e Itália séculos XV-XIX. São Paulo: Companhia das Letras, 2000. p. 13.

21  TORRES, José Veiga. "Da repressão à promoção social: a Inquisição como instância legitimadora da promoção social da burguesia mercantil". *Revista Crítica de Ciências Sociais*, 40, out. 1994. p. 105-135.

Familiares habilitados aumentava na medida em que a atividade repressiva inquisitorial (número de sentenciados) diminuía. O grupo que mais foi contemplado pela Carta de Familiar do Santo Ofício no momento de maior expansão das habilitações (último quartel do século XVII ao terceiro quartel do século XVIII) foi o dos comerciantes, provavelmente, porque este foi o que mais a procurou.

Portanto, os Familiares do Santo Ofício não podem ser analisados apenas como meros instrumentos da ação inquisitorial, a familiatura deve ser vista também pelo viés da promoção social. Esta perspectiva pode revelar os interesses profanos aos quais a Inquisição, através desses agentes, se submeteu.

Esta perspectiva relativiza a tese de Antônio José Saraiva, endossada em muitos estudos sobre o Tribunal do Santo Ofício português, segundo a qual "a Inquisição tratou de colocar a nobreza do seu lado (ou de colocar-se ao lado da nobreza) utilizando para isso as possibilidades oferecidas pela instituição de familiatura do Santo Ofício".[22]

A historiografia brasileira, na medida em que estudou a perseguição inquisitorial a certos delitos, aponta para um enquadramento da Inquisição na perspectiva da repressão inquisitorial. Já a leitura dos trabalhos de Bethencourt e Torres nos aponta para um enquadramento mais sociológico do Tribunal, sobretudo no processo de enraizamento social da instituição inquisitorial.

Nesta dissertação, buscaremos conjugar as duas perspectivas. Entretanto, partiremos do pressuposto de que a função social da familiatura do Santo Ofício assumiu, a partir de finais do século XVII e ao longo da maior parte do século seguinte, um papel de maior relevância se comparada a sua função institucional. Sendo assim, o enfoque sobre a familiatura como um símbolo de distinção social ganhará um espaço maior. Em outras palavras, nos interessa mais o indivíduo das Minas que se tornou Familiar do que o agente da Inquisição em sua função institucional.

Ao conjugar as duas perspectivas de análise, o nosso objetivo é esclarecer a multifacetada e complexa relação estabelecida entre a Inquisição portuguesa e a sociedade colonial. Queremos desvendar o que significava *ser Familiar do Santo Ofício em Minas colonial*.

O recorte espaço-temporal deste trabalho é a Capitania de Minas Gerais entre 1711 e 1808. A primeira baliza é o ano de criação das vilas de Mariana, Vila Rica e

---

22 SARAIVA, Antônio José. *Inquisição e Cristãos-novos*. Lisboa: Ed. Estampa, 1985. p. 136.

Sabará; o que, inserido num movimento maior do estabelecimento do aparelho administrativo nas Minas, representa um novo período na colonização da Capitania, sobretudo no que diz respeito à preocupação normalizadora das autoridades.[23] Acreditamos que a ação inquisitorial na Capitania pode ter ganhado força nesse momento de busca de maior controle social sobre a população. O segundo marco cronológico é 1808, ano da transferência da Corte portuguesa para o Brasil, seguida da abertura dos portos coloniais. A vinda dos Braganças para o Rio de Janeiro causou profundos impactos no processo de colonização da América portuguesa.[24] Além disso, a invasão napoleônica abalou a estrutura inquisitorial portuguesa, agravando a decadência desta instituição.

Para o desenvolvimento das problemáticas elencadas acima, organizamos a dissertação em duas partes. Na primeira, em dois capítulos, abordaremos os Familiares na perspectiva da repressão inquisitorial. Na segunda, em quatro capítulos, trataremos da familiatura como uma forma de distinção social. Na parte I nos interessa mais o Familiar do Santo Ofício do que o habitante das Minas que obteve a familiatura; já, na parte II alteramos o enfoque analítico e nosso olhar se volta para o habitante das Minas que se tornou Familiar.

O capítulo 1 trata do funcionamento da estrutura institucional que permitiu a ação do Santo Ofício nas Minas, com ênfase nos agentes e sistema de transmissão de denúncias. Além de suprir uma lacuna historiográfica – já que existem poucos trabalhos sobre a Inquisição em Minas –, a nossa proposta aqui é exami-

---

[23] Sobre a questão da urbanização em Minas, implantação do aparelho administrativo e controle das populações, ver: SOUZA, Laura de Mello e. *Desclassificados do Ouro*: a pobreza mineira no século XVIII. 4ª edição revista e ampliada. São Paulo: Paz e Terra, 2004. Cf. sobretudo o tópico a preocupação normalizadora, p. 144-167. Segundo a autora, o período mais intenso do processo urbanizatório foi o compreendido entre 1711 e 1715, encerrando-se em 1718, quando Assumar criou a vila de São José Del Rei. Neste intervalo, em 1714, situa-se também a criação das três primeiras comarcas da Capitania: Vila Rica, Rio das Velhas e Rio das Mortes.

[24] Sobre a vinda da Corte em 1808 e a crise do sistema colonial português, ver: NOVAIS, Fernando. *Portugal e Brasil na crise do antigo sistema colonial (1777-1809)*. São Paulo: Hucitec, 1979.

nar a máquina a qual os Familiares pertenciam, de modo a subsidiar a análise da atuação efetiva desses últimos.

A documentação que embasa o capítulo é composta pelos registros de provisões da Inquisição de Lisboa,[25] onde pudemos coletar dados sobre a formação da rede de Comissários e Notários do Santo Ofício nas Minas; registros de correspondências,[26] nos quais verificamos a comunicação entre a Inquisição e os seus agentes na Capitania; cadernos do promotor do Tribunal de Lisboa,[27] que esclareceram o sistema de transmissão de denúncias e composição de sumários contra habitantes das Minas. Além disso, utilizamos os regimentos inquisitoriais para examinarmos, ao nível da legislação, o papel reservado aos agentes inquisitoriais na ação do Santo Ofício e o funcionamento da máquina inquisitorial.

A questão central do capítulo 2 é a ação efetiva dos Familiares do Santo Ofício. Como esses agentes atuavam numa região tão distante da sede do Tribunal de Lisboa? De que forma eles manipulavam a autoridade inquisitorial? Como se comportavam enquanto agentes efetivos do Santo Ofício? De que maneira os Familiares manipulavam a autoridade inquisitorial? Os Familiares serão

---

25  Nesses livros eram registradas todas as habilitações dos agentes da hierarquia inquisitorial, desde Inquisidores-Gerais até Familiares do Santo Ofício. Embora tenhamos encontrado Familiares residentes em Minas cujas cartas não foram localizadas nesta documentação – o que demonstra que nem todas as habilitações eram ali registradas – são fontes onde podem ser feitos os levantamentos e amostragens mais completas dos agentes inquisitoriais. Cada registro, na maioria das vezes, traz o nome do agente, sua respectiva filiação, ocupação, naturalidade, residência, o cargo para o qual foi habilitado e a data de expedição da sua habilitação.

26  Ainda não sabemos o grau de rigor com que as correspondências eram registradas nestes livros, mas é provável que nem todas o fossem. Ao todo, percorremos esta documentação do ano de 1692 ao de 1821. Dessa forma, pudemos verificar tudo que foi enviado para a Capitania de Minas durante a sua existência, com exceção da década de 1770, período para o qual a documentação é lacunar. Encontramos, ao todo, 110 registros que tiveram como destino capitania mineradora.

27  Esse é um importante conjunto documental que funcionava como um depositário de denúncias e sumários de uma grande variedade de delitos. A partir daqui, dependendo do parecer do Promotor do Santo Ofício, as denúncias e sumários poderiam virar processo.

enquadrados aqui na perspectiva da repressão inquisitorial. Os cadernos do promotor, sobretudo, os processos de réus e os regimentos inquisitoriais são as fontes privilegiadas para o desenvolvimento das questões deste capítulo.

A parte II inicia-se com o capítulo 3, cuja questão central é a maneira pela qual alguém se tornava Familiar do Santo Ofício. Tal procedimento é fundamental para entendermos porque a familiatura oferecia prestígio social aos indivíduos que a obtinham. Dentre os requisitos exigidos para a habilitação, daremos destaque para a "limpeza de sangue". O conjunto documental que subsidia a discussão é constituído sobretudo pelos processos de habilitação[28] dos Familiares do Termo de Mariana.

O tema do capítulo 4 é o desenvolvimento da rede de Familiares do Santo Ofício em Minas. Aqui, por um lado, consideramos o contexto da formação social da Capitania e, por outro, o contexto maior de expedição de familiaturas para as áreas sob jurisdição da Inquisição portuguesa. Para tanto, nos valemos dos livros de registro de provisão da Inquisição de Lisboa. Nesta documentação, coletamos os dados referentes ao ano de habilitação e à comarca de residência do Familiar. Dessa forma, foi possível observar a formação da rede de Familiares das Minas ao longo do tempo e do espaço.

Além de termos compulsado dados sobre os agentes de toda a capitania mineradora, entre 1711 e 1808, contabilizamos também as informações referentes a todos os Familiares residentes na Colônia, entre 1713 e 1785.[29] Neste último caso, distribuímos os dados por capitania e ano de habilitação. Com isso, podemos comparar a formação da rede de Familiares de Minas com a rede das demais regiões da América portuguesa.

No capítulo 5, o nosso objetivo é esclarecer o padrão de recrutamento da rede de Familiares de Minas e o perfil sociológico dos agentes. Através do estudo prosopográfico do grupo, queremos compreender porque os habitantes da capitania quiseram ser Familiares do Santo Ofício. Em que momento de suas vidas eles pediam a habilitação na Inquisição? Que tipo de estratégia a familiatura representava em suas trajetórias?

---

28   Consultamos ao todo 111 processos de habilitação.

29   Embora tenhamos procurado nos livros anteriores a 1711, pois começamos pelo livro 108 (1694-1704), não encontramos Familiares habilitados naquela Capitania na primeira década do século XVIII.

O capítulo possui duas partes. Na primeira, através dos registros de provisões, analisamos, de forma mais quantitativa, o perfil geral dos Familiares de Minas, considerando a ocupação, a naturalidade e o estado civil do grupo. Em seguida, passamos a utilizar também fontes qualitativas. A nossa escala de análise aqui se reduz e nos restringimos aos Familiares do Termo de Mariana. O conjunto documental basilar desta segunda etapa do capítulo é composto pelos processos de habilitação dos Familiares de Mariana e seus respectivos inventários e testamentos.

Uma das justificativas para a redução da escala de análise para o Termo de Mariana é o fato deste trabalho ser a continuação de uma pesquisa de Iniciação Científica cujo recorte espacial era aquela região.[30] Portanto, na medida em que prosseguimos aquela investigação, a análise se aprofundou e, ao mesmo tempo, sentimos a necessidade de alargar o trabalho para toda a Capitania.

Em segundo lugar, esse recorte se justifica pela natureza extensa da documentação utilizada neste trabalho. Os processos de habilitação contêm, em média, 80 fólios; por isso não tivemos condições de pesquisar os processos de habilitação dos 457 Familiares de Minas.

Pertencente à Comarca de Vila Rica, o Termo de Mariana abrangia 13 freguesias, possuindo ao final do século XVIII e início do XIX cerca de 5000 habitantes. Primeira cidade da Capitania de Minas por ordem régia de 23/04/1745, Mariana era um centro religioso, pois abrigava a sede do Bispado mineiro (após o desmembramento da região da jurisdição do Bispado do Rio de Janeiro em 1745-48); um centro administrativo, contando com um grande número de advogados, tabeliães e o corpo administrativo da Câmara e Cadeia; um centro educacional, principalmente, a partir da criação do Seminário de Mariana em 1750, atraindo um grande número de estudantes – não só voltados para a carreira eclesiástica – e professores.[31]

---

30 RODRIGUES, Aldair Carlos. "Os Familiares do Santo Ofício e a Inquisição portuguesa em Mariana no século XVIII: o caso dos privilegiados do número". *Revista de Estudos Judaicos*, Belo Horizonte, ano VI, n. 6, 2005-2006. p. 114-122. Este trabalho foi desenvolvido no Departamento de História da UFOP, sob orientação dos professores Luiz Carlos Villalta e Andréa Lisly Gonçalves.

31 LEWKOWICZ, Ida. *Vida em família*: caminhos da igualdade em Minas Gerais (séculos XVIII e XIX). São Paulo, FFLCH/USP, 1992 (Tese de Doutorado). p. 31-77.

O capítulo 6 também possui duas subdivisões. Na primeira, procuramos compreender os elementos que tornavam a familiatura uma marca social distintiva; já a segunda trata da inserção da familiatura na constelação de outros símbolos e títulos de distinção social – camaristas, irmãos das ordens terceiras, oficiais das ordenanças, cavaleiros da Ordem de Cristo.

Para tanto, utilizamos testamentos – sobretudo para elaborarmos um mapa das irmandades às quais os Familiares pertenciam –, listagem de vereadores das câmaras de Mariana e Vila Rica, processos da Ordem de Cristo e habilitações do Santo Ofício. Nesse sentido, queremos verificar as potencialidades, limites e peculiaridades do título de Familiar, bem como situar a familiatura na escala de valor simbólico das insígnias.

**PARTE I**

# Familiares do Santo Ofício e ação inquisitorial em Minas

# 1
# A INQUISIÇÃO NA CAPITANIA DO OURO[1]

A PROPOSTA DESTE CAPÍTULO é esclarecer como ocorreu em Minas Gerais a montagem e o funcionamento da máquina inquisitorial à qual os Familiares pertenciam. Quais agentes compunham essa engrenagem? Como eles eram recrutados? No contexto da colonização da Capitania, verificaremos como ocorreu a relação entre a atividade inquisitorial e a estrutura eclesiástica da região.

Diferentemente do que ocorrera nas colônias espanholas,[1] a América portuguesa não contou com um Tribunal do Santo Ofício próprio, apesar da malograda tentativa do seu estabelecimento no período filipino.[2] Com efeito, a Colônia ficou sob a égide da Inquisição de Lisboa, que exercia jurisdição também sobre outras partes do Império luso: as Ilhas Atlânticas, Norte e porção ocidental da África. O único Tribunal instalado no Ultramar português foi o de Goa.

Apesar de nunca ter tido uma sede na Colônia, a Inquisição portuguesa agiu aqui por meio de diversas estratégias, que variaram no tempo e no espaço. As Visitações, a colaboração dos Bispos e das Ordens regulares (sobretudo a Companhia de Jesus), a Justiça Eclesiástica e uma rede de agentes, composta principalmente por Comissários e Familiares, foram os principais mecanismos utilizados pelo Santo Ofício para atingir o Brasil.

Antes do envio das Visitações à Colônia e da formação da rede de agentes próprios, a colaboração dos Bispos foi muito importante para a atuação do Santo Oficio na América Portuguesa. Os Prelados agiam realizando denúncias, tirando sumários

---

[1] Em 1569-70, foram criados Tribunais no México e Lima; antes, em 1517, havia sido criada uma estrutura mista entre uma "Inquisição episcopal" e a Inquisição espanhola. Em 1610 foi instalado o Tribunal de Cartagena de Índias, cuja jurisdição abarcava as Antilhas, partes da América Central e costa nordeste da América do Sul. Cf. BETHENCOURT, Francisco. *Op. cit.*, p. 52.

[2] Cf. NOVINSKY, Anita. *Cristãos Novos na Bahia*. São Paulo: Perspectiva, 1992. 2ª ed. p. 108-109. SIQUEIRA, Sônia. *Op. cit.*, p. 135-139. FEITLER, Bruno Guilherme. *Op. cit.*, p. 64-69.

e enviando os réus para Lisboa. Assumindo feições diversas, essa relação entre membros da esfera eclesiástica e Inquisição existiu durante todo o período Colonial.

No final do século XVI, a Inquisição passou a enviar Visitações à América portuguesa. Realizada pelo Licenciado Heitor Furtado de Mendonça entre 1591 e 1595, a primeira delas atingiu as capitanias da Bahia, Pernambuco e Paraíba. A Bahia seria novamente visitada entre 1618 e 1621 por Marcos Teixeira.[3] Ainda na década de 1620, embora a documentação seja mais escassa, temos notícia de uma outra Visitação que percorreu o Brasil, passando pelo Espírito Santo, Rio de Janeiro, Santos e São Paulo. Para esta última, apesar de várias denúncias recebidas, apenas uma pessoa foi processada, Izabel Mendes, acusada de Judaísmo.[4]

As visitações ocorridas no Brasil durante o final do século XVI e início do XVII integram um contexto maior em que outras áreas do lado atlântico do Império foram também visitadas: Açores em 1575-6, Açores e Madeira em 1591-3 e 1618-9; Angola

---

[3] Os livros dessas Visitações foram publicados: ABREU, Capistrano (ed.). *Primeira Visitação do Santo Ofício às partes do Brasil pelo licenciado Heitor Furtado de Mendonça.* Confissões da Bahia, 1591-1592. São Paulo: Paulo Prado, 1922; ABREU, Capistrano (org.). *Primeira Visitação do Santo Ofício às partes do Brasil pelo licenciado Heitor Furtado de Mendonça.* Denunciações da Bahia, 1591-1593. São Paulo: Paulo Prado, 1925; FRANÇA, Eduardo de Oliveira, SIQUEIRA, Sônia (orgs.). *Segunda Visitação do Santo Ofício às partes do Brasil pelo Inquisidor e Visitador Marcos Teixeira.* Livro das Confissões e Ratificações da Bahia, 1618-1620, *Anais do Museu Paulista*, XVII, 1963; GARCIA, Rodolfo (org.). *Livro das denunciações que se fizeram na Visitação do Santo Ofício à cidade de Salvador da Bahia de Todos os Santos do estado do Brasil no ano de 1618*, Anais da Biblioteca Nacional do Rio de Janeiro, 49, 1927, p. 75-198; _____. *Primeira Visitação do Santo Ofício às partes do Brasil pelo Licenciado Heitor Furtado de Mendonça.* Denunciações de Pernambuco, 1593-1595. São Paulo: Paulo Prado, 1929.

[4] Sobre essa Visitação, consultar: GORENSTEIN, Lina. A terceira Visitação do Santo Oficio às partes do Brasil (século XVII). In: FEITLER, Bruno; LIMA, Lana Lage da Gama; VAINFAS, Ronaldo (orgs.). *A Inquisição em Xeque*: temas, controvérsias, estudos de caso. Rio de Janeiro: EDUERJ, 2006. p. 25-32. Sobre Izabel Mendes, p. 27. Para essa Visitação, diferentemente das que ocorreram no Nordeste, nos lembra Gorenstein que não há "livros". Segundo a autora, a documentação que demonstra a existência desta Visitação é o processo de Izabel e os Cadernos do Promotor, ambos do IANTT.

em 1596-8, 1561-2 e 1589-91. Essa estratégia de ação do Santo Ofício através das visitações foi utilizada sobretudo no século XVI e na primeira metade da centúria seguinte. A partir deste período as visitações entram em decadência. Sobre essa matéria, concordamos com Bethencourt, para quem a Visitação do Santo Ofício ao Estado do Grão-Pará, ocorrida entre 1763-69, foi "excepcional sob todos os pontos de vista".[5]

Concomitante ao declínio das Visitações, notamos um crescimento do número das habilitações de agentes inquisitoriais expedidas pelo Santo Ofício, cujo ápice foi atingido no século XVIII. Isso significa que a Inquisição foi mudando sua estratégia, passando a se apoiar cada vez mais na rede de agentes próprios composta principalmente por Comissários, Notários, Qualificadores e Familiares. Essa expansão da hierarquia inquisitorial pode ser observada no quadro abaixo, cujos dados excluem os Familiares – dos quais não trataremos por ora –, mas adiantamos que a difusão de sua rede seguiu a mesma tendência geral verificada para os outros agentes.

Tabela 1 – **Expansão dos Quadros Burocráticos Inquisitoriais**

| Período | Comissários | Notários | Deputados e Inquisidores | Qualificadores | Não especificados |
|---|---|---|---|---|---|
| 1580-1620 | 132 | 00 | 38 | 47 | 00 |
| 1621-1670 | 297 | 00 | 117 | 110 | 00 |
| 1671-1720 | 637 | 142 | 94 | 287 | 33 |
| 1721-1770 | 1011 | 404 | 119 | 419 | 20 |
| 1771-1820 | 484 | 189 | 62 | 62 | 1 |

Fonte: TORRES, José Veiga. "Da repressão à promoção social: a Inquisição como instância legitimadora da promoção social da burguesia mercantil". *Revista Crítica de Ciências Sociais*, 40, out. 1994. p. 130.

A ação do Santo Ofício ocorrida na Capitania de Minas Gerais, cujo povoamento e colonização ocorreu no setecentos, se insere nesse contexto maior de desaparecimento das Visitações Inquisitoriais e crescimento da rede de agentes.

A análise do funcionamento da engrenagem inquisitorial em Minas leva em conta, por um lado, esse contexto global da atuação inquisitorial no Império

---

5   BETHENCOURT, Francisco. *História das Inquisições...* p. 215-217.

colonial português e, por outro, o contexto específico da Capitania. Dentro deste último, destacaremos como as variantes regionais – sobretudo a estruturação da instituição eclesiástica e a criação do Bispado de Mariana – influenciaram na ação do Santo Ofício ocorrida na Capitania.

## Notários e Comissários do Santo Ofício

A engrenagem inquisitorial que permitiu a ação do Tribunal de Lisboa em Minas era composta por três grupos de agentes: os Comissários, os Notários e os Familiares. Além dessa rede – e integrada a ela – foi relevante a complexa articulação ocorrida entre a Justiça Eclesiástica da Capitania e o Santo Ofício. Primeiramente, trataremos da formação da rede de Notários e Comissários: seu recrutamento e ação; em seguida, abordaremos as questões relacionadas à ligação estabelecida entre os mecanismos da justiça eclesiástica e a Inquisição.

Nas partes relativas aos Notários, os Regimentos Inquisitoriais só especificam as atividades desempenhadas por esses agentes na sede dos Tribunais da Inquisição: passar certidões, comissões, róis e termos diversos. Eles tinham que ser "Clérigos de ordens sacras que saibam bem escrever, de suficiência e capacidade conhecida para poderem cumprir com a obrigação de seu ofício; e podendo-se achar letrados, serão os preferidos aos mais". Além disso, teriam as mais "qualidades" exigidas a todos os agentes inquisitoriais: ser cristão-velho de boas virtudes e comportamentos. A remuneração dos Notários seria de um vintém para cada selo que colocassem nos papéis do Tribunal do Santo Ofício e para o que escrevessem nos processos receberiam o que pelo "Promotor lhe for contado".[6]

A rede de Notários de Minas era composta por 8 agentes, tendo se habilitado 1 na década de 1740, 4 na década de 1760 e 3 na de 1750. A Comarca de Vila Rica contava com 3 desses agentes, a de Rio das Mortes, também com 3, a de Rio das Velhas e a do Serro Frio, com 1 cada.[7]

---

6 Regimento de 1640, Livro I, Tit. VII. In: *Revista do IHGB*, Rio de Janeiro, jul./ set. 1996. n. 392. Daqui em diante, todas as vezes que referirmos aos regimentos da Inquisição, entende-se que utilizamos a versão publicada na Revista do IHGB, conforme citado.

7 IANTT, HSO; IL, Provisões de nomeação e termos de juramentos (livros 104-123).

Os Notários não ocupavam cargos importantes na hierarquia eclesiástica da região, aparecendo na documentação apenas como "Presbítero Secular", "Sacerdote do Hábito de São Pedro", "Clérigo".[8]

Para as atividades dos Notários fora das sedes dos Tribunais, caso dos que se habilitaram em Minas, não temos muitas informações a respeito da legislação que as regulava. No que toca à ação, encontramos apenas um Notário agindo na Capitania, e uma única vez. Trata-se do Pe. Julião da Silva e Abreu, habilitado em 1765, que, em 1778, realizou uma denúncia envolvendo proposição e superstição na freguesia da Piedade da Borda do Campo, Comarca do Rio das Mortes.[9]

Mesmo que não tenham agido em nome do Santo Ofício de forma expressiva, os Notários eram representantes da instituição inquisitorial nas freguesias em que moravam. Isso certamente lhes garantia mais prestígio no meio em que viviam.

Diferentemente dos Notários, a rede de Comissários, atuando de diversas maneiras, constituiu-se num mecanismo fundamental para o funcionamento da engrenagem inquisitorial em Minas. Esses agentes eram a autoridade inquisitorial máxima na Colônia. Dentro da hierarquia do Santo Ofício, eles se subordinavam diretamente aos Inquisidores de Lisboa.

Além das qualidades exigidas para todos os postos inquisitoriais – ser cristão-velho, sem ascendente condenado pela Inquisição, ter bons costumes –, a ocupação do cargo de Comissário tinha como requisito que os candidatos fossem "pessoas eclesiásticas, de prudência e virtude conhecida, e achando-se letrados serão preferidos".

As principais funções dos Comissários eram ouvir testemunhas nos processos de réus; realizar contraditas; coletar depoimentos nos processos de habilitação de agentes inquisitoriais; coordenar prisões; vigiar os condenados que cumprissem pena de degredo nas áreas de sua atuação.[10] Como os Comissários não atuavam na sede dos Tribunais inquisitoriais e acumulavam o cargo juntamente com outras atividades desempenhadas na qualidade de eclesiásticos, eles integravam o

---

8   IANTT, HSO; IL, Provisões de nomeação e termos de juramentos (livros 104-123).

9   IANTT, HSO; IL, Cad. Promotor, Livro 319, fl. 24.

10  *Dos Comissários e Escrivães de seu cargo*. Reg. 1640, Liv. I, Tit. XI. Regimentos do Santo Ofício (séculos XVI-XVII).

grupo de agentes inquisitoriais que não recebiam um salário fixo da Inquisição. Eles ganhavam seis tostões por cada dia que trabalhassem.[11]

No contexto de expansão de toda a hierarquia de agentes inquisitoriais mostrado no quadro acima, a rede de comissários do Santo Ofício começou a ganhar fôlego nas últimas décadas do século XVII. O seu ápice foi atingido no século XVIII, quando alcançou a cifra de 1011 habilitações no período que vai de 1721 a 1770, um aumento de 524 agentes em relação aos 50 anos anteriores (que era de 637).[12]

De maneira geral, muito pouco se sabe sobre a rede de comissários presentes e atuantes na América portuguesa. Luiz Mott tem sido pioneiro ao chamar atenção para a necessidade de se estudar este aspecto da ação inquisitorial ocorrida na Colônia.[13]

Até o momento, contamos com dados de alcance regional sobre as redes de comissários. Em um levantamento incompleto, Sônia Siqueira encontrou 80 comissários para as capitanias de Bahia e Pernambuco, distribuídos da seguinte forma: 8 no século XVII, sendo 6 para a Bahia e 2 para Pernambuco; 67 no século seguinte, sendo 36 para a primeira e 31 para a última. Já Wadsworth, num estudo exaustivo para Pernambuco, entre 1611-1820, encontrou 68 comissários, além de 62 notários e 14 qualificadores.[14]

No caso da Capitania de Minas Gerais, Wadsworth cita a existência de 13 comissários. Porém, pesquisando em diversas fontes, sobretudo nos Livros dos Termos de Provisões e Juramentos da Inquisição de Lisboa, encontramos 23, cuja distribuição por comarcas era a seguinte: Vila Rica – que abrigava Mariana, a sede do Bispado –, 13; Rio das Velhas, 5; Rio das Mortes, 3 e, por último, Serro do Frio,

---

11 *Dos Comissários e Escrivães de seu cargo*. Reg. 1640, Liv. I, Tit. XI.

12 TORRES, José Veiga. *Op. cit.*, p. 130.

13 MOTT, Luiz. *A Inquisição em Sergipe*. Aracajú: Score Artes Gráficas, 1987. p. 60. _____. "Um nome... em nome do Santo Ofício: o cônego João Calmon, comissário da Inquisição na Bahia setecentista". *Universitas*, Salvador, jul./set. 1986, n. 37. p. 15-32. _____. "A Inquisição no Maranhão". *Revista Brasileira de História*, São Paulo, n. 28, vol. 15.

14 WADSWORTH, James. *Agents of Orthodoxy:* inquisitional power and prestige in colonial Pernambuco, Brazil. University of Arizona, 2002 (Tese de doutoramento). p. 53.

1. A evolução dessa rede por período, comarca e freguesia pode ser observada no quadro abaixo:

Tabela 2 – Habilitação de comissários do Santo Ofício em Minas (século XVIII)

| ANO | COMARCA (secular) | FREGUESIA |
|---|---|---|
| 1724 | Vila Rica | Mariana |
| 1726 | Rio das Velhas | Morro Grande |
| 1729 | Rio das Velhas | Rio das Pedras |
| 1730 | Vila Rica | Vila Rica |
| 1733 | Rio das Velhas | Raposos |
| 1733 | Vila Rica | Mariana |
| 1747 | Vila Rica | Mariana |
| 1748 | Vila Rica | Vila Rica |
| 1749 | Rio das Velhas | Sabará |
| 1749 | Vila Rica | Mariana |
| 1752 | Rio das Mortes | Piedade da Borda do Campo |
| 1752 | Rio das Velhas | Vila Nova da Rainha |
| 1754 | Vila Rica | Sumidouro |
| 1758 | Vila Rica | Mariana |
| 1758 | Serro Frio | Vila do Príncipe |
| 1760 | Rio das Mortes | São João Del Rei |
| 1763 | Vila Rica | Furquim |
| 1765 | Vila Rica | Vila Rica |
| 1766 | Vila Rica | Mariana |
| 1766 | Rio das Mortes | Prados |
| 1769 | Vila Rica | Vila Rica |
| 1798 | Vila Rica | Mariana |

Fonte: IANTT, HSO; IL. Provisões de nomeação e termos de juramentos, liv. 104-123. Este quadro leva em conta os dados referentes ao momento de conclusão da habilitação dos comissários.

Para além do desenvolvimento econômico e social da região, a montagem da rede de comissários em Minas está ligada à estruturação da instituição eclesiástica no território da Capitania pós-1745-48. Essa constatação pode ser explicada se considerarmos que um dos requisitos para a ocupação do cargo de comissário era o candidato ser eclesiástico e, nessa qualidade, geralmente possuir algum benefício (até onde sabemos, 14 dos comissários da Capitania tinham benefício). Dos 22 habilitados, 16 tiveram suas patentes expedidas depois da criação do Bispado de Mariana – ocorrida em 1745-48. Esse evento atraiu para Minas um clero melhor formado, mais ambicioso por subir na carreira e assentado em benefícios eclesiásticos.

No território minerador, as Ordens Regulares foram proibidas de se estabelecerem oficialmente, sendo alvo de uma política da Coroa que cerceava a sua presença e atuação na região.[15] Devido à fraca presença oficial dos clérigos regulares em Minas – no sentido de "sedentarizados" institucionalmente, de modo que a Inquisição pudesse neles se apoiar –, os comissários só poderiam ser recrutados entre os membros da hierarquia eclesiástica secular.

Com exceção de Minas, nas outras regiões sob sua jurisdição a Inquisição eventualmente se apoiava no clero das Ordens Regulares, sobretudo nos padres da Companhia de Jesus. Esse fato pode ser facilmente verificado se observarmos os destinatários das correspondências do Santo Ofício dirigidas à Colônia. Por exemplo, no Rio de Janeiro, várias comissões eram enviadas ao Comissário Estevão Gandolfe, membro da Companhia de Jesus. Numa delas, datada de 1718, constavam duas diligências a serem realizadas pelo jesuíta para que tomasse juramento dos Familiares Manoel Pires Ribeiro e Simão Alves Chaves, recém habilitados.[16]

Em São Paulo, os Reitores do Colégio dos Jesuítas também se faziam de Comissários da Inquisição. Eles eram encarregados de executar diligências mesmo que não tivessem se habilitado formalmente como agentes inquisitoriais.[17]

Segundo Feitler, no Nordeste, entre 1702 e 1729, os Jesuítas foram os correspondentes privilegiados dos Inquisidores nas regiões de Pernambuco e Paraíba, apesar de o Tribunal já contar com a participação de agentes próprios na ação

---

15 Sobre essa questão, Cf.: BOSCHI, Caio. " 'Como Filhos de Israel no Deserto?' (ou a expulsão dos eclesiásticos em Minas Gerais na 1ª metade do século XVIII)". *Vária História*, Belo Horizonte, n. 21, p. 119-141; RESENDE, Renata. *Entre a ambição e a Salvação das Almas*: a atuação das Ordens Regulares em Minas Gerais (1694-1759). São Paulo, FFLCH/USP, 2005 (Dissertação de Mestrado). Renata Resende demonstra como o clero regular se fez presente em Minas, apesar da política da Coroa que impedia a sua instalação oficial na Capitania.

16 IANTT, IL, Registro Geral do Expediente, Livro 20, fl. 249.

17 Por exemplo, ver: IANTT, IL, Livro 20, Registro Geral do Expediente, fls. 252-252v.

inquisitorial que ali se desenrolava. Essa relação já vinha desde o período da Sé Vacante de Olinda (1693-1697), quando o Reitor do Colégio dos Jesuítas, Felipe Coelho, era o principal destinatário das correspondências que a Inquisição endereçava àquela região.[18]

Na África, a partir do século XVII, Filipa Ribeiro da Silva encontrou colaboradores da Inquisição entre os Franciscanos nas regiões de Cabo Verde e na Guiné e, no caso de São Tomé e Príncipe, Capuchinhos italianos e Agostinhos Descalços.[19] Tanto na África Ocidental, como na América portuguesa – mesmo que não fosse de forma prioritária e variasse de acordo com o contexto – havia uma relação entre os Regulares, a estrutura eclesiástica e o Santo Ofício.

Em Minas, essa relação não ocorria, por isso a criação do Bispado e a decorrente atração de um clero melhor qualificado para a Capitania teve influência no recrutamento da rede de Comissários e na ação inquisitorial ocorrida na região.

Analisando a inserção dos Comissários no espaço eclesiástico da capitania mineradora, notamos que eles se situavam em uma hierarquia, tanto no momento da habilitação como – nos casos para os quais dispomos de informações – nos cargos que vão ocupando ao longo de suas carreiras. Alguns acumulam postos dentro do Cabido; outros atingem a colocação máxima do Juízo Eclesiástico – Vigário-geral – e outros não passavam de simples vigários ou párocos.

Tabela 3 – Cargos Ocupados pelos Comissários na Esfera Eclesiástica

| NOME | ANO HABILIT. | FORMAÇÃO UNIVERSITÁRIA | CARGOS OCUPADOS NO MOMENTO E DEPOIS DA HABILITAÇÃO |
|---|---|---|---|
| Francisco Ribeiro Barbas | 1724 | | Vigário da Vara de Ribeirão do Carmo |
| José Pinto da Mota | 1726 | | Vigário Encomendado |
| João Soares Brandão | 1729 | | Vigário Colado |

---

18   FEITLER, Bruno. *Inquisition, Juifs et nouveaux-chrétiens au Brésil*: Le Nordeste, xviie et xviiie siècles. Louvain: Leuven University Press, 2003. p. 94-99.

19   SILVA, Filipa Ribeiro da. "A Inquisição na Guiné, nas Ilhas de Cabo Verde e São Tomé e Príncipe". *Revista Lusófona de Ciência das Religiões*, Lisboa, n. 5, vol. 6, 2004. p. 159.

| | | | |
|---|---|---|---|
| Manoel Freire Batalha | 1730 | Bacharel em Cânones | Visitador Episcopal, Mestre-Escola no RJ (1742), Deão no RJ (1756) |
| José Matias de Gouveia | 1733 | | Vigário Colado |
| Jose Simões | 1733 | | Vigário Colado |
| Geraldo José de Abranches | 1747 | Bacharel em Cânones | Vigário-geral, Provisor, comissário geral da bula da Santa Cruzada |
| Felix Simões de Paiva | 1748 | Bacharel em Cânones | Comissário da Bula da Cruzada, Vigário da Vara de Vila Rica, Visitador Episcopal |
| Inácio Correia de Sá | 1749 | Bacharel em Cânones | Vigário da Vara de Vila Rica, Procurador e Governador do Bispado, Vigário Capitular, Vigário-geral, cônego Doutoral, Tesoureiro-mór |
| Lourenço José de Queiroz Coimbra | 1749 | Bacharel em Cânones | Vigário Colado, Procurador e Governador do Bispado, Visitador Episcopal |
| Feliciano Pita de Castro | 1752 | | Vigário colado |
| Henrique Pereira | 1752 | Bacharel em Cânones | Vigário |
| Manoel Nunes de Souza | 1754 | Bacharel em Cânones | Vigário |
| Manoel Cardoso Frasão Castelo Branco | 1758 | Bacharel em Cânones | Vigário da Vara do Serro Frio, Vigário da Vara de Vila Rica, Arcipestre e Vigário-geral |
| Teodoro Ferreira Jacome | 1758 | Bacharel em Cânones | Cônego e Tesoureiro-mór, Vigário-geral, Governador do Bispado, Reitor do Seminário de Mariana, Visitador Episcopal |

| Jose Sobral e Souza | 1760 | Bacharel em Cânones | Vigário da Vara de São João Del Rei |
|---|---|---|---|
| João de Sá e Vasconcelos | 1763 | | Vigário Colado |
| Nicolau Gomes Xavier | 1765 | | Vigário |
| João Roiz Cordeiro | 1766 | Bacharel em Cânones | Cônego Magistral |
| Manoel Martins de Carvalho | 1766 | | Vigário Colado |
| João de Oliveira Guimarães | 1769 | Bacharel em Cânones | Vigário Colado |
| Manuel Arcúsio Nunam Pereira | 1798 | | Cônego prebendado |

Fonte: IANTT, HSO; IANTT, IL, Provisões de nomeação e termos de juramentos (livros 104-123). Sobre os Cargos na hierarquia, retiramos a informação de: TRINDADE, Raimundo. Arquidiocese de Mariana: subsídios para sua História. Belo Horizonte: Imprensa Oficial, 1953. Vol. I; CHIZOTI, Geraldo. *O Cabido de Mariana (1747-1820)*. Franca, Unesp, 1984 (Dissertação de Mestrado).

A relação entre o desenvolvimento da rede de comissários e a criação do Bispado de Mariana pode ser constatada também a partir da análise dos registros das correspondências enviadas pela Inquisição às Minas – que abarcam todo o século XVIII, exceto a década de 1770. Quando analisamos a data de envio das diligências, notamos que antes de 1745-48, quase não houve comissão encaminhada aos comissários e aos outros clérigos residentes na Capitania.[20] Do total de 122 registros, apenas em 14 encontramos correspondências enviadas para a Capitania antes da entrada de Dom Frei Manuel da Cruz na Sé de Mariana. Esse fato se relaciona à atração de um clero mais graduado para ocupar os postos criados no Bispado, sobretudo em sua sede.

Quanto aos destinatários das correspondências, a análise revela que a tendência era a Inquisição dar prioridade aos comissários de melhor formação – geralmente preferindo os bacharéis em cânones –, que ocupavam os postos mais elevados na hierarquia eclesiástica da Capitania. No cômputo geral de 122 registros de correspondências enviadas às Minas, abarcando o século XVIII, os comissários foram os destinatários de 102. Destacando esse grupo, observamos que

---

20 Todos as informações sobre as correspondências foram retiradas de: IANTT, IL, Registro Geral do Expediente, Livros 19-24.

Inácio Correia de Sá – bacharel em cânones que ocupou, ao longo de sua carreira, o posto de vigário da vara de Vila Rica, cônego da Sé de Mariana, vigário-geral e tesoureiro-mór – foi o que mais contou com a confiança dos inquisidores, pois a ele foram encaminhadas 25 diligências, entre 1754 e 1768.

Além dos cargos já citados, Inácio Correia de Sá exerceu ainda um papel importante quando tomou posse como procurador do novo Bispo de Mariana, Dom Frei Domingos da Encarnação Pontevel, em 29 de agosto de 1779. O Comissário governou o Bispado até 25 de fevereiro de 1780, data em que o Prelado – de quem ele era procurador – chegou para tomar posse na Sé de Mariana.[21] O fato de Inácio Correia de Sá ter ocupado cargos-chave na hierarquia eclesiástica do Bispado teve influência direta no número de comissões que a Inquisição lhe enviou.

Além da importância que a Inquisição dava aos indivíduos que ocupavam o topo da hierarquia eclesiástica local, certamente havia um interesse por parte do alto clero da Capitania em servir à Inquisição. Ser agente do Santo Ofício era uma forma de se obter prestígio e, além disso, poder ascender na própria hierarquia clerical, ou até mesmo na inquisitorial. Especialmente no caso do Clero que ocupava postos no Cabido e tinha ambição de ascender nos quadros da Igreja, ter serviços prestados ao Santo Ofício no curriculum era um elemento importante para a concretização de seus anseios.

O segundo comissário de Minas para quem mais os Inquisidores encaminharam diligências (16, entre 1751 e 1781) foi Lourenço José de Queiroz Coimbra que, assim como Inácio Correia de Sá, era bacharel em cânones. De origem minhota, veio para o Rio de Janeiro em 1734 e, com apenas 23 anos, D. Frei de Guadalupe o fez vigário colado de Sabará. Em 1748, no ano da instalação do Bispado de Mariana, Coimbra exerceu um papel fundamental ao governar interinamente a nova Diocese por nove meses, preparando a chegada de Dom Frei Manuel da Cruz. Segundo Raimundo Trindade, Coimbra partira de Sabará em 25 de fevereiro de 1748 e chegou em Mariana no dia 27, "seguido de mais de mil cavaleiros, do ouvidor de sua comarca e de numeroso Clero, gente luzida que, vestida de gala, em vistosa tropa, o acompanhou à Cidade". Ao regressar para Sabará, de onde havia saído como vigário colado, voltava, nomeado pelo novo Bispo, como vigário da

---

21  TRINDADE, Cônego Raimundo. *Arquidiocese de Mariana*: subsídios para sua história. Belo Horizonte: Imprensa Oficial, 1953. p. 151.

vara – ocupação geralmente ocupada por clérigos bacharéis em cânones – daquela Comarca eclesiástica, onde residiria até sua morte.[22]

Além dos dois comissários referidos, destinatários de boa parte das correspondências dirigidas às Minas, outros 14 – num universo de 22 – foram incumbidos de realizar diligências para a Inquisição de Lisboa. Manuel Freire Batalha – bacharel em cânones e com experiência de visitador episcopal –, entre 1732 e 1741, foi encarregado de 12 diligências. O bacharel em cânones Félix Simões de Paiva – que tinha experiência precedente no cargo de provisor e vigário-geral em Mazagão, vigário da vara em Vila Rica e visitador episcopal –, foi responsável, entre 1748 e 1758, por 12 diligências. Teodoro Ferreira Jacome, também bacharel em cânones, entre 1760 e 1764, foi responsável por 6 comissões. Este, além dos cargos no cabido de Mariana, tinha sido visitador episcopal e promotor eclesiástico da vigaria da vara de Vila Rica. O bacharel em cânones José Sobral, entre 1761 e 1766, ficou com 6 diligências; Geraldo José de Abranches, entre 1749 e 1753, recebeu 06 comissões; Nicolau Gomes Xavier, entre 1795 e 1801, ficou com 5; Feliciano Pita de Castro, entre 1754 e 1764, 5. Quanto a outro grupo de 5 comissários, geralmente com baixa formação e sem cargos importantes, foi encaminhada apenas 1 correspondência para cada um.

O destino mais frequente das correspondências era a sede do Bispado, seguida da Comarca de Sabará, Vila Rica e São João Del Rei. Se em Mariana as diligências eram frequentemente encaminhadas aos Comissários com postos no Cabido ou na Justiça Eclesiástica, fora da sede episcopal, era dada uma preferência aos Comissários que ocupavam os postos de Vigário da Vara, caso, por exemplo, de Sabará e São João Del Rei.

Quanto aos assuntos das correspondências, notamos que predominava a demanda por habilitação de Familiares do Santo Ofício e, depois, o funcionamento da engrenagem que havia gerado denúncias e sumários cujos desdobramentos resultaram em investigações e mandados diversos para apuração dos casos. Veja-se o universo das correspondências referentes a Minas:

---

22 TRINDADE, Raimundo. Op. cit., p. 78-82.

Tabela 4 – Assunto das Correspondências Enviadas a Minas[23]

| Período | Habilitação de Familiar | Ordem de Prisão | Ordem de soltura | Instruções a agentes | Investigação/ Sumários | Repreensão a Agentes | Carta ao Cabido | Envio de editais da fé | Total |
|---|---|---|---|---|---|---|---|---|---|
| 1731-40 | 9 | 4 | 0 | 0 | 4 | 0 | 0 | 1 | 18 |
| 1741-50 | 8 | 3 | 0 | 0 | 3 | 0 | 0 | 0 | 14 |
| 1751-60 | 25 | 7 | 1 | 1 | 10 | 1 | 0 | 0 | 45 |
| 1761-70 | 32 | 1 | 2 | 0 | 10 | 3 | 2 | 0 | 50 |
| 1771-80 | 0 | 0 | 0 | 0 | 0 | 0 | 0 | 0 | 0 |
| 1781-90 | 0 | 0 | 0 | 0 | 2 | 0 | 0 | 0 | 2 |
| 1791-00 | 3 | 2 | 1 | 0 | 13 | 0 | 0 | 0 | 19 |
| 1801-10 | 0 | 1 | 0 | 0 | 0 | 0 | 0 | 0 | 1 |
| Total Geral | 77 | 18 | 4 | 1 | 42 | 4 | 2 | 1 | |

Fonte: IANTT, IL, Registro Geral do Expediente, Livros 19-24.

Um primeiro dado a ser observado na tabela acima é a coincidência entre as diligências tocantes a habilitações de Familiares e à investigação/ sumários concentradas entre as décadas de 1750 e 1770. José Veiga Torres afirma que a expansão do quadro de Comissários como de outros cargos da Inquisição portuguesa visava acompanhar a demanda por habilitações ao cargo de Familiar do Santo Ofício. Os Comissários exerceriam atividades relacionadas à burocracia dos interrogatórios das habilitações. Esta constatação corroboraria a tese do autor de que a Inquisição passou da repressão para a promoção social a partir das últimas décadas do século XVII.

---

23   Levamos em conta aqui a frequência com que um assunto aparece em cada diligência. No caso das habilitações de Familiar, por exemplo, em que, numa mesma correspondência vêm sempre diligências referentes a mais de um candidato, computamos apenas "habilitação – 01". Numa mesma correspondência podem aparecer diligências diversas, como mandado de prisão e diligências de habilitação a Familiar do Santo Ofício, neste caso computamos uma para cada assunto. Quanto ao destinatário, consideramos o primeiro, pois a Inquisição sempre indicava um segundo nome caso o primeiro não pudesse realizar a diligência, vindo sempre a expressão: "ausente a".

No tocante à repressão, o autor se baseou na queda do número de sentenciados, e, quanto à promoção social, ancorou-se no extraordinário aumento do número de Familiaturas. No caso de Minas, a evolução da rede de Comissários acompanhou, de modo geral, a tendência observada para o Império. A maior parte dos registros de correspondências endereçadas à Capitania é relativa à habilitação de Familiares, portanto, a formação da rede de Comissários acompanhou sim a evolução da rede de Familiares. Por outro lado, o número de diligências referentes a mandados de prisão, sumários, contraditas, investigações e inquéritos, de modo geral, concentrarem-se também entre as décadas de 1750 e 1770.

Portanto, no caso de Minas, os Comissários não estavam apenas atuando nas habilitações ao cargo de Familiar, embora essa fosse a atividade que mais exercessem em nome da Inquisição. O período em que os Comissários da Capitania mais se ocuparam da habilitação de Familiares do Santo Ofício foi também aquele em que mais exerceram atividades relativas à ação repressiva do Tribunal.

### *Comissários e ação inquisitorial*

As primeiras informações disponíveis sobre a atuação dos comissários em Minas datam da década de 1730. Antes desse período, conforme vimos no quadro acima, nenhuma correspondência endereçada à Capitania foi encontrada no Registro Geral do Expediente. Nos Cadernos do Promotor – importante conjunto documental que funcionava como um depositário de denúncias e sumários de uma grande variedade de delitos –, as informações acerca da atuação inquisitorial na Capitania mineradora também são muito escassas para as duas primeiras décadas do Setecentos.

Nos anos de 1730, encontramos Manuel Freire Batalha, cuja residência ficava na Cabeça da Capitania, atuando como o principal comissário de Minas. Ele era bacharel formado em cânones e se habilitou ao cargo de agente da Inquisição em 1730, quando era pároco em Vila Rica. Batalha era bastante ativo na região, tanto que foi visitador diocesano um ano antes de sua habilitação e também em 1730, quando já era comissário, tendo percorrido várias freguesias da Comarca do Rio das Mortes e de Vila Rica.[24]

Manuel Freire Batalha foi um esteio importante para a ação inquisitorial nas Minas durante a década de 1730, período em que os habitantes da Capitania processados pela Inquisição, cristãos-novos em sua maioria, receberam duras penas.[25] Nos 14 registros das correspondências enviadas pela Inquisição de Lisboa às Minas antes da criação do Bispado de Mariana consta que Batalha foi o destinatário de 12 delas.[26] José Simões, comissário e vigário da vara de Mariana, foi incumbido das outras duas diligências.

A primeira referência a Minas no Registro das Correspondências aparece no ano de 1732 em carta enviada ao Comissário do Rio, Lourenço de Valadares Vieira. Nesta, ordenava-se o envio do retrato de Miguel de Mendonça Valladolid, condenado à pena capital pela Inquisição, para que fosse "posto na freguesia onde era morador sobre a portada da Igreja da parte de dentro". Embora não tenha sido explicitado o destinatário da diligência, tudo indica que ela fora enviada a Manuel Freire Batalha.[27]

Em setembro de 1732 encontramos outra correspondência referente a Minas, desta vez especificando que era destinada ao "Comissário das Minas Gerais ou alguma pessoa de confiança". Na diligência havia três mandados de prisão, com sequestro de bens, referentes a Manoel Gomes de Carvalho, Manoel de Matos Dias e Manoel da Costa Ribeiro. Além disso, trazia o retrato de Diogo Correa do Vale, relaxado pela Inquisição, para que fosse colocado "na Igreja principal das Minas de Ouro Preto em cima da porta da parte de dentro". Junto da comissão,

---

24   BOSCHI, Caio César. "As Visitas Diocesanas e a Inquisição na Colônia". *Revista Brasileira de História*, São Paulo, vol. 7, n. 14, p. 151-184. p. 182. TRINDADE, Cônego Raimundo. *Arquidiocese de Mariana...* p. 60.

25   Sobre os cristãos-novos em Minas, ver: FERNANDES, Neusa. *A Inquisição em Minas Gerais no século XVIII*. Rio de Janeiro: Eduerj, 2000; SALVADOR, José Gonçalves. *Os cristãos-novos em Minas Gerais durante o ciclo do ouro*. São Paulo: Pioneira, 1992.

26   IANTT, IL, Registro Geral do Expediente, Livro 22. Agradeço a Bruno Feitler por ter me cedido gentilmente a transcrição de parte relevante do registro das correspondências deste livro.

27   IANTT, IL, Registro Geral do Expediente, Livro 22, fl. 29v.

iam também os interrogatórios da habilitação de João Moreira de Carvalho ao cargo de Familiar do Santo Ofício.[28] É muito provável que Batalha tenha sido o responsável por essas diligências, já que era o único Comissário residente em Vila Rica naquele momento.

Em 30 de outubro de 1733, uma outra correspondência com destino às Minas foi registrada, ficando agora explícito que o destinatário era o Comissário Manuel Freire Batalha. Nesta, eram remetidos 10 mandados de prisão, além de comissão para ratificar testemunhas do sumário que tinha sido enviado por aquele Comissário ao Tribunal de Lisboa contra João de Moraes Leitão, acusado de ter confessado sem ordens. Novamente, eram enviadas diligências tocantes a habilitações de Familiares.[29]

Em resposta a esta comissão, Batalha escreveu à Inquisição, no ano seguinte, uma longa carta de 8 fólios, na qual oferece um panorama geral da ação inquisitorial nas Minas até aquele momento, terras onde "soava de mui longe a voz do Santo Ofício".[30]

Além da carta de seu punho, o Comissário remeteu em anexo uma lista elaborada pelo tesoureiro do Fisco Real, contendo o nome de 16 réus das Minas, quase todos cristãos-novos, que haviam sido presos e tiveram seus bens confiscados, cujo valor líquido total somava 21:892$775 (21 contos, 892 mil e 775 réis), uma verdadeira fortuna.

Na referida carta, além de tratar de problemas relacionados ao Juízo do Fisco e aos Familiares do Santo Ofício – principais temas da correspondência e que serão por nós abordados em tópicos específicos –, o Comissário dava conta de prisões ordenadas pela Inquisição e réus a serem enviados ao Santo Ofício, como, por exemplo, Ana do Vale, Helena do Vale e João de Morais Leitão. Em um dos inúmeros parágrafos, o Comissário especificamente reclamava de sua baixa remuneração diante dos altos custos dos mantimentos e vida nas Minas, argumentando a respeito:

---

28  IANTT, IL, Registro Geral do Expediente, Livro 22, fl. 41.

29  IANTT, IL, Registro Geral do Expediente, Livro 22, fl. 69v.

30  Todas as informações referentes a esta carta a partir das quais passamos a falar, em: IANTT, CGSO, Mç. 4, doc. 12.

só por exemplo (por não irmos mais longe; pois não o estamos ainda da quaresma) basta dizer a V Em.a que sendo os regalos dela um pouco de bacalhau, que mais ofende o olfato, do que lisonjeia o paladar custam tanto duas libras só dele, como pode custar uma arroba da mais singular da nossa Corte, um frasco de azeite dezoito tostões, um de vinagre o mesmo, um de vinho outro tanto, um alqueire de milho doze, ou quinze tostões, quando barato, que custa seis vinténs dentro em Lisboa, um de farinha, que é o pão comum, dezoito e vinte e mais, um pão como o de dez[r] do Reino oito vinténs, umas casas, e não das de melhores cômodos duas, três e quatro moedas cada mês (...)

Depois da reclamação, o Comissário informava aos inquisidores sobre os seus esforços para executar os vários mandados da Inquisição que paravam em suas mãos. Sobre isso, ele dizia: "estou conservando correspondências por todos estes sertões com as pessoas em que considero inteligência para qualquer emprego". Uma delas era o superintendente das Minas Novas, em cujo local se encontravam alguns refugiados da Inquisição. Além do superintendente, Batalha informou que mantinha correspondência com os "Goiazes", para onde alguns acusados haviam se refugiado.

Em sua carta, Batalha relatava aos inquisidores sobre a dificuldade de se cumprirem todas as diligências devido à dispersão dos réus pelas Minas, afirmando que "outros se acham mortos e outros tão penetrados em os sertões que é quase impraticável dar lhe alcance".

Ao final da carta, o Comissário aborda a questão da via pela qual as correspondências e notícias sobre a Inquisição chegavam à capitania mineradora. Ele pedia ao Tribunal que as cartas e mandados de prisão passassem a ser enviados nas bolsas da Secretaria de Estado com os "pregos de El Rei, que vêm para o governador das Minas, porque estes os trazem de fora da barra os capitães do Rio, que já tem próprio a espera e são os primeiros que partem".

O argumento para que as correspondências passassem a vir por tal via era que, do contrário, chegavam às Minas 10 ou 12 dias depois de chegarem as primeiras cartas vindas na frota recém aportada no Rio de Janeiro. Estas, que chegavam primeiro, traziam as listas e relatos dos autos de fé "ou notícias, que põem de acordo aos cúmplices para se retirarem". Chegando, então, as notícias da possibilidade da perseguição que o Santo Ofício lhes movia, os réus e acusados tinham mais tempo para fugir, já que as cartas da Inquisição ao Comissário não eram as primeiras a chegarem às Minas.

Foi o que aconteceu com o denunciado João Roiz Mesquita, que vindo do Serro um dia antes das cartas chegarem às mãos de Manuel Freire Batalha, fugiu para o Rio de Janeiro "com bastante cabedal", segundo informava o Comissário.

Apesar de termos localizado somente uma dessas cartas de natureza excepcional e de caráter bastante pessoal, em que um Comissário das Minas escreve ao Tribunal de Lisboa dando informações muito diversificadas e amplas, a mesma faz referência a diversas outras, indicando-nos que havia uma importante troca de correspondências entre a Inquisição e seus agentes.

Neste exemplo do Comissário Batalha, notamos que do lado de lá do Atlântico vinham mandados para se fazerem diligências diversas, ordens de prisão, inquéritos, sequestros e confiscos de bens, listas de autos de fé e retratos de réus para serem pendurados nas igrejas das freguesias dos condenados. Da parte de cá, eram dadas informações ao Tribunal sobre o paradeiro dos perseguidos, o apoio das autoridades locais na perseguição dos réus, a relação do Santo Ofício com outras instituições nas Minas, as deficiências da máquina inquisitorial que funcionava na região e sugestões de melhoria.

Dando continuidade ao rastreamento da comunicação do Comissário Batalha com a Inquisição de Lisboa, após quase uma década sem registro de correspondências dirigidas às Minas, encontramos uma carta, datada de 16 de janeiro de 1742. Através dela eram remetidos dois mandados de prisão contra o Pe. Antônio Alves Pegas e o Pe. Manoel Pinheiro de Oliveira, além de uma comissão de investigação contra João de Lemos Saldanha, acusado de bigamia. Importante se notar aqui o aumento do número de diligências tocantes à habilitação de Familiares. Nesta referida correspondência aparecem 11 habilitandos cujos processos estavam em andamento.[31]

Mas Manuel Freire Batalha não se limitava a executar as ordens que vinham de Lisboa. Nos Cadernos do Promotor, podemos encontrar várias denúncias que foram feitas a ele e encaminhadas ao Santo Ofício, inclusive vindas do Tejuco, freguesia distante de Vila Rica. Nessa documentação também encontramos o comissário

---

31   IANTT, IL, Registro Geral do Expediente, Livro 22, fl. 260.

Batalha realizando sumários e enviando-os para Portugal. Em 1742, por exemplo, foi responsável por realizar o sumário contra Domingos Morato, morador na freguesia de Catas Altas, Termo de Mariana, por ter feito desacatos a imagens.[32]

A partir daquele ano Batalha aparece na documentação inquisitorial atuando no Rio de Janeiro e em 1748 o vigário Félix Simões de Paiva já ocupava seu posto de comissário em Vila Rica. O novo comissário recebeu diversas comissões referentes à habilitação de familiares do Santo Ofício e uma diligência contra o Frei Francisco de Santana.[33]

Até a criação do Bispado de Mariana, em 1745-48, Batalha foi, sem dúvida, o comissários mais importante em Minas, e para ele convergia muito do que ocorria na Capitania, relacionado à Inquisição. Como vimos, até denúncias de freguesias longínquas lhes eram encaminhadas. Essa convergência era tributária do fato deste comissário residir na sede administrativa da Capitania. As vias de comunicação, tanto para o que vinha do Reino como para o que vinha das diversas freguesias de Minas concorriam para lá. Os locais de entreposto administrativo e entreposto inquisitorial se confundiam em Vila Rica.

Conforme verificamos detalhadamente acima, e não é demais frisá-lo, após a criação do Bispado de Mariana os comissários residentes na sede episcopal foram os que ganharam mais importância na perspectiva do Tribunal lisboeta no momento do envio de diligências a serem realizadas em Minas. Ocupando o lugar de cabeça eclesiástica da capitania, os assuntos relacionados à Inquisição agora passaram a convergir para Mariana e com mais intensidade. Uma das evidências desse fato é que Inácio Correia de Sá, como já foi dito, desde quando desempenhou a função de cônego do Cabido até quando ocupou o posto de vigário-geral, foi o comissário para quem a Inquisição mais enviou correspondências em Minas.

Se nos registros das correspondências notamos mais os comissários recebendo diligências a serem feitas, nos Cadernos do Promotor podemos verificá-los atuando sobretudo nas denúncias. Nessa documentação, podemos conferir com mais clareza o grau de envolvimento da população das Minas com a máquina inquisitorial e a intermediação exercida pelos comissários.

---

32   IANTT, IL, Cad. Promotor, Livro 295, fl 245; IANTT, IL, Cad. Promotor, Livro 295, fl. 40v.

33   IANTT, IL, Registro Geral do Expediente, Livro 22, fl. 380v.

Quando as pessoas, por diversos motivos, sentiam necessidade de fazer denúncias ao Tribunal do Santo Ofício, recorriam aos comissários. Esta foi a via mais utilizada por aqueles que foram à Inquisição com o objetivo de delatar. Luis da Costa Ataíde, por exemplo, procedeu dessa forma quando, em 1770, denunciou Ana Jorge por cometer desacatos com imagens católicas ao comissário de Mariana, João Roiz Cordeiro. Em 4 de abril de 1776, Rita de Souza, moradora de Nossa Senhora das Congonhas do Sabará, denunciou José, de nação nagô, ao comissário da freguesia de Raposos, Nicolau Gomes Xavier, por estar envolvido em práticas supersticiosas com suspeitas de feitiçaria.[34]

Não era só para denunciar a terceiros que as pessoas procuravam os comissários; também o faziam com o intuito de se autodenunciarem – para "descarga de suas consciências". Assim fez Manoel Coelho de Souza, em 1772, morador na freguesia de Antônio Pereira, quando se denunciou ao comissário João Roiz Cordeiro, por ter procurado benzeduras. Outro que se autodenunciou ao dito comissário foi Francisco, escravo Banguela, em 3 de maio de 1772. Em 1770, o comissário João Roiz Cordeiro também recebeu a autodenúncia da Crioula forra Catarina Maria de Oliveira, moradora da cidade de Mariana, por praticar superstições.[35]

Observando, então, este aspecto das denúncias realizadas espontaneamente, os comissários foram o principal elo através do qual a população dava respostas à presença da Inquisição em Minas. Como ficou claro acima, a atuação desses agentes em Minas teve dois momentos: um antes e um depois da criação do Bispado de Mariana.

## Justiça Eclesiástica e Inquisição

Na América portuguesa, como vimos, antes mesmo dos Visitadores do Santo Ofício percorrerem a Colônia, a Inquisição já contava com o apoio dos Bispos

---

34 IANTT, IL, Cad. Promotor, Livro 318, fl. 234; IANTT, IL, Cad. Promotor, Livro 318, fl. 273.

35 Respectivamente: IANTT, IL, Cad. Promotor, Livro 318, fl. 134. IANTT, IL, Cad. Promotor, Livro 318, fl. 273. Muitos casos de auto denúncia aos comissários podem ser encontrados nos Cadernos do Promotor, para alguns exemplos, ver, no livro 381, as fls. 132, 156, 219, 221, 324, 325, 384; IANTT, IL, Cad. Promotor, Livro 318, fl. 273.

para aqui atuar. A colaboração entre as duas esferas, variando de acordo com o contexto,[36] iria perdurar durante todo o período colonial.

Começamos a nossa análise, analisando, em geral, as Constituições Primeiras do Arcebispado da Bahia, de 1707 – que no século XVIII regulou os principais aspectos do funcionamento da Igreja –, e, em particular, os parágrafos referentes à jurisdição inquisitorial. A constatação imediata após a consulta desse material é que cabia à esfera eclesiástica encaminhar os casos suspeitos de heresia para o Tribunal da Inquisição, caso se deparasse com eles em sua jurisdição.

Os casos passíveis de serem enviados ao Santo Ofício eram os seguintes: "casados que recebessem Ordens Sacras, e os que, depois de ordenados, se casassem" (Livro I, Título LXIX, §297); "feitiçarias, sortilégios e superstições que envolverem manifesta heresia ou apostasia na fé" (Livro V, Tit. V,§903); blasfêmias consideradas heréticas (Livro V, Tit. II); "quem disser missa não sendo sacerdote e sacerdote que celebrando não consagrar sobre coisas acomodadas para se fazerem malefícios e sacrilégios" (Liv. II, Tít. X). Se tais casos delitos só eram dirigidos ao Tribunal do Santo Ofício após serem julgados pela justiça eclesiástica e considerados heresias, havia outros que iam direto para a Inquisição: Judaísmo (Liv. V, Tit. I), Bigamia (Livro I, Título LXIX, §297), Solicitação e Sodomia (Liv. 5º, Tít. XVI, §959). Sobre este último diziam as Constituições:

> Portanto ordenamos e mandamos que se houver alguma pessoa tão infeliz e carecida do lume da razão natural e esquecida de sua salvação (o que Deus não permita) que ouse cometer um crime que parece feio até ao mesmo Demônio, vindo à notícia do nosso Provisor ou Vigário Geral, logo com toda a diligência e segredo se informem, perguntando algumas testemunhas exatamente; e o mesmo farão os nossos Visitadores, e achando provado quanto baste, prendam os delinquentes e os mandarão ter a bom recado

---

36 Bruno Feitler ressalta que foi na Bahia, até finais do século XVII, mais que em Pernambuco e no Rio de Janeiro, que o Bispo exerceu um papel mais importante na ação inquisitorial. Ver: FEITLER, Bruno. Poder Episcopal e Inquisição no Brasil. In: *A Inquisição em Xeque...* p. 34.

e, em havendo ocasião, os remetam ao Santo Ofício com os autos de sumário de testemunhas que tiverem perguntado: o que fará no caso da Sodomia própria, mas não na imprópria, que comete uma mulher com outra, de que ao diante se tratará". (Liv. 5º, Tít. XVI, §959; grifo nosso).[37]

Cotejando estes pontos da legislação episcopal com os regimentos inquisitoriais, Bruno Feitler aponta para uma contradição entre uma e outra, pois a legislação inquisitorial rezava "que os bispos fossem sempre lembrados de que não deviam prender ninguém por delitos de jurisdição inquisitorial sem antes dar conta do caso aos inquisidores".[38] Como veremos adiante, essa contradição pontual da legislação gerou alguns atritos entre agentes da justiça eclesiástica e os inquisidores de Lisboa.

Considerado o aparato legislativo que regulava a relação entre justiça eclesiástica e Inquisição, passemos agora a analisar como funcionou, na prática, a articulação entre as duas esferas.

### *A Articulação entre o Bispo, o Vigário da Vara, o Vigário-Geral e o Comissário*

Entre 1760 e 1762, transitavam sobre o Atlântico correspondências entre a Inquisição de Lisboa e o Bispo Dom Frei Manoel da Cruz, os Comissários e Vigários-Gerais de Mariana – Manoel Cardoso Frasão Castelo Branco e seu sucessor Teodoro Ferreira Jacome. Os assuntos eram a denúncia e o sumário contra o Sargento-mor Felipe Álvares de Almeida, preso na cadeia de Vila Rica sob acusação blasfemar e fingir-se confessor.[39]

---

37  VIDE, Sebastião da. *Constituições Primeiras do Arcebispado da Bahia*. São Paulo: Antonio Antunes, 1853.

38  Feitler, Bruno. *Poder Episcopal e Ação Inquisitorial...* p. 37.

39  O caso que ora passamos a narrar foi extraído de: IANTT, IL, Cad. Promotor, Liv. 316. fl. 94-157v. Outro exemplo de processo que corria no Juízo Eclesiástico de Mariana, cujo sumário foi enviado pelo Comissário do Santo Ofício ao Tribunal de Lisboa,

As denúncias acerca dos atos de Felipe, cometidos na freguesia de Nossa Senhora da Conceição do Mato Dentro, ao que tudo indica, foram enviadas ao Bispo de Mariana pelo Vigário da Vara da Comarca do Serro Frio. D. Frei Manuel da Cruz as recebeu "com grande mágoa no coração" e, em 16 de junho de 1760, enviou comissão para que o referido Vigário da Vara – autoridade inquisitorial máxima no âmbito da comarca eclesiástica – tirasse devassa sobre o caso. Se houvesse provas suficientes, o acusado deveria ser preso e ter seus bens sequestrados. Depois de concluído o sumário, o Vigário da Vara deveria remetê-lo "ao tribunal competente".[40]

Conforme o pedido de Dom Frei Manuel da Cruz, o Vigário da Vara da Vila do Príncipe tirou a devassa sobre o caso e, em virtude desta, mandou prender o sargento-mor na cadeia de Vila Rica – "em nome do Santo Ofício" – e sequestrar-lhe os bens.

Em 12 de dezembro de 1760, as devassas chegaram às mãos do Bispo de Mariana, que passou o seguinte recibo: "chegou a devassa que acabadas as festas reais em que agora se anda nesta cidade e cuidando, hei de propor em mesa com adjuntos Comissários do Santo Ofício para se examinar se as culpas pertencem a aquele Tribunal ou Ordinário".

Como vemos, os Comissários da sede do Bispado tinham uma importância fulcral no encaminhamento ao Santo Ofício de processos que transitavam na Justiça Eclesiástica. Neste caso, seria o Comissário Manoel Cardoso Frasão Castelo Branco, habilitado em 1758, que ajudaria D. Frei Manuel da Cruz a decidir se a

---

pode ser conferido em IANTT, IL, Cad. Promotor, Livro 318, fl 247 e seguintes. Caso enviado em 1775.

40    Esta não era a primeira vez que um processo que corria na justiça eclesiástica de Minas contou com a interferência e empenho do Bispo de Mariana para que os sumários fossem encaminhados ao Santo Ofício. Anos antes, em 20 de outubro de 1753 foi remetido a Lisboa um sumário que o vigário colado da freguesia de Nossa Senhora da Conceição do Mato Dentro, João Álvares da Costa, havia tirado "em virtude da comissão do Excelentíssimo Reverendíssimo Senhor Bispo". Neste caso, o denunciado era Manoel Correa, morador em Tapanhuacanga, por dizer que "seu corpo nada atravessava". Era acusado de ter feito "feitiçaria com arte diabólica com os negros." Cf. IANTT, IL, Cad. Promotor, Livro 306, fl. 212.

devassa contra o sargento-mor seria ou não enviada ao Tribunal de Lisboa.⁴¹ Esse Comissário ocupava o mais alto posto da justiça eclesiástica em Minas naquele momento, o de Vigário-Geral, cargo que ele exercia desde 1756 e no qual permaneceria até 3 de janeiro de 1761.⁴²

O caso foi analisado e concluiu-se que as culpas pertenciam ao Tribunal do Santo Ofício, tanto que, em 29 de janeiro de 1762, Manoel Cardoso Frasão Castelo Branco escreveu à Inquisição informando que já tinha mandado ratificar a prisão do Sargento-mor Felipe Álvares de Almeida, preso na cadeia de Vila Rica, até a resolução do Tribunal do Santo Ofício sobre o caso.

A partir de 3 de janeiro de 1761, com a saída de Castelo Branco do alto cargo ocupado no Juízo Eclesiástico, quem passou a atuar no caso como Comissário e Vigário-Geral foi Teodoro Ferreira Jacome, habilitado no Santo Ofício em 1758.⁴³ Apesar de Jacome ser Comissário em Mariana desde 1758, só em 1761, passava a operar na articulação entre Justiça Eclesiástica e Santo Ofício. Portanto, sua atuação neste caso foi influenciada pela posição de Vigário-Geral que ele ocupava.⁴⁴ Embora fosse agente de uma esfera independente da Episcopal – ou seja, ele era um agente do Santo Ofício –, o poder de atuação do Comissário no episódio estava ligado a sua função de Vigário-Geral. Na esfera eclesiástica, este cargo estava subordinado ao poder do Bispo.

Durante o andamento do caso em análise, interveio o Frei Pedro da Conceição, da Ordem de São Francisco, morador em Lisboa e tio do Sargento-mor que estava preso. Numa petição à Inquisição afirmava que seu sobrinho estava sendo vítima

---

41 IANTT, IL, Provisões. Liv. 118, Fl. 19V.

42 TRINDADE, Raimundo. TRINDADE, Cônego Raimundo. *Arquidiocese de Mariana*: subsídios para sua história. Belo Horizonte: Imprensa Oficial, 1953. p. 334.

43 IANTT, IL, Liv. 118, Fl. 20.

44 Apesar da tendência ser esta, ou seja, o Comissário que ocupava o elevado cargo da Vigararia Geral atuar no envio de casos da justiça eclesiástica ao Santo Ofício, nada impedia os Vigários-Gerais que não eram agentes inquisitoriais de também remeterem casos para o Tribunal de Lisboa. Isso ocorreu, por exemplo, em 1756, quando o Vigário-Geral de Mariana José dos Santos enviou, ao mesmo tempo, 3 sumários de processos que estavam sendo julgados no Juízo Eclesiástico. IANTT, IL, Cad. Promotor, Liv. 306, fl. 366.

de uma vingança promovida por seu inimigo, Domingos José Coelho, Vigário da Vara da Vila do Príncipe. Na mesma petição ainda dizia:

> que na primeira ocasião que houver embarcação para o Rio de Janeiro mande as ordens precisas e necessárias para o bom sucesso da sua soltura na forma que V. Ilustríssimas o determinarem atendendo ao grande prejuízo que se lhes segue na demora e aos grandes incômodos que padece na prisão tanto na sua pessoa como no seu e alheio cabedal sequestrado.

Seguida à carta do Frei, aparece uma petição do réu insistindo que se "achava preso inocente e feita a culpa pelo ódio de seus inimigos, sendo também o dito Reverendo Domingos José, vigário da vara da Vila do Príncipe." Além disso, argumentava que "as referidas culpas, ainda que fossem verdadeiras, pois não é possível que houvesse testemunha que culpasse ao suplicante em blasfêmia heretical e formal em as circunstâncias para pertencer o caso privativamente ao Santo Ofício".

No desfecho do caso, o sargento-mor Felipe Alves de Almeida não foi remetido a Portugal, nem foi processado pela Inquisição. Conforme instrução do Tribunal de Lisboa, ele apenas foi repreendido pelo Comissário do Santo Ofício e assinou termo de emenda.

Além de mandar soltar o acusado, o Tribunal de Lisboa, numa carta datada de 10 de novembro de 1761, repreendeu a atuação dos Comissários e da Justiça eclesiástica de Mariana por terem sequestrado, sem ordem do Santo Ofício, os bens do suspeito:

> declaramos a vm. que nos delitos cujo conhecimento pertence ao Santo Ofício se não costuma nem deve proceder a sequestro contra os réus, não sendo os crimes daqueles que por direito expresso tem confiscações de bens; e por isso lhe recomendamos muito seriamente e esperamos que por nenhum modo proceda mais a sequestro contra pessoa alguma em nome do Santo Ofício sem resolução expressa da Mesa do mesmo Tribunal para se evitar gravíssimos e irreparáveis danos, que do contrário se seguem.

Quem recebeu a repreensão foi o Comissário Teodoro Ferreira Jacome, que respondeu ao Santo Ofício em 5 de maio de 1762:

> agradeço a V. Senhorias a advertência nesta sua, mas sejam Vossas Senhorias sabedores que em nada cooperei nem para a prisão nem para o sequestro dos ditos réus porque a culpa se lhes formou pelo Reverendo Vigário da Vara da Vila do Príncipe e dele se emanaram as ordens para o sequestro que foi obrado pelo meu antecessor o Dr. Manoel Cardoso Frasão Castelo Branco e tão somente o que obrei foi recomendar na dita prisão os ditos réus até a resolução de Vossas Senhorias quando me foi cometido o conhecimento da culpa dos mesmos réus pelo excelentíssimo Ordinário deste Bispado.

Com isso, percebemos que os Comissários do Santo Ofício e os agentes da justiça eclesiástica tinham autonomia relativa para agir e dependiam da ordem vinda do Tribunal da Inquisição de Lisboa. Em 1759, o Tribunal já havia enviado uma carta a Dom Frei Manuel da Cruz alertando para se ter cautela ao enviar sumários para o Santo Ofício e prender suspeitos. Nesses casos, os inquisidores sugeriram ao Bispo que o melhor a se fazer era comunicar tudo à Inquisição e esperar as suas ordens.

O trecho da carta transcrito abaixo esclarece a posição do Tribunal lisboeta:

> se remetem da América alguns presos pelos juízes eclesiásticos sem sumário legalmente feito de que até se legaliza por partes do santo ofício, se segue dilatarem se os réus na prisão por muito tempo com grave prejuízo. Pelo que rogamos a v. ex.a queira ordenar os seus ministros que em nenhum caso nos remetam presos cujo conhecimento nos pertença sem que as testemunhas que delas depuserem venham ratificadas no dito sumário na forma do papel incluso. E quando procedam a captura contra algum réu sem a dita ratificação até que este se faça farão conservar preso na cadeia. Também dizem a v.a ex.a que não havendo inconveniente na demora, será mais acertado que o sumário

das testemunhas ratificadas, se nos remeter antes de procedimento algum que tudo deixamos na precedência e zelo de v.a ex.a.[45]

Anos depois, em 1766, o descumprimento dessas instruções levou o Comissário do Santo Ofício de São João Del Rei a perder sua patente. José Sobral e Souza, além do cargo de agente inquisitorial, era Vigário da Vara da Comarca do Rio das Mortes, e nesta condição processou Antônio Martins Teixeira e remeteu seu sumário com a respectiva sentença ao Santo Ofício. Enquanto o Comissário esperava as ordens de Lisboa, manteve o acusado preso na cadeia de São João Del Rei, cujo procedimento enfureceu os inquisidores que escreveram ao Comissário da Cabeça do Bispado, Inácio Correia de Sá, ordenando a retirada da patente de José Sobral:

> não havia para que demorar na prisão ao dito Antonio Muniz Teixeira, o que participamos a V. Mce. para que se lhe não estiver prezo por outro crime, o faça por em sua liberdade; e logo escreverá ao dito José Sobral e Souza, pedindo lhe da nossa parte a provisão de comissário que tem do Santo Ofício, e depois de ter em seu poder a dita provisão, intimará ao mesmo que a vista do ignorante procedimento; que praticou no dito sumário e sentença que nos remeteu, o suspendemos e havemos por suspenso do emprego de comissário do Santo Ofício, como indigno e incapaz de tratar as causas gravíssimas da Fé.[46]

Outro aspecto do caso em questão que vale a pena ser destacado é a acumulação dos cargos de Comissário do Santo Ofício e de Vigário da Vara, sendo este último um dos postos da justiça eclesiástica.

José Sobral e Souza era o Vigário da Vara da Comarca Eclesiástica de São João Del Rei, tanto é que julgou e sentenciou Antônio Martins Teixeira naquela instância. No que toca à jurisdição episcopal, o cargo que ocupava era o mais alto no âmbito das comarcas eclesiásticas. A vigararia da vara funcionava como uma primeira instância para, por exemplo, receber denúncias; tirar devassas; fazer

---

45   IANTT, IL, Cad. Promotor, Livro 316, fl. 104.

46   IANTT, IL, Registro Geral do Expediente, Livro 23, fl. 309.

sumários de testemunhas; sevícias; nulidade de matrimônio; colher depoimentos e conduzir processos de casamentos; dar licenças para enterrar em solo "sagrado" pessoas sobre as quais pudesse haver dúvidas; e dar sentença em "causas sumárias de ação de dez dias". Os autos e as apelações de casos julgados pelo Vigário da Vara eram encaminhados ao Vigário-geral.[47]

O fato de Sobral e Souza ser Comissário do Santo Ofício lhe permitia ter comunicação direta com os inquisidores de Lisboa. Portanto, ele estava numa posição privilegiada: por ser agente inquisitorial podia remeter o sumário diretamente para a sede do Tribunal da Inquisição sem a intermediação de um outro agente.

A articulação "direta" entre vigararia da vara e Inquisição quando o agente da primeira instituição era Comissário ocorreu também em 1762. Atuando como Vigário da Vara de Sabará, Lourenço José de Queiroz Coimbra prendeu – por meio dos oficiais da justiça eclesiástica –, processou e sequestrou os bens de Rosa Gomes, preta forra natural da Costa da Mina, acusada de desacatos contra imagens católicas.

Depois do processo que lhe moveu na vigararia da vara de Sabará, o Comissário Coimbra remeteu ao Santo Ofício o sumário que tinha sido tirado contra Rosa. Vemos, então, que tal agente usou os poderes de seu cargo naquela instância da Justiça Eclesiástica e, em seguida, usou sua posição de agente inquisitorial para enviar o sumário diretamente ao Santo Ofício. Analisado o caso na Inquisição, decidiu-se, em 1764, que as culpas não eram suficientes para que Rosa fosse parar nos cárceres do Santo Ofício. Ordenou-se, então, que fosse levantado o sequestro de seus bens e que a acusada fosse advertida para não cometer mais semelhantes desacatos.[48]

A vigararia da vara cumpria um papel importante no envio de casos à Inquisição mesmo que o Vigário da Vara não fosse Comissário. Os casos que estivessem em andamento naquela instância, ou mesmo os que já tivessem recebido sentença, poderiam ser enviados ao Comissário do Santo Ofício, geralmente os da sede do Bispado e, a partir dele, serem encaminhados para o Tribunal de Lisboa.

---

47   SALGADO, Graça (org.). *Fiscais e Meirinhos*: a administração no Brasil Colonial. Rio de Janeiro: Nova Fronteira, 1985. p. 326-327.

48   IANTT, IL, Cad. Promotor, Liv. 317.

O promotor da vigararia da vara da Vila do Príncipe assim procedeu em 1770 quando denunciou o Pe. José de Brito e Souza porque, no ato da confissão, tinha o costume de fazer perguntas a respeito dos cúmplices dos casos que lhe eram confessados. A denúncia foi feita ao Comissário de Mariana, João Roiz Cordeiro, que após tal procedimento mandou ordem para que tirassem sumário das testemunhas antes de enviar o caso ao Tribunal do Santo Ofício.[49]

Até onde pudemos investigar, os casos que descrevemos neste tópico não se tornaram processo, ficando as denúncias estacionadas no Caderno do Promotor. Também não localizamos diligências referentes a tais denúncias no Registro de Correspondências Expedidas pela Inquisição de Lisboa.

Apesar disso, estes exemplos são decisivos para mostrar a importância da complexa relação e articulação entre justiça eclesiástica e Inquisição nas Minas. As denúncias e os sumários de casos identificados através dos mecanismos da justiça eclesiástica – tanto os que partiam da vigararia da vara, da vigararia-geral, ou saindo da primeira e "subindo" para a segunda – iam para o Tribunal de Lisboa e, dependendo do parecer do promotor, poderiam virar processo.

Embora não tenham contado com um parecer do Promotor que os transformasse em réus do Santo Ofício, os acusados nas denúncias e sumários que viemos analisando neste tópico recebiam ordens da Inquisição para serem repreendidos em nome daquele Tribunal – com o objetivo de que se "emendassem". Dessa forma "leve", acabavam experimentando o poder da Inquisição. Enquanto não vinham as "respostas" de Portugal, certamente os acusados aguardavam apreensivos nos cárceres da justiça eclesiástica a chegada das ordens de repreensão. Com efeito, essas os colocavam em contato com os discursos do Santo Ofício.

### *Devassas Eclesiásticas e Ação Inquisitorial*

Quanto ao mecanismo da justiça eclesiástica denominadas "devassas episcopais" ou visitas episcopais,[50] acreditamos que, no caso das Minas, sua importância

---

49  IANTT, IL, Cad. Promotor, Liv. 319, fl. 87.

50  Não tivemos oportunidade de consultar a documentação referente a esse mecanismo da ação da Igreja Católica que estão depositados no AEAM. As informações sobre seus

na articulação com a Inquisição tem sido superestimada pela historiografia, nomeadamente por Boschi e Figueiredo.[51] Vasculhando os Cadernos do Promotor, encontramos raríssimas denúncias ou sumários de culpas resultantes das Visitações Episcopais do Bispado de Mariana e do Rio de Janeiro.

O projeto da Contra-Reforma ou Reforma Católica[52] foi um elemento importante que compôs o pano de fundo no qual ocorreram as Visitas Eclesiásticas nas Minas. Um dos principais objetivos dessa empreitada era a moralização das massas e do Clero e o combate às heterodoxias que ameaçavam a fé católica. O programa do Concílio de Trento foi aplicado na Colônia principalmente por meio das Constituições Primeiras do Arcebispado da Bahia, de 1707, as quais regulavam as visitas episcopais.

As Visitas tinham como objetivos principais, num primeiro momento, a inspeção das Igrejas, ou seja, conferir, por exemplo, os registros paroquiais, os estatutos das Irmandades, os paramentos e os altares; e, numa segunda e mais dispendiosa etapa, moralizar o comportamento do Clero e das populações, de modo geral.

Luciano Figueiredo definiu o sentido de visitas desse mecanismo da Igreja, afirmando que estas

> avançam do mundo exterior, do topo de uma ordem hierárquica, para o cotidiano de uma comunidade. Trazem, além do cansaço de muitas léguas de caminhada, cerimônia, respeito, autoridade, pois são, afinal, os responsáveis pela instauração de um rito que vai descobrir criminosos e puni-los.[53]

---

alvos e funcionamento foram extraídas de: BOSCHI, Caio. As Visitas... FIGUEIREDO, *Barrocas Famílias...* e SOUZA, Laura de Mello e. *Norma e Conflito...*

51 BOSCHI, Caio César. "As Visitas Diocesanas e a Inquisição na Colônia". *Revista Brasileira de História*, São Paulo, vol. 7, n. 14, p. 151-184; FIGUEIREDO, Luciano. *Barrocas famílias*: vida familiar em Minas Gerais no século XVIII. São Paulo: Hucitec, 1997; SOUZA, Laura de Mello e. *Norma e Conflito*: Aspectos da História de Minas no século XVIII. Belo Horizonte: Editora da UFMG, 1999. p. 19-29.

52 Cf. MULLET, Michael. *A Contra-Reforma*. Lisboa: Gradiva, 1985.

53 FIGUEIREDO, Luciano. *Barrocas Famílias...* p. 53-53.

Segundo o que observamos a partir do trabalho de Figueiredo, as penas resultantes das Visitas Eclesiásticas, de acordo com o delito praticado, poderiam ser espirituais, "cobranças pecuniárias, excomunhões, separações, e, mais raramente, castigos físicos e prisões".[54] Os desvios mais graves que estivessem fora da alçada e jurisdição daquele mecanismo, eram encaminhados para uma outra alçada ou instância – como a vigararia da vara da comarca eclesiástica do acusado ou a vigararia-geral do Bispado. Conforme a gravidade da culpa, as denúncias e sumários poderiam passar dessas instâncias para a jurisdição do Tribunal do Santo Ofício.[55]

Apesar dessa última possibilidade, após vasculhar os Cadernos do Promotor e consultar processos de réus habitantes de Minas, encontramos poucas denúncias ou sumários de culpas decorrentes das visitações episcopais que tenham seguido para a Inquisição. Um dos poucos exemplos dessa articulação ocorreu em 1762, quando o visitador geral da freguesia de Nossa Senhora de Montesserrate de Baependi, Comarca do Rio das mortes, enviou o sumário da culpa contra o pardo forro Salvador Pinheiro para o Santo Ofício.[56] Não é improvável, porém, que alguns acusados cujos sumários foram tirados tanto na vigararia da vara como na vigararia-geral já tivessem sido compreendidos nas visitas episcopais e seus processos nas primeiras tivessem sido instaurados justamente porque foram pegos pela última.[57]

Enfocando o caminho através do qual as denúncias e sumários partiam da esfera episcopal para a inquisitorial, não é demais ressaltar que a principal via através da qual os casos identificados na primeira chegavam à Inquisição eram as duas principais instâncias do Juízo Eclesiástico: vigararia da vara e vigararia-geral, sobretudo quando os vigários da vara e os vigários-gerais eram Comissários do Santo Ofício. Os trâmites, como vimos, podiam sofrer também a interferência do Bispo, pelo menos na época em que Dom Frei Manuel da Cruz dirigia o Bispado de Mariana.

54    Figueiredo. *Barrocas Famílias...* p. 41.

55    Boschi. As Visitas... p. 168-171.

56    Um exemplo dessa estratégia pode ser encontrada em IANTT, IL, Cad. Promotor, Livro 317, fl. 107.

57    Ao que parece, havia uma tendência para que os réus acusados por delitos mais graves da alçada episcopal identificados através das visitas fossem processados, em seguida, nas instâncias mais elevadas do juízo eclesiástico (vigararia da vara e vigararia-geral).

## O Papel Auxiliar dos Clérigos Não Agentes do Santo Ofício

Além dos mecanismos já estudados acima, os clérigos que não eram agentes da Inquisição e não tinham cargos na justiça eclesiástica também apoiaram a ação do Santo Ofício em Minas, sobretudo no que diz respeito a denúncias.

Observando os registros das correspondências da Inquisição cujo destino eram as Minas, os párocos não agentes do Santo Ofício foram os destinatários das diligências em mais de uma dezena de casos. Eles eram encarregados de realizar prisão, soltura e sumários.

Esse apoio dos padres à ação inquisitorial ocorreu sobretudo no final do século XVIII, período que concentra a quase totalidade das diligências realizadas pelos clérigos não agentes do Santo Ofício. Neste período, a rede de Comissários de Minas já estava quase toda desmontada.[58]

Os dados sobre o local de destino do conjunto de diligências enviadas aos padres não agentes do Santo Ofício segue o mesmo padrão daquelas endereçadas aos Comissários. Notamos que elas eram enviadas mais à sede do Bispado e às cabeças das Comarcas Eclesiásticas. A novidade é Pitangui, freguesia distante da sede episcopal, destino de 03 correspondências.[59]

Por exemplo, um dos párocos de Minas responsável por realizar diligências do Santo Ofício foi Caetano de Almeida Vilas Boas. Em 1794, ele recebeu três comissões para atuar nas Lavras do Funil, Comarca do Rio das Mortes. Devido ao fato de Caetano não ser Comissário da Inquisição, os inquisidores justificavam o porquê de enviar as diligências a ele:

> Não obstante, sabemos não ser VM.ce Comissário do Santo Ofício nós lhe cometemos por sermos bem informados de sua gravidade, probidade, inteireza e exação com que aí exerce seu ministério, qualidades

---

[58] De acordo com a pesquisa que fizemos nos registros do expediente da Inquisição de Lisboa com destino a Minas, observamos também que nas correspondências dirigidas aos Comissários havia sempre a recomendação de que, na ausência de um agente inquisitorial no local onde se devia realizar a diligência, a mesma seria confiada a um vigário, de preferência o da Vara.

[59] IANTT, IL, Registro Geral do Expediente, Livros 20-24.

estas bem atendíveis para a dita diligência se fazer com toda a cautela, circunspeção e segredo que ela requer e pede o serviço do Santo Ofício.[60]

João Luís Saião, cônego do Cabido de Mariana, apesar de não ser um agente inquisitorial, também contribuiu para a ação do Santo Ofício em Minas no final do Setecentos, realizando denúncias sobretudo relativas à leitura de livros proibidos e proposições heréticas.

Saião procedia de duas maneiras. Ora ele realizava suas denúncias ao Comissário Nicolau Gomes Xavier,[61] da freguesia de Raposos, Comarca do Sabará, ora aos Religiosos do Convento do Carmo do Rio de Janeiro. Estes, por sua vez, enviavam as denúncias feitas pelo cônego de Mariana ao Comissário Félix de Santa Tereza, responsável por remetê-las ao Santo Ofício.

Além das denúncias, o Cônego costumava apreender os livros de leitura proibida. Assim, ele procedeu no caso de uma denúncia saída do Rio de Janeiro em 30 de dezembro de 1795 com destino a Lisboa. Neste episódio, os livros objetos da denúncia de Saião ficaram presos no Convento do Carmo até chegar uma ordem da Inquisição solicitando o envio dos referidos impressos, em 03 de novembro de 1796.[62]

No que diz respeito ao funcionamento da engrenagem inquisitorial, o clero de Minas contribuía com a Inquisição para circulação dos Editais do Santo Ofício na Capitania e no incitamento da sociedade para a realização de denúncias.

60  IANTT, Registro Geral do Expediente, Livro 124, fl. 241v.

61  Sobre a atuação de Nicolau Gomes Xavier e o Cônego Saião, ver HIGGS, David. Servir ao Santo Ofício nas Minas setecentistas: o comissário Nicolau Gomes Xavier. In: FEITLER, Bruno; LIMA, Lana Lage da Gama; VAINFAS, Ronaldo (orgs.). *A Inquisição em Xeque...* p. 113-124.

62  IANTT, IL, Registro Geral do Expediente, Livro 24, fl. 294v. Apenas tivemos acesso à ordem da Inquisição para a remessa dos livros, mas não consultamos no IANTT a longa carta que Saião escreveu ao Santo Ofício dando conta da circulação e leitura de livros proibidos na região de Mariana, já que tal carta se encontra "perdida" (CGSO, mç 4) entre os muitos maços do Conselho Geral do Santo Ofício, porém a mesma já se encontra transcrita e publicada com análise crítica de Color Jobim. Ver: JOBIM, Leopoldo Collor. "O Santo Ofício e a Inquisição no Brasil setecentista: estudo de uma denúncia". *Estudos Ibero-Americanos*, Porto Alegre, vol. 13, n. 2, dez. 1987.

Até 1734, era muito fraca a circulação dos Editais da Inquisição em Minas. Isso fica muito evidente na carta que o Comissário de Vila Rica escreveu aos inquisidores reclamando deste fato e da importância dos mesmos para que se distinguisse – tanto por parte da população em geral, como dos párocos – os casos que eram da alçada da Inquisição e os que não o eram. Sobre isso o Comissário escrevia:

> seria conveniente que V. Ema. Ordenasse se mandassem do menos cinquenta porque são pouco menos as freguesias e se fossem em dobro ainda muito melhor, porque há algumas capelas filiais onde regularmente é maior o concurso do povo, do que em as mesmas matriciais, e não se sucederá tão comumente o que tenho experimentado de se mandarem denunciar casos que não pertencem a Santa Inquisição com muita pressa, dando-se o vagar de muitos anos a outros, de que o conhecimento lhe pertence.[63]

Segundo o Comissário Manuel Freire Batalha, eram os próprios párocos e vigários que tomavam a iniciativa de lhe pedirem os Editais da Inquisição:

> alguns párocos me pedem editais dos que costumam publicar-se em Lisboa nos primeiros domingos da quaresma, ficando per annum fixados nas sacristias das igrejas para estarem mais publicados a todos os fiéis os casos cujo conhecimento pertence ao Santo Ofício, cujos editais são nas Minas raríssimos.[64]

Se na primeira metade do século XVIII temos o quadro apresentado acima pelo Comissário Manuel Freire Batalha, na segunda metade da centúria já encontramos uma situação diferente. Baseados no número de denúncias com a expressão "por força dos editais", podemos afirmar que os editais haviam alcançado uma maior difusão na sociedade das Minas, sobretudo na década de 1770.

Resultantes da difusão dos editais, encontramos denúncias procedentes de várias partes de Minas, com predominância da região de Mariana. Devido ao fato

---

63 IANTT, CGSO, Mç. 4, doc. 12.

64 IANTT, CGSO, Mç. 4, doc. 12.

dessa cidade ser a cabeça eclesiástica da Capitania, os editais alcançavam aí maior penetração e respostas.

Em 1776, por exemplo, "por força dos editais", Francisco de Sá denunciou Cristóvão, preto casado, morador em Mariana, por feitiçaria.[65] Em 1776, assim também o fez, na mesma cidade, Manoel de Figueiredo ao denunciar Antonio José Ferreira da Cunha Muniz por proposições errôneas ao Comissário João Roiz Cordeiro.[66] Em 1781, Domingos da Cunha Lopes, morador na freguesia dos Carijós, argumentou que para "não incorrer nas censuras fulminadas nos Editais do Santo Ofício" delatava o Padre Manoel Vaz de Lima por infringir o sigilo da confissão. O clérigo tinha o hábito de perguntar a seus fiéis pelos "cúmplices" de seus pecados.[67]

Em 1775, Manoel da Silva Pereira, morador em Paracatu,[68] denunciou João de Souza Tavares à Inquisição em virtude do acusado fazer "proposições errôneas e blasfêmias", dentre elas a de afirmar que os "católicos eram burros de carga de nosso senhor Jesus Cristo". Em sua denúncia, o autor afirmou que não havia feito a delação antes "por ignorar o tempo, a forma e a quem, em falta de comissário, o devia fazer".

Na sua decisão de delatar foi fundamental o aconselhamento recebido do sacerdote local e a leitura do Edital da Inquisição. Ele afirmou que: "aconselhando-me com sacerdotes previstos nesta matéria, me mostrou um deles o Edital Geral do Santo Ofício, e me pôs a obrigação de dar esta denúncia no termo de trinta dias ao Comissário mais próximo do dito Tribunal".[69]

---

65  IANTT, IL, Cad. Promotor, Livro 318, fl. 379.

66  IANTT, IL, Cad. Promotor, Livro 318, fls. 383. Outros exemplos de denúncias, sejam a si próprio ou a terceiros, pelo mesmo motivo, partiram das freguesias de São João Del Rei, Curral Del Rei (1775), de Vila Rica (1774), e outras da já citada Cidade de Mariana (1776). Cf. IANTT, IL, Cad. Promotor, Livro 318, respectivamente, fls. 287, 308, 313, 320, 379.

67  IANTT, IL, Cad. Promotor, Livro 319, fl. 370.

68  A região de Paracatu esteve sobre a jurisdição do Bispado de Pernambuco, mas como o nosso recorte é a Capitania de Minas e não o Bispado de Mariana, aquela região fez parte do nosso trabalho.

69  IANTT, IL, Cad. Promotor, Livro 318, fl. 271.

Outro mecanismo através do qual os párocos auxiliavam a Inquisição era a confissão sacramental. Naquele ato, dependendo do que era confessado, os sacerdotes poderiam induzir os fiéis a denunciarem o que sabiam ao Santo Ofício, seja delatando terceiros ou mesmo si próprios.

Quando pedia mais editais do Santo Ofício aos inquisidores de Lisboa, Manuel Freire Batalha argumentava que a baixa circulação dos mesmos tinha reflexos negativos na articulação entre Tribunal inquisitorial e confissão. Em sua carta, o Comissário afirmou que "alguns confessores menos cuidadosos não advertem os penitentes para os denunciarem nem estes fazem escrúpulo de deixar de cumprir com esta obrigação pelo ignorarem."[70]

Esse articulação entre Santo Ofício e confissão parece ter funcionado sobretudo nos locais em que havia Comissários e, mais comumente em meados do século XVIII. Em 1749, na vila de Sabará, Pedro Afonso de Vasconcelos denunciava, "obrigado de seu confessor", Gabriel Moraes de Castro ao Comissário Lourenço José de Queiroz Coimbra.[71]

Na cidade de Mariana, em 1774, "obrigada de seu confessor", a escrava Albina Maria Soares denunciava sua senhora ao Comissário João Roiz Cordeiro.[72] Também pelo mesmo motivo, em 1776, Quitéria Inácia de Jesus denunciava três casos de feitiçaria ao referido Comissário de Mariana.[73]

*****

Quanto às penas, a ação do Santo Ofício nas Minas foi mais intensa na primeira metade do século XVIII, quando os cristãos-novos foram os mais perseguidos. Já na segunda metade da centúria, as denúncias enviadas a Lisboa tratavam principalmente de Bigamia, Blasfêmias, Superstições e Feitiçaria.

Em relação à montagem da máquina inquisitorial, como vimos, seu momento de melhor estruturação foi a partir da criação do Bispado de Mariana, quando

---

70   IANTT, CGSO, Mç. 4, doc. 12.

71   IANTT, IL, Cad. Promotor, Livro 305, fl. 34.

72   IANTT, IL, Cad. Promotor, Livro 318, fl. 133, outro exemplo em fl. 135.

73   IANTT, IL, Cad. Promotor, Livro 318, fl. 381.

se tornou consistente a rede de Comissários e ocorreu uma complexa articulação entre justiça eclesiástica e Inquisição. Nessa articulação, muitas vezes os agentes inquisitoriais eram também agentes da justiça eclesiástica.

Por meio dos mecanismos da Justiça Eclesiástica, da rede de agentes inquisitoriais, dos editais e retrato de condenados que eram colocados nas Igrejas, a Inquisição penetrou nas Minas e permitiu que o cotidiano dos habitantes fosse marcado pela sua presença repressiva. Quando não era por meio de prisões e confiscos, pelo menos o era por meio da "atmosfera" que pairava, pois a máquina, mais em determinados períodos e regiões do que em outros, estava ali se fazendo representar.

Além dos elementos integrantes da máquina tratados neste capítulo, temos uma peça importante: a rede de Familiares do Santo Ofício. Eles exerceram um papel relevante nas notificações, prisões, transporte de réus, sequestro de bens, e com menor importância, nas denúncias. Suas funções eram desempenhadas geralmente sob ordens dos Comissários, a quem auxiliavam.

Mas essa rede tinha uma especificidade: como os agentes eram leigos, não precisavam abandonar suas ocupações costumeiras para exercer o cargo. Outra peculiaridade é que era incomparável numericamente, pois possuía – distribuídos ao longo do século XVIII – cerca de 5 centenas de agentes espalhados por todas as Comarcas de Minas. Por meio deles, a presença institucional da Inquisição chegava aos confins da Capitania.

# 2
## FAMILIARES DO SANTO OFÍCIO E AÇÃO INQUISITORIAL EM MINAS

DE ACORDO COM OS REGIMENTOS INQUISITORIAIS, os Familiares exerceriam um papel auxiliar nas atividades da Inquisição, atuando principalmente nos sequestros de bens, notificações, prisões e condução dos réus. Sem abandonar suas ocupações costumeiras, eles seriam funcionários civis do Santo Ofício e, caso fossem chamados pelos Inquisidores – nos locais onde havia Tribunal – ou pelos Comissários, prestariam a estes últimos todo o auxílio requerido e cumpririam as ordens que lhes fossem dadas.

Os Familiares deveriam desempenhar suas funções sob segredo. Apesar disso, eles não seriam agentes secretos da Inquisição infiltrados na sociedade, como já foi sugerido.[1] Como veremos adiante com mais profundidade, esses agentes tinham muito interesse em exteriorizar o título que possuíam.

Quando eram celebrados os autos-de-fé[2] da Inquisição nas cidades-sede do Tribunal, os Familiares desempenhavam um papel de destaque. Trabalhando nos preparativos, eles convidavam as autoridades para o rito e distribuíam os éditos da cerimônia aos párocos, que, por sua vez, exortavam o comparecimento das massas ao evento. No momento da celebração do auto-de-fé, dentre as diversas atividades que desempenhavam – por exemplo, levar a arca com os processos para o cadafalso –, a principal função dos Familiares era acompanhar os réus, organizados em procissão, para ouvirem suas sentenças.[3]

---

1 NOVINSKY, Anita. "A Igreja no Brasil colonial. Agentes da Inquisição". *Anais do Museu Paulista*, t. XXXIII, 1984. p. 17-34. Nesse artigo pioneiro, o primeiro da historiografia brasileira sobre os Familiares, a autora os comparou à Gestapo Nazista, afirmando: "constituíam uma rede semelhante à da Gestapo durante a Alemanha nazista." p. 19.

2 Sobre os autos-de-fé, ver BETHENCOURT, Francisco. *História das Inquisições...* cap. 7. p. 219-289.

3 Livro II, Tit. 23.

Embora variasse no tempo e no espaço, esse papel de destaque assumido por tais agentes nos autos-de-fé foi importante porque, através dele – e também das outras funções desempenhadas –, fixava-se na memória coletiva a imagem dos Familiares como integrantes do Tribunal inquisitorial. Segundo Bethencourt, atuando a Inquisição nesta sociedade "sequiosa de representações fortes nas quais a palavra não é suficiente", o auto-de-fé constituía "o elemento central da representação do Santo Ofício na época de sua atividade mais intensa".[4]

Na Colônia, os elementos relacionados à ação inquisitorial que contribuíam para a construção da imagem dos Familiares do Santo Ofício não seriam exatamente os mesmos do Reino, embora os elementos básicos não variassem muito.

Sob jurisdição do Tribunal de Lisboa, a América portuguesa não contou com um Tribunal da Inquisição próprio e, por tal motivo, a ação inquisitorial nela ocorrida pode ser considerada periférica. Nesse sentido, no presente capítulo nos interessa verificar como os Familiares do Santo Ofício, agentes da instituição metropolitana, agiram na Colônia ou, mais especificamente, nas Minas setecentistas.

De que maneira os Familiares atuavam nestas terras distantes da Metrópole? Que papel desempenhavam? Em termos de posição e função, estando longe da sede da instituição à qual pertenciam, o que mudava em relação aos agentes inquisitoriais metropolitanos? O que representava, na perspectiva da atividade repressiva inquisitorial, ser um Familiar do Santo Ofício nos confins das Minas ou nas suas principais vilas?

## Funções

### *Prender, Confiscar e Conduzir*

Analisando as ordens que vinham da Inquisição de Lisboa, percebemos que uma das principais funções desempenhadas pelos Familiares era a execução dos mandados de prisão. Em 1796, a Inquisição enviou uma diligência de prisão ao pároco da freguesia de Santa Luzia, Bispado de Mariana, contra Antônio José

---

4   BETHENCOURT, Francisco. *História das Inquisições...* p. 220.

Gonçalves, afirmando que a captura do acusado deveria ser feita por um "Familiar hábil" e "da maior confidência".[5]

Esse papel que o Tribunal reservava aos Familiares também fica evidente nos formulários de mandados de prisão impressos pela Inquisição no século XVIII. Observemos um exemplo referente ao processo do cristão-novo Francisco Ferreira Isidoro:

> os Inquisidores Apostólicos contra a herética pravidade e apostasia nesta cidade de Lisboa e distrito, etc. mandamos a qualquer Familiar ou oficial do Santo Ofício que na Cidade do Rio de Janeiro ou onde quer que for achado Francisco Ferreira Isidoro, X. N. (...) morador que foi na Bahia e hoje nas Minas o prendai com sequestro de bens por culpas que contra ele há neste Santo Ofício.[6]

A análise dos códigos e mandados revela que a Inquisição contava com o auxílio dos Familiares para o cumprimento dos mandados de prisão. Na prática essa expectativa era atendida. Embora a rede de Familiares do Santo Ofício de Minas ainda fosse fraca nas primeiras décadas do século XVIII, encontramos referências a sua atuação na prisão e condução dos réus até o Rio de Janeiro. Isso fica evidente em vários pontos da carta de Manuel Freire Batalha aos inquisidores de Lisboa, já citada no capítulo 1.

As primeiras menções aparecem quando Batalha reclama dos pagamentos que o Juízo do Fisco se recusava a fazer aos Familiares que tinham exercido atividades em nome do Santo Ofício, principalmente prisão e condução de réus. Mesmo quando aqueles agentes recebiam, Batalha julgava os valores muito baixos para quem residia nas Minas. Diante da recusa do Juízo do Fisco em oferecer os recursos necessários às diligências de prisão e transporte dos réus, era o Comissário ou os próprios Familiares quem arcava com os custos daquelas atividades.

O Comissário Batalha contava principalmente com o Familiar Antônio Francisco Leitão – seu "braço-direito" – para executar as diligências do Santo Ofício. Relatando as dificuldades enfrentadas para realizar as comissões do

---

5   IANTT, IL, Registro Geral do Expediente, Livro 24, fl. 277.

6   IANTT, IL, Proc. de Francisco Ferreira Isidoro.

Santo Ofício, aquele Comissário afirmava que este Familiar, "por força da sua grande inteligência e eficácia", cumpria papel fundamental ajudando-o a "dar conta das [diligências] de mais importância e risco".[7]

Depois de atuarem na prisão dos réus e sequestro de seus respectivos bens, os Familiares aguardariam a primeira ocasião para conduzi-los ao Rio de Janeiro, de onde seriam mandados para Lisboa. Chegando à Metrópole, outros Familiares atuariam na condução dos réus até os cárceres da Inquisição.

### Denúncias

A atuação dos Familiares nas denúncias ao Tribunal da Inquisição poderia ocorrer de duas formas. Na primeira, eles mesmos tomavam a iniciativa de delatar ao Santo Ofício casos que julgavam ser da alçada inquisitorial. Na segunda, cumprindo seu papel de representantes da Inquisição, esses agentes recebiam denúncias e as encaminhavam aos Comissários ou diretamente a Lisboa. Comecemos nossa análise abordando a primeira possibilidade.

O quarto parágrafo do Regimento dos Familiares do Santo Ofício, esclarecia o seguinte:

> se nos lugares em que viverem [os Familiares] acontece algum caso que pertença à nossa santa fé; ou se os penitenciados não cumprirem suas penitências com toda a brevidade e segredo darão pessoalmente conta na mesa do Santo Ofício sendo na terra em que assiste o Tribunal, e fora dela avisarão ao Comissário; e quando não o haja, avisarão por carta aos inquisidores.[8]

Os Familiares pareciam ser cônscios dessa obrigação, uma vez que recebiam uma cópia de seu regimento quando se habilitavam. Tanto é assim que, em algumas denúncias feitas por eles à Inquisição, citavam a parte do regimento re-

---

7   IANTT, CGSO, mç 4, n. 12.

8   Regimento de 1640, Liv. I, Tit. XXI.

ferente à obrigação que tinham de dar conta aos inquisidores ou aos Comissários sobre casos pertencentes à jurisdição do Santo Ofício.⁹

Nos Cadernos do Promotor, encontramos poucos casos em que os Familiares de Minas realizarem denúncias aos inquisidores de Lisboa.¹⁰ Quanto à segunda forma de atuação nas denúncias – recebendo e repassando-as para os Comissários –, os casos são mais abundantes. Vejamos nos próximos parágrafos alguns exemplos.

O burburinho e disse-me-disse em torno de Ângela Maria Gomes – negra forra de nação courana – e suas "camaradas", todas acusadas de feitiçaria e moradoras em Itabira, chegou ao conhecimento de dois Familiares do Santo Ofício. Um deles, Miguel Afonso Peixoto, teve atuação decisiva para que o caso, descrito em várias cartas, fosse enviado à Inquisição por intermédio do Comissário de Mariana, Inácio Correia de Sá.

Datada de 17 de fevereiro de 1760, a primeira carta foi escrita por João Leite Gomes e entregue ao já referido Familiar Miguel Afonso Peixoto. O denunciante relatava que havia dois anos tinha acontecido uma mortandade de escravos e que "vinham o médico e cirurgião a vê-los e dos remédios de botica que lhes aplicavam era o mesmo que nada".

Em uma noite no sítio do Marçagão, encontravam-se reunidos Antonio da Silva Lessa, Manoel Afonso da Rocha e o denunciante João Leite Gomes. Perguntando os presentes ao denunciante como iam os seus escravos doentes, ele respondeu "que não tinha melhoras". Manoel Afonso da Rocha tentou dar uma explicação para a mortandade dos escravos, acrescentando que aquela "freguesia estava perdida com feiticeiras".

Quando foi questionado sobre quem eram elas, Manoel respondeu que "no arraial da Itabira havia muitas e que a mestra delas era a negra courana Ângela Maria Gomes, forra, com sua camarada Custódia de Figueiredo, preta forra". Manoel acrescentava ainda que sobre esta última "tinha ouvido, matara o

---

9   Cf. IANTT, IL, Cadernos do Promotor, Livro 316, fl. 329. Outro fato que corrobora essa afirmação é o registro que a Câmara Municipal de Mariana fez em 1776 das cartas dos Familiares privilegiados do número, trasladando, junto com as cartas patentes, o regimento dos Familiares.

10  Para exemplo, ver: IANTT, IL, Cadernos do Promotor, Livro 317, fl. 415;

Reverendo Pe. Manoel de Gouveia Coutinho e mais o licenciado João da Fonseca Figueiredo, que foi seu senhor".[11]

A população da freguesia de Itabira, por essa época, devia ter fácil acesso aos Familiares do Santo Ofício, pois, ao final de sua carta, João Leite ameaçava o agente da Inquisição de que se este não levasse o caso adiante, procuraria outro Familiar que o fizesse. Vale a pena transcrever esse trecho: "assim denuncio a vossa mercê tudo o que é contrário aos mistérios da nossa santa fé para que vossa mercê de esta parte aos seus superiores e quando vossa mercê o não faça o farei eu a outro Familiar."

Neste ponto, fica muito claro que a população identificava os Familiares como representantes do Tribunal do Santo Ofício, sendo estes o canal de que dispunham para chegarem àquela instituição. O denunciante considerava que os Familiares tinham comunicação com os seus "maiorais", portanto utilizavam aquele elo para recorrer à instância superior, Lisboa.

Quando completava quase um mês da primeira denúncia, Ângela Gomes foi novamente denunciada em uma carta enviada ao Comissário de Mariana, datada de 10 de março de 1760. Desta feita, a denúncia foi realizada pelo dono da casa do sítio do Maçargão (sic) – onde esteve o denunciante da primeira carta. O autor da denúncia alegou que tinha a letra ruim, por isso a carta foi ditada ao Familiar Miguel Afonso Peixoto, o mesmo que tinha recebido a denúncia de 17 de fevereiro, citada acima. Segundo o relatado, Antônio da Silva Lessa ouviu de Manoel Afonso da Rocha e do Familiar João Dias Rios, que Manoel Roiz Capoto lhes havia dito que encontrara a referida Ângela Maria Gomes e "outras mais" no adro da igreja de Itabira "a desenterrar um defunto".

Ainda no mês de março, no dia 26, encontramos outra carta denunciando Ângela Maria Gomes, agora ditada por Manoel Afonso da Rocha ao já citado Familiar Miguel Afonso Peixoto – de novo em virtude da letra ilegível do denunciante. Nesta carta, além do que tinha ouvido de Manoel Roiz Capoto, o

---

11   Segundo Laura de Mello e Souza, "numa sociedade escravista como a do Brasil colonial, a tensão era permanente, constitutiva da própria formação social, e refletia-se em muitas das práticas mágicas e de feitiçaria exercidas pelos colonos". *O Diabo e a Terra de Santa Cruz*... p. 194. Sobre esta relação entre práticas mágicas e escravidão, ver ainda o tópico *Tensões entre senhores e escravos*, p. 204-210.

denunciante acrescenta que também o oficial de carapina Domingos de Barros Coelho lhe tinha dito que um "sujeito tinha topado defronte da igreja dançando com um bode" não somente Ângela Maria Gomes, mas "muitas mais."

Por fim, a última carta, datada de 21 de maio de 1760, era de autoria daquele Familiar redator das duas cartas ditadas referidas acima. Desta vez, as fontes acerca da atuação de Ângela Maria Gomes eram outras. O Familiar relata o seguinte:

> Antônio José Pimenta, morador neste arraial de Itabira me disse para que eu denunciasse à Santa Inquisição que Antonio José, filho de Tereza Álvares Pereira, parda, moradora neste arraial, lhe dissera que vira Ângela Maria Gomes, preta forra, com aquela Maria do Rosário, crioula forra, e mais Antônia Mina, escrava de Antonio de Oliveira Neto, em umas luas brancas de madrugada a andar a roda de uma árvore chamada gameleira e lhe pediram segredo e que para ele falar depois o ameaçam.[12]

Como a freguesia na qual os denunciantes residiam não ficava tão próxima à sede do Bispado – que contava com Comissários e Bispo, canais de comunicação mais imediata com o Tribunal de Lisboa –, eles procuravam os Familiares para recorrerem ao Santo Ofício.

Sobre as denúncias recebidas pelos Familiares, ainda podemos citar uma série de exemplos. Em 1775, José Antônio Machado denunciou Pedro Antônio Cruz, acusado de desacatar a imagem de Cristo, ao Familiar José Pereira. Infelizmente sem mencionar o local de onde partia a denúncia, o texto de sua carta se iniciava da seguinte forma: "na natureza de que V. M. é Familiar do Santo Ofício eu também como Cristão desejo tudo o que é da honra e glória de Deus e por isso lhe dou parte."[13]

Em 1755, o Familiar João Teixeira Leitão, morador na Vila do Príncipe, denunciou o pardo Inácio da Silva de Ataíde e Castro por se fingir padre nos "sertões fazendo sacramentos e celebrando missas", ao Comissário de Vila Rica, Félix Simões de Paiva. Mas este não foi o único Familiar a contribuir para que as notícias da atuação do falso padre chegassem à Inquisição. Segundo o Familiar

---

12  Todos os casos narrados em: IANTT, IL, Cadernos do Promotor, Livro 315, fls. 54-59.
13  IANTT, IL, Livro 319, fl. 111.

denunciante, um outro, "de sobrenome Frasão", morador no sertão onde o falso padre atuava, avisou um padre de nome Antônio Xavier de Carvalho, que tinha fazenda no "sertão", acerca da atuação do embusteiro, impedindo-o, assim, de realizar missa no dia de Natal.[14]

Escrevendo à Inquisição, o Comissário de Vila Rica Félix Simões de Paiva informou que o Vigário da Vara do Serro Frio também lhe havia enviado denúncia sobre a atuação do falso vigário, filho de José Matias, ex-vigário de Raposos. O Vigário da Vara do Serro Frio informou ainda ao Comissário que ele havia "tirado algumas testemunhas e andava a diligência de o prender e remeter com culpa" ao Santo Ofício "por via do Bispo para mais segurança".[15]

Em 1772, na freguesia de Guarapiranga, Termo de Mariana, o Familiar Domingos Martins de Araújo recebeu duas denúncias e as encaminhou ao Santo Ofício. O primeiro denunciado era João, preto escravo, acusado de curar com feitiços. Ele foi delatado ao Familiar por quatro pessoas, que por "necessidades de moléstias" tinham procurado o acusado e agora, para "descarga de suas consciências", realizavam a denúncia, pediam perdão à Inquisição e prometiam não cair mais em "semelhantes erros". Segundo os denunciantes, o Familiar foi procurado porque eles moravam a 8 léguas do Comissário. Esta distância impedia os denunciantes de chegar àquele último devido a moléstias de uns e à pobreza de outros. A segunda pessoa denunciada ao Familiar foi Bento da Lima Perestello. Isidoro da Silva Corte, morador em São Miguel, filial da freguesia de Guarapiranga, delatava Bento por ter recorrido ao mesmo para curar de feitiços.[16]

O Familiar Francisco Alves Rabelo,[17] morador na freguesia dos Carijós, aos 8 de janeiro de 1752, ocasião de sua ida a Vila Rica, procurou o Comissário Félix Simões de Paiva e repassou-lhe uma denúncia que tinha recebido na Comarca de Rio das Mortes, onde morava. Segundo a carta, Manuel Ferreira Pimentel, morador na Paraopeba, freguesia dos Carijós, havia denunciado ao Familiar que Jorge

---

14  IANTT, IL, Cadernos do Promotor, Livro 306, fl. 243.

15  IANTT, IL, Cadernos do Promotor, Livro 306, fl. 210.

16  IANTT, IL, Cadernos do Promotor, Livro 318, fls. 144-145.

17  Este Familiar se habilitou em 1731, antes de sair do Reino, quando ainda morava na Comarca de Guimarães e vivia de suas fazendas. Cf. IANTT, HSO, mç. 50, doc. 1017.

Gularte, ainda estando viva sua primeira mulher, casara-se pela segunda vez na Vila de Pindamonhangaba, Bispado de São Paulo. O Frei Pascoal da Cruz, religioso da ordem de São Francisco – irmão do dito Manuel que fez a denúncia ao Familiar – é citado como testemunha deste caso de bigamia.[18]

Em 1759, o Familiar Bento Alves, morador nos Corgos da Conceição do Mato Dentro, Comarca do Serro Frio, recebeu uma denúncia contra José Pereira, homem branco, acusado de "carregar" partículas de hóstia consagrada que tinha obtido nos "sertões de Pernambuco". Na delação, que foi repassada ao Comissário de Mariana, Inácio Correia de Sá, o Familiar justificava o motivo de a ter recebido: "por entenderem algumas pessoas, que eu pela ocupação que tenho de Familiar do Santo Ofício, terei Jurisdição para punir alguns casos que encontram mistérios de nossa Santa Fé (...)". Acrescentava ainda que naquela "comarca não há Comissário que o possa fazer."[19]

Neste último caso, notamos uma superestimação do papel dos Familiares pela população das Minas. Baseados na documentação e nos regimentos inquisitoriais, sabemos que esses agentes não tinham "jurisdição para punir alguns casos".

Outro exemplo que nos permite constatar essa superestimação do papel do Familiar do Santo Ofício é um episódio ocorrido no ano de 1765, quando os sócios da Lavra da Paciência, freguesia de Aiuruoca, Comarca do Rio das Mortes, se reuniram naquela mina para fazer "apuração". A denúncia cita o nome de dois dos sócios – Luiz Correa e Manoel Correa Dias da Estrela –, sendo este último o acusado na denúncia. Segundo o que foi relatado à Inquisição, um dos feitores daquela lavra, Marcos Francisco Guimarães, querendo dar uma "esmolinha a Nossa Senhora do Rosário, cuja caixinha [tinham] os pretos na cata para este fim", foi duramente repreendido por um dos sócios que se encontrava no local. Este disse, "muito irado, que não consentia se desse esmola a Nossa Senhora e quem a quisesse dar, a desse do seu" e acrescentou que "não queria nada de Nosso Senhor nem de Nossa Senhora". Ouvindo isso, o feitor respondeu: "se não houvesse caridade com os pobres e com as irmandades, que havia de ser de nós?" A isso respondeu Manoel Correa "que não lhe importava a caridade, puta que pariu a caridade".

---

18   IANTT, IL, Cadernos do Promotor, Livro 306, fl. 36.

19   IANTT, IL, Cadernos do Promotor, Livro 317, fl. 378.

Segundo a denúncia, a reação dos ali presentes foi que "começaram uns a benzer e outros, perdidas as cores, virando lhe as costas"; já a escravatura, "até estes no modo possível com aqueles gestos que costumam fazer em semelhantes casos sentiram infinito." Um dos sócios do blasfemador, Miguel da Silva, afirmou que se ali "acaso tivesse um Familiar do Santo Ofício que logo o prendia".

Apesar de nenhum agente inquisitorial ter presenciando o episódio, tudo foi minuciosamente relatado ao Familiar Manoel Fernandes Oliveira, vizinho das testemunhas. Uma delas era o próprio feitor Marcos Francisco e a outra o Alferes José Roiz de Matos. Além do que foi relatado por esses últimos na ida do Familiar à missa da freguesia de Serranos, mais três pessoas lhe descreveram o fato ocorrido na Lavra da Paciência. No caminho para a missa, que era de uma "légua e um quarto, pouco mais ou menos, não falaram em outra coisa." Quando soube do episódio, o Familiar ficou "interiormente tão estimulado de dar parte" que escreveu ao Comissário de São João Del Rei, cabeça daquela comarca, relatando o que lhe tinha sido contado. Ao final da carta, antes de assinar, diz: "atenciosos e criado fiel [venerador]."[20]

Como vemos, mesmo nas freguesias mais afastadas do centro administrativo e religioso da Capitania, como Aiuruoca (que ficava no atual Sul de Minas), as pessoas, vivendo ali o cotidiano da exploração das lavras, sabiam da existência do agente da Inquisição. Prova disso é o que elas disseram: "se estivesse um Familiar do Santo Ofício que logo o prendia".

A população daqueles confins das Minas julgava que aquele caso de blasfêmia testemunhado por elas pertencia à jurisdição do Santo Ofício. Sendo assim, procuraram o representante mais próximo da instituição inquisitorial, o Familiar do

---

20  Todo este episódio da lavra da Paciência, em: IANTT, IL, Cad. Promotor, Livro 317, fls. 100-101. Apesar de tudo indicar que Manoel Francisco Oliveira era Familiar, não aparece, antes de sua assinatura, a palavra "Familiar do Santo Ofício." Contudo, seu nome consta do nosso levantamento dos Familiares de Minas, tendo se habilitado em 1748. Além disso, no final de sua denúncia, aparece um texto típico dos agentes da Inquisição que ocupavam os escalões mais baixos da hierarquia inquisitorial: "(...) e para serem reverenciados, engrandecidos e sobrexaltados os seus santíssimos nomes e prolonguem a vida, para na sua divina graça, lhe fazer muitos serviços e a mim mandar me em tudo o que for dar lhe gosto."

Santo Ofício. Este convivia com os denunciantes cotidianamente, pois o caminho para a missa foi decisivo para que o agente inquisitorial percebesse a dimensão do caso relatado e o julgasse digno de ser denunciado ao Tribunal de Lisboa.

Considerando a frase já citada: "acaso tivesse um Familiar do Santo Ofício que logo o prendia", podemos reafirmar que a população superestimava o papel daquele agente pois, como já sabemos, os Familiares não tinham o poder de prender sem ordens vindas do Comissário ou de Lisboa. O fato da população de Minas estar tão longe dos agentes superiores da hierarquia inquisitorial e da própria sede do Tribunal, Lisboa, levava-a a criar uma expectativa em relação ao Familiar que não correspondia às suas atribuições. No caso ocorrido, de acordo com os regimentos inquisitoriais, o agente do Santo Ofício não podia fazer mais nada além de avisar ao Comissário, já que o havia na Cabeça daquela Comarca, São João Del Rei. Caso contrário, escreveria ao Comissário mais próximo ou diretamente aos inquisidores de Lisboa.

Além da expectativa em relação à ramificação capilar do Tribunal da Inquisição – Familiar do Santo Ofício –, notamos também, em quase todos os casos relatados, uma expectativa em relação à própria instituição inquisitorial que depois se frustrava. A maior parte das denúncias não continha indícios julgados suficientes para se tornar processo.

Por outro lado, fica muito claro nos episódios narrados neste tópico como a Inquisição portuguesa conseguiu se fazer presente até nos confins das Minas através da sua ramificação capilar investida nos Familiares.

## Prestígio e Poder Inquisitorial: Usos e Abusos do Título de Familiar

O prestígio e a autoridade desfrutados pelos ocupantes dos cargos inquisitoriais perante a sociedade podem ser avaliados pelos usos, em nome da ação inquisitorial, que se procurou fazer de tais títulos.

A autoridade inquisitorial era utilizada tanto pelos agentes da Inquisição para atender aos seus anseios cotidianos, como também por pessoas não habilitadas. Estas últimas fingiam, na verdade, ser membros atuantes do Santo Ofício para, com isso, desfrutar de poder e prestígio e resolver questões corriqueiras que lhes afligiam. Após cerca de um século de funcionamento, a ocorrência de tais práticas fez com que a Inquisição passasse a discutir o assunto e a estabelecer punições para os transgressores. Isto ocorreu no regimento de 1640.

Em relação ao delito de se fingir de agente inquisitorial, legislou-se que as pessoas

> tão ousadas que fingidamente se façam ministros e oficiais do Santo Ofício (...) serão condenados a que vão ao Auto da Fé, a ouvir sua sentença e não farão abjuração; salvo se do crime resultar também culpa contra a Fé; e sendo pessoa vil, terá penas de açoites e degredo, as quais poderão moderar, conforme a qualidade dos réus e circunstâncias que diminuírem a culpa; e se forem pessoas de qualidade, terão degredo e as mais penas arbitrárias, que parecer aos Inquisidores; e uns e outros restituirão por partes tudo que tiverem levado. (Reg. 1640, Livro III, tit. XXI)

Já o título XXI do livro III discutia e estabelecia penas para os que "impedem e perturbam o ministério do Santo Ofício" (Reg. 1640, Livro III, Tit. XXI). Os agentes inquisitoriais poderiam aparecer tanto como vítimas de ações que os impedissem de executar as diligências do Santo Ofício – injúrias, maus-tratos ou até assassinatos – como acusados de chantagear suspeitos e/ou denunciados, revelar segredos de processos e diligências, dentre outros delitos que "impedissem ou perturbassem o ministério do Santo Ofício".

Segundo Wadsworth, a existência de abusos e da falsa autoridade inquisitorial só contribuía para a construção do sentido de arbitrariedade e natureza destrutiva do poder inquisitorial.[21] A tabela abaixo – elaborada pelo autor baseada em fontes diversas –, inclui os acusados que eram agentes oficiais do Santo Ofício e os que não o eram. Os dados se referem a crimes contra a Inquisição ocorridos em todo o Império português.

---

21   "The existence of abuse and false authority only contributed to the sense of the arbitrary and destructive nature of inquisitional power." WADSWORTH, James. *Agents of Orthodoxy...* p. 269.

**Tabela 5 – Crimes contra a Inquisição cometidos por oficiais e não oficiais do Santo Ofício no Império português, 1544-1805.**

| Não agentes inquisitoriais ||| Agentes inquisitoriais |||
|---|---|---|---|---|---|
| Delito | Num. | % | Delito | Num. | % |
| Falso Comissário | 2 | 2,6 | Abuso de autoridade | 18 | 26,1 |
| Falso Familiar | 22 | 28,2 | Abuso de privilégio | 2 | 2,9 |
| Ordem falsa | 6 | 7,7 | Ordem falsa | 3 | 4,3 |
| Falso Qualificador | 1 | 1,3 | Desobedecer ordens | 1 | 1,4 |
| Prisão falsa | 6 | 7,7 | Falhar em cumprir ordens | 7 | 10,1 |
| Insultar a autoridade inquisitorial | 10 | 12,8 | Impedir o trabalho da Inquisição | 14 | 20,3 |
| Desobedecer ordens | 2 | 2,6 | Revelar segredos | 1 | 1,4 |
| Impedir denúncia | 1 | 1,3 | Oficiais denunciados por proposição herética | 7 | 10,1 |
| Injuriar oficial da Inquisição | 2 | 2,6 | Denunciados por homicídio | 3 | 4,3 |
| Obstruir o trabalho da Inquisição | 19 | 24,4 | Denunciados por maçonaria | 1 | 1,4 |
| Recusar ajuda ao Familiar | 1 | 1,3 | Denunciados por Molinismo | 1 | 1,4 |
| Recusar a honrar os privilégios | 2 | 2,6 | Denunciados por Solicitação | 2 | 2,9 |
| Revelar segredos | 2 | 2,6 | Desconhecido | 8 | 11,6 |
| Falar contra a Inquisição | 1 | 1,3 | | | |
| Roubar de prisioneiros | 1 | 1,3 | | | |
| Total | 78 | 100 | Total | 69 | 100 |

Fonte: WADSWORTH, James. *Op. cit.*, p. 268.

Observando os dados acima, notamos que, no caso dos que fingiam ser agentes do Santo Ofício, o grupo dos falsos Familiares é o que ganha maior destaque, pois contou com o maior número de perseguidos, 28,2% dos casos.

No que se refere a Minas, encontramos várias denúncias envolvendo tanto Familiares – dos casos de abusos que encontramos, estes eram a maioria –, como pessoas que não eram agentes da Inquisição, mas que o fingiam ser para utilizar a autoridade inquisitorial. Nos dois casos, os indivíduos eram denunciados por cometer arbitrariedades e usar o poder do Santo Ofício com o objetivo de atender a seus interesses próprios.

Apesar dos relatos desses episódios terem chegado à Inquisição, apenas um caso se tornou processo. Isso indica que o número de pessoas que fez usos e abusos da autoridade inquisitorial era maior do que o grupo daquelas que foram processadas. Primeiramente, analisaremos alguns exemplos de indivíduos que fingiram ser agentes do Santo Ofício e, em seguida, de pessoas que realmente o eram e, nessa condição, abusaram do poder inquisitorial.

Em 1760, Baltazar do Vale Burralho, preso da cadeia de Vila Nova da Rainha, denunciou ao Comissário do Santo Ofício que um carcereiro daquela prisão, o reinol Francisco da Costa, "botou um caixilho de Breve ao pescoço e pegou em uma vara vermelha [de almotacé] que estava na casa da Câmara e [foi] à sala fechada, onde se achava preso o licenciado Antonio Roiz de Paiva". Entrando na cela, proferiu as seguintes palavras: "Você conhece-me? Conhece-me por Familiar do Santo Ofício? a que o dito licenciado Paiva respondeu que por aquela medalha o não conhecia, porém se tinha a verdadeira que se poria a seus pés."

Apesar do réu ter duvidado da autenticidade do objeto que o falso Familiar usava por medalha do Santo Ofício, a frase proferida "se tinha a [medalha] verdadeira se poria a seus pés" deixa claro o poder que os agentes da Inquisição manipulavam.

Considerando aquela resposta insatisfatória, o carcereiro que "brincava de ser Familiar" pegou o licenciado pelo braço, arrastou-o da sala fechada até a sala livre e disse-lhe: "está preso da parte do Santo Ofício, repetindo duas vezes". As pessoas que assistiam tal episódio ameaçaram denunciar a arbitrariedade cometida pelo carcereiro ao Tribunal da Inquisição, mas, segundo o que foi relatado, o falso Familiar "fez pouco caso, dizendo que fora por zombaria."[22]

Depois de ter visto prisões e interrogatórios contra acusados pelo Santo Ofício se passarem na cadeia da Vila do Príncipe, Baltazar do Vale, apercebendo-se do prestígio e autoridade que os agentes da Inquisição possuíam, quis também experimentar aquele poder.

---

22  IANTT, IL, Cad. Promotor, livro 315, f. 61.

Se no caso de Familiar embusteiro narrado acima não havia fatos suficientes para a instauração de um processo contra o acusado, um outro episódio, ocorrido numa fazenda do caminho novo das Minas, levou o Santo Ofício a processar e sentenciar o Pe. Dionísio de Almeida Costa por ter se fingido Familiar.[23]

A denúncia contra o padre foi feita ao Tribunal do Santo Ofício por Fernando Dias Paes, guarda-mor das Minas, no ano de 1724. Segundo o que foi relatado, o acusado chegou à fazenda do pai do denunciante "em trajes seculares, em vestia (sic) com um capote e barba crescida" e disse-lhe que precisava de ajuda para prender duas pessoas em nome do Santo Ofício: o casal Antônio Araújo e Rosa Maria. O Padre acusado justificou que "era Familiar do Santo Ofício, filho e neto de outros Familiares também, e que a ele dito homem por motivo zeloso se lhe encarregavam as prisões mais árduas". Ouvindo isso, Fernando Dias lhe ofereceu toda a ajuda, dando "sete escravos e índios armados com armas de fogo".

O padre partiu, então, com os escravos e índios e foi fazer emboscada para prender o casal. Após a captura, oferecendo algumas moedas, convidou os escravos a matarem o dito Antônio Araújo e lhe entregar sua esposa, Rosa Maria, o que foi recusado.

Depois de executado o falso mandado, Garcia Roiz Paes – o pai do denunciante – disse ao padre Dionísio – executor da prisão – "que visto a ter já executada era tempo de demonstrar a sua medalha de Familiar, ao que ele respondeu que por vir mal fardado a não trazia". Diante desta resposta, e depois de ter pedido conselhos a um clérigo que passava pelo caminho em direção à vila do Ribeirão do Carmo, os donos da fazenda localizada naquele caminho tomaram providências que resultaram na prisão e condução do padre para o Rio de Janeiro.

No seu auto de prisão, datado de janeiro de 1727, ironicamente, o acusado foi entregue por dois Familiares do Santo Ofício, agora verdadeiros: Carlos de Paiva Pereira e Jerônimo Alves Ferreira.

---

23 IANTT, IL, Proc. no. 9128. Este mesmo processo foi estudado por Calainho e, a partir de seu trabalho, obtivemos a cota do processo. Cf. CALAINHO, Daniela Buono. *Em nome do Santo Ofício*: familiares da Inquisição portuguesa no Brasil colonial. Rio de Janeiro, UFRJ, 1992 (Dissertação de Mestrado). p. 131-134, p. 149.

No processo apurou-se que o "homem fingido Familiar do Santo Ofício era clérigo sacerdote pregador por nome Dionísio de Almeida Costa" e que tinha sociedade de negócios com o dito Antônio de Araújo. Estando na casa de seu sócio, o qual havia conhecido no Rio de Janeiro havia 7 anos, o padre se envolveu e "lhe roubara a dita sua mulher Rosa Maria".

O padre confessava que "como apaixonado buscara aquele meio extraordinário para sua vingança" de contas mal resolvidas decorrentes dos negócios que tinha em sociedade com o marido de sua amante. Pressionado pelos inquisidores, que queriam saber se Dionísio tinha se apartado da Fé, este afirmara que havia se fingido Familiar para ter a *"honra e estimação de ser ministro do Santo Ofício."*

O falso Familiar foi penitenciado no auto-de-fé ocorrido na igreja de São Domingos no dia 25 de julho de 1728, quando foi condenado a 5 anos de degredo no Algarve e a pagar os custos do processo.

Como vemos nos exemplos do Pe. Dionísio e no de Francisco da Costa – ambos denunciados por se fingirem agentes da Inquisição – o que lhes faltava era a medalha de Familiar do Santo Ofício. Esta insígnia só podia ser utilizada pelos aprovados no burocrático e custoso processo de habilitação da Inquisição. No caso dos Familiares interessados em utilizar a autoridade inquisitorial em prol de benefícios próprios, a medalha do Santo Ofício seria indispensável como prova de que eram agentes do Tribunal.

A insígnia era cuidadosamente guardada pelos Familiares, pois na maioria dos inventários consultados, relativos a esses agentes, ela, sempre em par, é um dos primeiros objetos a aparecer no rol de seus bens. Na descrição dos bens do Familiar Antônio Alves Vieira, realizado em Mariana, em 1777, constam "duas medalhas de ouro do Santo Ofício que pesa (sic) três oitavas", avaliadas, as duas, em 1$900 (mil e novecentos réis).[24] Nem sempre as medalhas tinham o mesmo peso e eram de ouro.

No inventário de Paulo Rodrigues Ferreira, morador em Mariana, por exemplo, uma medalha é descrita como sendo "de esmalte, que pesa três oitavas e dois vinténs", já a outra é descrita como sendo "de ouro com esmalte que pesa meia oitava e um vintém". A primeira foi avaliada em 3$675, a segunda em $637.[25] A

---

24   AHCSM, c. 42, a. 953, 1º. Ofício.

25   AHCSM, cx. 145, a. 3050, 1º ofício.

medalha de Familiar era bem conhecida nas Minas, pois os avaliadores dos inventários não tinham dúvidas em descrevê-la como sendo do Santo Ofício.

Quanto ao uso da insígnia, o regimento dos Familiares esclarecia que por ocasião da festa de São Pedro Mártir e dos autos-de-fé "e quando forem prender alguma pessoa, ou a trouxerem presa para os cárceres, levarão o hábito de familiar do Santo Ofício, que hão de ter".[26]

Apesar de os Familiares só poderem usar a insígnia nas ocasiões especificadas acima, na prática, podemos afirmar que a medalha do Santo Ofício era utilizada ao bel prazer dos Familiares. Podemos encontrá-la cotidianamente sendo ostentada pelos agentes inquisitoriais leigos, tanto no Reino como na Colônia.[27]

Em 1762, Domingos Coelho da Silva, Comissário de Santarém, Portugal, recebeu uma denúncia de Manoel Antônio de Sá e Guimarães segundo a qual o Familiar João de Araújo, natural do Reino e ex-morador do Rio de Janeiro, "anda com a medalha [de Familiar] à vista e diz publicamente que se alguém o quiser obrigar com ordem de justiça o há de prender da parte do Santo Ofício".[28]

Se no Reino encontramos um Familiar com a intenção de usar a medalha do Santo Ofício para escapar de ordens de prisão, nas Minas encontramos um agente que chegou a utilizar tal insígnia de forma bem sucedida. Trata-se de Antônio Muniz de Sá, homem de negócio, morador em Pitangui e habilitado em 1751. Quando se completava uma década de sua habilitação, o Familiar se autodenunciou aos inquisidores de Lisboa:

> Por uma querela que de mim davam, me prenderam e como não tivesse de que me valer: me vali da medalha do Santo Ofício dizendo que me acompanhassem para certa diligência que tinha em que trouxe a parte e os ditos capitães do mato e mais algumas pessoas 6 léguas

---

26  Regimento do Santo Ofício, 1640, Tit. XXI,§3º.
27  Para além dos exemplos que descreveremos, Cf. IANTT, IL, Cad. Promotor, Livro 292, fl. 10-11; IANTT,
28  IANTT, IL, Cad. Promotor, Livro 315, fl. 77.

comigo até me por a salvo e como nisto fiz mal estou pronto para receber todo o castigo que me for imposto (...).[29]

Bastou o Familiar se encontrar em apuros para lançar mão do poder inquisitorial que possuía. A medalha de Familiar foi a prova incontestável para ele "se por a salvo". Certamente, temendo ser delatado pelo uso impróprio da insígnia, Antônio Muniz se adiantou e relatou o ocorrido ao Santo Ofício.

Os Familiares poderiam utilizar a autoridade inquisitorial nas circunstâncias proporcionadas pelo cumprimento de suas funções – prender, conduzir e confiscar –, para cometerem várias arbitrariedades, como roubar e promover vinganças contra os réus.

No processo de João Moraes Montezinhos, preso em Passagem de Mariana, em 1727, encontramos informações dessa natureza. Anexo ao processo, há uma carta escrita pelo réu recheada com os detalhes de sua prisão, do cotidiano nos cárceres, da dureza e humilhação de ser transportado como réu do Santo Ofício. Fazendo referência a, pelo menos, 6 Familiares que haviam atuado até o momento do embarque do acusado para Lisboa, a carta coloca-nos diante das arbitrariedades às quais os réus da Inquisição estavam expostos.

O cristão-novo Montezinhos foi preso na freguesia de Passagem de Mariana, onde ficou encarcerado durante 34 dias, esperando ser levado para o Rio de Janeiro. Ao saber da prisão, o Familiar Garcia Fontoura, inimigo do réu, logo se ofereceu para ser o seu condutor. O agente fez tanta questão de empreender o traslado, que chegou ao ponto de ameaçar não levar um preso doente se não lhe fosse permitido levar também o seu desafeto

A exigência do Familiar Fontoura fora aceita e este conduziu o réu pelos caminhos das Minas "com uma corrente muito grossa ao pescoço passada ao cavalo e algumas nas mãos". Diante das injúrias de ser chamado de "judeus de ralé e outras lástimas" e mais humilhações, como até passar fome, Montezinhos afirmou que "era melhor ser preso por ladrão de estradas que pelo Santo Ofício". Ele chegou inclusive a pedir "a Deus a morte".

O réu ameaçou se queixar daquelas tantas humilhações ao Santo Ofício, ao que o Familiar, nas palavras de Montezinhos, respondeu: "quanto mais me amofinasse

---

29   IANTT, IL, Cad. Promotor, Livro 318, fl. 129.

e maltratasse mais merecimento teria com VV. SS. e que daí em diante as ordens das prisões haviam de ir só remetidas a ele e que fizesse embora queixa".

A condução contava com o apoio de vários moradores próximos ao caminho das Minas, os quais iam cedendo "cavalos da parte do Santo Ofício como vinha [o Familiar condutor] pedindo e tomando em todos os sítios".

Além de todas as vexações sofridas, na entrega que o Familiar Garcia fez dos trastes do réu no Rio de Janeiro faltaram "dois pares de sapatos que trazia e uma camisa de que tolerou se aproveitasse o seu negro e na conta que deu ao fisco" disse que Montezinhos "os tinha lançado ao mato".[30]

Não era raro que os réus tivessem seus bens roubados pelos Familiares. Na prisão de David Mendes da Silva, morador nas Minas do Serro Frio, sentenciado no auto-de-fé de 17 de junho de 1731, o Familiar João Garcia escondeu duas pistolas que valiam "três moedas", com a justificativa de que "era para os gastos e as deixou em uma loja, mas sem ser em empenho e só com o fim de as deixar escondidas". O mesmo Familiar ficou também "com umas bichas engajadas" e com uma caldeira.[31]

Quando o advogado José Pinto Ferreira, morador na Vila Boa de Goiazes foi preso, tomaram-lhe 140 oitavas de ouro, "e do dito ouro se deram 60 mil réis ao Familiar Manuel Nunes Fernandes para as despesas que se fizeram até o Rio de Janeiro".[32] Em 1726, quando Gaspar Henriques, morador na Bahia, foi preso pela Inquisição, ele tinha um "relógio de algibeira de prata o qual lhe tiraram da algibeira na ocasião".[33]

Como vemos, por estarem integrados às redes locais de inimizades das freguesias em que viviam e transitavam, os Familiares poderiam utilizar as atividades exercidas para prejudicarem seus inimigos. Da mesma maneira, por estarem

---

30  Todas as informações sobre a prisão e transporte do réu Montezinhos em: IANTT, IL, Proc. 11.769.

31  NOVINSKY, Anita. *Inquisição*: inventário de bens confiscados a cristãos-novos: fontes para a história de Portugal e do Brasil. Rio de Janeiro: Imprensa Nacional, Casa da Moeda, 1976. p. 75-76.

32  *Ibidem*, p. 162.

33  *Ibidem*, p. 123.

integrados às redes de solidariedade, os Familiares poderiam se valer do poder inquisitorial do qual eram investidos com o objetivo de protegerem seus amigos acusados pela Inquisição.

Um momento privilegiado para assumir tal postura era quando eles notificavam as testemunhas para deporem nos casos investigados pelo Tribunal de Lisboa. Em 1752, o Comissário de Vila Rica Félix Simões de Paiva foi à freguesia da Capela de São Vicente, filial de Rio das Pedras, com o objetivo de compor o sumário de culpas contra o vigário João Soares Brandão. Na execução da diligência, Paiva contou com dois Familiares do Santo Ofício para notificar as testemunhas a serem inquiridas que iriam depor. Além disso, teve o auxílio do padre João Martins Barroso para a testificação dos depoimentos.

Entretanto, o Comissário de Vila Rica desconhecia o fato de seus auxiliares serem amigos do acusado. Duas testemunhas do interrogatório denunciaram tal fato ao Santo Ofício. Uma delas, Manoel José da Costa Araújo, escreveu ao Tribunal de Lisboa relatando que, passados poucos dias de seu depoimento, o Familiar que havia lhe notificado, Manoel Gonçalves Ribeiro, disse ao padre coadjutor da freguesia que lhe "tinha ódio porque jurara contra o delinquente, que era muito seu amigo".

Este denunciante presumia que seu depoimento contra o acusado – amigo do Familiar do Santo Ofício que passava agora a odiá-lo – havia sido revelado pelo padre João Martins Barroso", muito amigo do vigário "delinquente". Padre Barroso – que tinha ouvido seu depoimento na condição de testificador – "assim que jurava qualquer testemunha logo conversava particular com outro Familiar por nome Fernando dos Santos o mais apaixonado por o delinquente". Ao fim da sua denúncia, Manoel José da Costa queixava à Inquisição que não tornaria "a jurar em semelhantes devassas, por não adquirir inimigos e trazer a vida arriscada".[34]

Antônio José Ferreira, outra testemunha do sumário, também escreveu à Inquisição denunciando os Familiares e o padre que ajudavam o Comissário. Ele relata que, após dois dias, seu depoimento e o das outras testemunhas já haviam sido divulgados na freguesia.

Ainda segundo o relato do denunciante, quando os Familiares Fernando dos Santos e Manoel Gonçalves Ribeiro foram "notificar o Pe. Marcos Freire de

---

34   IANTT, IL, Cad. Promotor, Liv. 305, Fl.46.

Carvalho para vir depor na devassa, (...) disseram que não sabiam dele nem onde ele estava e disto passou cada um uma certidão falsamente". Segundo a denúncia, tais Familiares "muito bem sabem onde ele assiste". Além disso, "Fernando dos Santos tem ido à sua casa algumas vezes a suas cobranças". O argumento utilizado para não terem notificado o clérigo era "porque sabiam que o dito Pe. havia de jurar contra o seu vigário porque sabia dele muita miudeza em que forçosamente o havia de criminar". Portanto, se os Familiares deixassem que o Pe. Marcos Freire de Carvalho testemunhasse no sumário, o conteúdo do depoimento poderia prejudicar o acusado, que era amigo deles.

Segundo as denúncias enviadas ao Santo Ofício, o favorecimento ao vigário João Soares Brandão por parte dos Familiares não parou por aqui. Ciente das investigações, o acusado tomou logo providências para evitar que seus bens fossem confiscados pelo Tribunal da Inquisição: "passou cartas de alforria fantásticas a todos os seus escravos e todas as dívidas que se lhe deviam passou a créditos, mas em nome dos seus procuradores Fernando dos Santos e Brás Rodrigues da Costa", ambos Familiares do Santo Ofício.

Depois dessas providências, o acusado se gabava de que "esse santo tribunal lhe não havia de por a mão em coisa nenhuma". Quando fugiu da freguesia do Rio das Pedras, o vigário perseguido pela Inquisição contou com a ajuda das pessoas de sua rede de relacionamentos e solidariedade – "pessoas afetas e menos verdadeiras por serem todas muito de sua casa e dele dependentes".

Na ocasião de sua fuga, João Soares Brandão ainda jurava vingança contra os que tinham testemunhado contra si, dizendo que "havia de mandar as testemunhas que jurarão contra ele em uma corrente de ferro para essa cidade porquanto bem sabe quais elas eram e que para a frota próxima que vem ele havia de tornar para a sua igreja e que a todos havia de consumir".[35]

Neste caso envolvendo os Familiares do Rio das Pedras, mais uma vez coloca-se a questão da distância em relação à Metrópole, sede do Tribunal. Sobre o ocor-

---

35   IANTT, IL, Cad. Promotor, Liv. 305, Fl. 247. Não tivemos a oportunidade de consultar o processo contra o vigário, mas consta no Registro Geral da Inquisição de Lisboa, em 1754, que este foi processado pelo Santo Ofício. Uma comissão foi enviada ao Comissário Lourenço José de Queiroz Coimbra para que este realizasse as contraditas do processo contra o réu. Cf.: IANTT, IL, Registro Geral do Expediente, Liv. 23, Fl. 39.

rido na freguesia do Rio das Pedras, o denunciante Antônio José Ferreira explicava que "como esse tribunal se acha tão distante é o motivo porque os Familiares e alguns sacerdotes obram o que se está experimentando".[36]

Por fim, podemos afirmar que, na condição de amigos do acusado, os Familiares usaram a posição de agente inquisitorial que ocupavam para tentar evitar a desagregação da rede de solidariedade e amizade à qual pertenciam. Para tal intento, eles se valeram da função de notificar as pessoas para deporem no sumário.

Em Lisboa, o promotor que analisou as denúncias não se referiu aos Familiares do Santo Ofício. Em sua classificação consta apenas o nome do padre que revelava o conteúdo dos depoimentos: "Pe. João Martins Barroso – relaxar o segredo do Santo Ofício".

## As Práticas Heterodoxas dos Familiares

Os comportamentos e as atitudes dos Familiares das Minas era algo multifacetado. Em alguns episódios, eles estavam paradoxalmente envolvidos em práticas heterodoxas, sendo algumas vezes alvos de perseguição do Santo Ofício, instituição da qual eram representantes.

Em 1776, após denúncias do Vigário de Congonhas do Sabará, o Juízo Eclesiástico de Mariana processou Antonio Angola, preto escravo de Luiz Barbosa Lagares por suas práticas de feitiçarias. Até então, este fato é corriqueiro na documentação da Inquisição referente a Minas; entretanto, o impressionante neste caso é o grau de escândalo e publicidade que as práticas do feiticeiro alcançaram, tendo nisso a conivência e cooperação de um Familiar do Santo Ofício.

Segundo o sumário que foi tirado pelo Juízo Eclesiástico e enviado ao Tribunal do Santo Ofício pelo Comissário de Mariana, o feiticeiro havia sido buscado na freguesia de Paraopeba por Mônica Maria de Jesus, natural da Ilha Terceira, e por

---

[36] IANTT, IL, Cad. Promotor, Liv. 305, Fl. 247. Além de delatar a manipulação dos Familiares e do padre testificador, Antônio José Ferreira aproveitou a carta para denunciar ainda um caso de blasfêmia e um de benzedura, aos quais não fizemos referência na análise acima.

seu genro, o Familiar do Santo Ofício Henrique Brandão.[37] Eles meteram o negro "em sua casa para dar saúde e riquezas".

No depoimento constante do sumário de testemunhas tirado sobre o caso, Caetano Gomes de Abreu alegou que "a mesma Mônica Maria costuma acreditar em superstições e a ter negros em casa benzedores com fama de feiticeiros". E acrescentou que "estando um seu cunhado Manoel Lopes dos Santos doente, [ela] usou de benzeduras e visagens de negros asseverando que só assim podia sarar da dita moléstia".

Segundo os depoimentos, "era publico e notório que a dita Mônica tivera o dito negro [Antônio Angola] em sua casa tratando-o com toda a grandeza e estimação só a fim de dar saúde ao dito seu cunhado Manoel Lopes e também para lhe dar fortuna e riquezas por conta das suas benzeduras e adivinhações".

O prestígio que o negro Antônio gozava naquela família, da qual o Familiar do Santo Ofício fazia parte, era tamanho que, quando o feiticeiro decidiu sair "como em procissão pelo arraial de Macacos, distante três léguas da freguesia de Congonhas do Sabará", vários de seus membros o acompanharam.

A "procissão" ocorrera por volta do meio-dia. O negro Angola desfilava "vestido com camisa e um surtum (sic) vermelho e sobre os ombros como murça coberta de penas de várias aves e matizada de peles de onça com um capote na cabeça de variedades de penas e na mão com um penacho das mesmas". João Coelho de Avelar, irmão de Mônica, ia "levando na mão uma caldeirinha em forma dela cheia de água cozida com raízes que o mesmo negro tinha feito e benzido". Dentro da vasilha, João "levava um rabo de macaco e com este hissopava algumas pessoas e [casas] onde chegavam dizendo-lhe que bebessem daquele cozimento e que deixassem hissopar com ele para ficarem livres de feitiços e terem fortuna porque assim assegurava o negro".

Ao longo da "procissão", "dizia o negro a algumas pessoas que se queriam que lhes tirasse os feitiços que lhe haviam de pagar e logo entrava [João Coelho de Avelar] a dizer em voz alta: esmola para o Calundu". As testemunhas informaram no sumário que era "público e notório que muitas pessoas deram esmola ao negro embusteiro: de

---

37   IANTT, IL, Livro de Provisões, Livro 119, Fl. 246. negrito nosso.

galinhas a ouro, e até a mulher de Manuel Lopes dos Santos, irmã da dita Mônica, por não ter ouro na ocasião tirou os brincos das orelhas e deu ao dito negro".[38]

Como vemos, o Familiar do Santo Ofício Henrique Brandão estava longe de ser o protótipo de um reto agente do Santo Ofício idealizado no regimento inquisitorial. Ele acabou recorrendo aos poderes do feiticeiro Angola, cujas práticas eram alvos da justiça eclesiástica e, dependendo da avaliação do Tribunal de Lisboa, poderiam ser também perseguidas pela Inquisição. Para este Familiar e para a família da qual passou a fazer parte após seu casamento, o que importava era ter a "saúde e riqueza" que o negro lhes proporcionaria. Eles tinham a expectativa de que os poderes do feiticeiro seriam muito úteis para a descoberta de novas lavras e para lhes garantir saúde.[39]

Segundo Laura de Mello e Souza, "a feitiçaria colonial mostrava-se estreitamente ligada às necessidades iminentes do dia-a-dia, buscando a resolução de problemas concretos".[40] Nesse sentido apontado pela autora, em Mariana, encontramos um outro Familiar do Santo Ofício que recorreu ao poder de um feiticeiro africano para resolver seus problemas cotidianos. Trata-se do rico boticário Paulo Rodrigues Ferreira que, além de sua botica, tinha várias

---

38   IANTT, IL, Cad. Promotor, livro 318, fl. 247 em diante. Negritos nossos.

39   Nas Minas setecentistas, não era raro que os proprietários de terras minerais recorressem aos negros feiticeiros para descobrirem lavras ou mesmo para fazerem as já existentes produzirem mais. O contrário também acontecia: alguns feiticeiros eram acusados de terem feito lavras pararem de produzir. Sobre essas questões, além de muita documentação inédita do IANTT, sobretudo cadernos do promotor, Cf.: NOGUEIRA, André. "Da trama: práticas mágicas/ feitiçaria como espelho das relações sociais – Minas Gerais, século XVIII". *Mneme, Revista Virtual de Humanidades*, n. 11, vol. 5, jul./set. 2004. Disponível em www.seol.com.br/mneme; Cf. também: RAMOS, Donald. "A influência africana e a cultura popular em Minas Gerais: um comentário sobre a interpretação da escravidão". In: SILVA, Maria Beatriz Nizza (org.). *Brasil: Colonização e Escravidão*. Rio de Janeiro: Nova Fronteira, 2000. p. 142-162.

40   SOUZA, Laura de Mello e. *O Diabo...* p. 16.

propriedades e era possuidor, segundo seu inventário, de um plantel em torno de cem escravos.[41]

Em 1790, diante da mortandade dos escravos de sua "fazenda perto do arraial do Pinheiro do Sumidouro" – causada por doenças que certamente os remédios de sua sortida botica não curavam –, o boticário recorreu ao negro Gaspar, de nação Angola, para que os recuperasse. A causa das moléstias foi atribuída ao escravo João Angola.[42]

O africano tinha seu poder reconhecido por outros proprietários da região, pois ele havia sido procurado pelo minhoto Manuel Luís Pereira para aliviar os malefícios de sua lavra, causados pelo negro Manuel Jaquere, de nação Mina. A eficácia das práticas de Gaspar foi reconhecida pelo mineiro, já que "com efeito voltou a aparecer ouro nas terras".[43]

Outro Familiar que – ao invés de aparecer na documentação inquisitorial exercendo suas obrigações relacionadas às atividades repressivas do Santo Ofício – surge como acusado é Manoel Pereira Silvério, mercador, habilitado em 1754.[44]

Este agente da Inquisição andava às voltas com um escravo que "não lhe servia a vontade" e já tinha fugido várias vezes. O negro lhe tinha sido dado como dote de casamento e, um certo dia de 1768, ao castigá-lo, Manoel chegou à conclusão de que as "pirraças" que o escravo fazia eram por indução da família de sua mulher. Dando-

---

[41] Consta em seu inventário, cuja partilha ocorreu em 1824, que seu monte mor era de 22:189$084. AHCS, cx. 145, a. 3050, 1º ofício, 1801.

[42] IANTT, Proc. n. 6680. *Apud*. RAMOS, Donald. "A influência africana e a cultura popular em Minas Gerais: um comentário sobre a interpretação da escravidão". In: SILVA, Maria Beatriz Nizza (org.). *Brasil: Colonização e Escravidão*. Rio de Janeiro: Nova Fronteira, 2000. p. 142-162, p. 151. Sobre a relação entre práticas mágicas e curas, Cf. SOUZA, Laura de Mello e. *O Diabo...* p. 166-183. Sobre as Minas em específico, ver: GROSSI, Ramon Fernandes. "Uma leitura do viver nas Minas setecentistas a partir do imaginário da doença e da cura". *Episteme*, Porto Alegre, n. 19, jul./ dez. 2004. p 81-98.

[43] RAMOS, Donald. A influência africana e a cultura popular em Minas Gerais: um comentário sobre a interpretação da escravidão. In: SILVA, Maria Beatriz Nizza (org.). *Brasil: Colonização e Escravidão*. Rio de Janeiro: Nova Fronteira, 2000. p. 142-162. p. 151.

[44] IANTT, IL, Livro de Provisões, Livro 117, Fl. 36.

se conta disso, o Familiar rompeu em voz alta – "que poderia ouvir o vizinho mais chegado e as pessoas que passassem pela rua" daquela Vila de Sabará – nas palavras seguintes: "maldito seja o casamento e maldito seja quem o fez, falando de quem o tratou, maldito seja eu que o fiz, o Santo Ofício me queime já, e os demônios me tirem a alma do corpo que quero ir viver com eles".

Arrependido – ou com medo de ser delatado, já que seus vizinhos e os que passavam poderiam tê-lo ouvido blasfemar –, o Familiar escreveu aos Inquisidores relatando o ocorrido. Em sua carta, ele afirmou que "me pesa de todo o meu coração, que prometo emenda e protesto viver e morrer na santa fé católica, como verdadeiro cristão e filho obediente da Santa Madre Igreja Romana". Suas blasfêmias foram classificadas pelo promotor que avaliou a auto-denúncia como "proposições atrozes" – e, a partir daqui, não constam mais notícias deste caso.[45]

Além desses casos envolvendo os agentes inquisitoriais leigos de Minas, no Reino, na freguesia de Aleiceira, havia um Familiar que causava escândalo por suas práticas nada ortodoxas em relação à fé católica. Seu nome era Simão Fernandes Brandão. Segundo o pároco que o denunciou ao Tribunal de Lisboa, o Familiar, em 1754, "esquecido da lei de Deus, chegou a proferir [que] havia dar um escrito ao demônio feito com o sangue do seu braço em que lhe entregasse a sua alma que queria ir arder eternamente no inferno".

O padre denunciante procurou verificar se este Familiar estava "turbado" de vinho no momento em que disse tais "barbaridades" e verificou que ele estava sóbrio. Informou também à Inquisição que já o havia admoestado três ou quatro vezes para que se emendasse desses vícios e cessasse os "excessos com sua má língua".[46]

Os casos narrados neste tópico deixam claro que alguns Familiares, longe de cumprirem o seu regimento e atenderem às expectativas da instituição metropolitana da qual faziam parte, acabavam adotando e se envolvendo com práticas consideradas heterodoxas em relação à fé católica. Isso, paradoxalmente, poderia colocá-los na posição de acusados pela mesma máquina repressiva que representavam.

No caso dos Familiares transgressores de Minas, as questões colocadas pelo cotidiano do "viver em Colônia", sobretudo as relacionadas à propriedade escrava,

---

45   Todo o episódio narrado em: IANTT, IL, Cad. Promotor, Livro 318, Fl. 148. Negrito nosso.

46   IANTT, IL, Liv. 305, Fl. 349. Negrito nosso.

falavam mais alto do que o papel que deveriam cumprir enquanto agentes da instituição sediada na Metrópole. Antes de ser agentes da Inquisição, eles eram homens das Minas setecentistas.

*****

A análise empreendida neste capítulo, num primeiro momento, revelou os familiares do santo ofício integrando a engrenagem inquisitorial e cumprindo as funções reservadas ao seu cargo de acordo com o regimento inquisitorial. Sob ordens de Lisboa, notificavam, prendiam, confiscavam e conduziam réus. Recebiam denúncias e repassavam-nas aos comissários ou diretamente ao Santo Ofício. Diante do medo da feitiçaria e práticas mágicas a população recorria afoita a esses agentes com a expectativa de que através deles chegariam à Inquisição e esta deteria as ações das pessoas reputadas como feiticeiras. Assim a Inquisição chegava aos confins da capitania das Minas e ganhava legitimidade e apoio entre a população que denunciava.

Em seguida, procuramos compreender o impacto que a autoridade inquisitorial investida nesses agentes tinha em meio à vivência cotidiana. Em Minas – terras onde "soava de mui longe a voz do Santo Ofício"[47] – ser agente de uma instituição cuja sede estava em Lisboa tinha suas consequências. Aos olhos da população da capitania, os familiares tiveram seu papel hipertrofiado. Algumas vezes as pessoas criavam uma expectativa em relação a esses agentes que não correspondia às suas funções previstas no regimento inquisitorial. A distância hipertrofiava a autoridade desses agentes. Notamos esse fenômeno mais nas localidades distantes das cabeças administrativas e religiosas da capitania, respectivamente, Vila Rica e Mariana. Nestas sedes, onde geralmente havia comissários, a autoridade dos familiares era diminuída, já que os primeiros situavam-se numa posição superior na hierarquia inquisitorial.

Alguns familiares, na medida em que estavam inseridos em redes locais de inimizade/ amizade não hesitaram em utilizar o poder inquisitorial para prejudicar seus inimigos e, num outro lado, para ajudar e proteger seus amigos perseguidos

---

47   IANTT, CGSO, mç 4, n. 12. Esta frase aparece na carta do comissário Manuel Freire Batalha aos inquisidores de Lisboa.

pelo tribunal inquisitorial. Nestes casos, aproveitavam as ocasiões de cumprimento das suas funções regimentais para conseguirem tais intentos. Tal era o poder que os familiares desfrutavam que algumas pessoas fingiam ser familiar para obterem mais respeito e impor medo. Em outras vezes, paradoxalmente encontramos os familiares envolvidos em atividades consideradas heterodoxas e, nesta qualidade, condenadas pela Inquisição – como a feitiçaria e a blasfêmia.

Emerge deste capítulo um Familiar do Santo Ofício multifacetado. Portanto, do ponto de vista da repressão inquisitorial, era esse o significado de ser Familiar do Santo Ofício em Minas colonial. Na próxima etapa do trabalho enfocaremos os Familiares do Santo Ofício a partir de uma outra perspectiva: a da promoção e distinção social.

**PARTE II**

# Distinção social e familiatura do Santo Ofício em Minas

# 3

# O CARGO DE FAMILIAR DO SANTO OFÍCIO: DEFINIÇÃO E REQUISITOS

COM O PASSAR DOS ANOS, os requisitos exigidos para a ocupação do posto de Familiar do Santo Ofício ficaram claramente definidos nos regimentos inquisitoriais. Diferentemente dos outros postos da hierarquia inquisitorial que deveriam ser ocupados por eclesiásticos – como os de Deputado, Qualificador, Notário e Comissário –, o de Familiar poderia ser ocupado por leigos, assim como os de médico, cirurgião, alcaide e porteiro.[1]

As condições para admissão de agentes nos quadros inquisitoriais, dentre eles o cargo de Familiar do Santo Ofício, só ficaram claras a partir do Regimento de 1613,[2] legislação resultante do que já vinha sendo praticado pela Inquisição. Segundo Farinha, o Cardeal D. Henrique, sentindo a necessidade de melhorar a eficiência do Tribunal do Santo Ofício, em 12 de abril de 1570, ordenou aos Inquisidores de Lisboa, Coimbra e Évora que procurassem pessoas capazes para os cargos de Familiares e Comissários. Os indivíduos só seriam admitidos como agentes da Inquisição "depois de verificada a sua capacidade e limpeza de sangue". Ainda de acordo com a autora, foi a partir dessa época que o recrutamento de agentes inquisitoriais ganhou força.[3]

Além disso, a carta do Cardeal D. Henrique pode ser considerada um marco da adoção da limpeza de sangue enquanto critério para o recrutamento dos indivíduos que comporiam os quadros do Santo Ofício. A adoção da exigência

---

1   Regimentos do Santo Ofício (séculos XVI-XVII). In: *Revista do IHGB*, Rio de Janeiro, 392, 281-350, jan./ mar 1996.

2   Regimentos do Santo Ofício (séculos XVI-XVII). In: *Revista do IHGB*, Rio de Janeiro, 392, 281-350, jan./ mar 1996.

3   FARINHA, Maria do Carmo Jasmins Dias. "A Madeira nos Arquivos da Inquisição". In: *Colóquio Internacional de História da Madeira*, 1986. vol. 1, Funchal, Governo Regional da Madeira – Secretaria Regional do Turismo, Cultura e Emigração – DRAC, 1989. p. 689-739.

de limpeza de sangue no recrutamento dos quadros inquisitoriais insere-se num contexto mais amplo (e ibérico) de segregação da sociedade entre cristãos-velhos e cristãos-novos.

O Estatuto de Toledo, de 1449, que impedia os recém convertidos à Fé Católica e considerados de "sangue infecto" (judeus, mouros e negros) de ocuparem os cargos municipais, apesar de seu limitado alcance local, é considerado o precursor dos estatutos de limpeza de sangue na Península Ibérica.[4] Por ser nesta época a "marca genealógica mais odiada e temida", a ascendência judaica era certamente a mais visada.[5] Em Portugal, não podemos precisar quando tais estatutos foram estabelecidos. É certo que, aos poucos, eles passaram a ser adotados pelas instituições, tendo sido as Ordens regulares, no século XVI, as primeiras a tomarem iniciativas no sentido de incorporar a "limpeza de sangue" ao seu sistema de recrutamento.[6]

Nas Ordens Militares, os estatutos de limpeza de sangue foram adotados em 1570, através da Bula Ad Regie Maiestatis expedida pelo Papa Pio V, conforme solicitação da Coroa. Segundo Olival, isso aconteceu num contexto em que havia interesse em configurar as Ordens Militares como um espaço de elite. A referida bula impunha também a limpeza de ofício como condição para a entrada nas ordens, ou seja, quem trabalhava com as mãos para sobreviver – "portadores do defeito de mecânica" – ficava excluído da instituição.[7]

---

4   OLIVAL, Fernanda. "Rigor e interesses: os estatutos de limpeza de sangue em Portugal". *Cadernos de Estudos Sefarditas*, n. 4, 2004. p. 151.

5   OLIVAL, Fernanda. *As Ordens Militares e o Estado Moderno:* Honra, Mercê e Venalidade em Portugal (1641-1789). Lisboa: Estar, 2001. p. 283. Sobre o "problema dos conversos" (cristãos-novos) e estatutos de limpeza de sangue em Portugal, ver: NOVINSKY, Anita. *Cristãos-Novos na Bahia*. São Paulo: Perspectiva, 1972. p 23-55; SARAIVA, Antônio José. *Inquisição e Cristãos-Novos*. Lisboa: Estampa, 1985; CARNEIRO, Maria Luiza Tucci. *Preconceito Racial em Portugal e Brasil Colônia*. São Paulo: Perspectiva, 2005. 3ª ed. p. 29-178.

6   OLIVAL, Fernanda. "Rigor e interesses"... p. 154.

7   OLIVAL, Fernanda. "Rigor e interesses"... p. 156-157. Neste contexto, os estatutos de limpeza de sangue tiveram impacto também no mercado matrimonial. Cf. CARNEIRO, Maria

Apesar de tantas polêmicas envolvendo os cristãos-novos, o Santo Ofício, diversas autoridades e a Coroa, os estatutos foram penetrando nas instituições portuguesas e a limpeza de sangue, aos poucos, passou a compor, junto com outros elementos, os códigos de distinção social.

Segundo Olival, as questões relacionadas ao estatuto de limpeza de sangue alcançaram o seu período de auge entre o último quartel do século XVII e as três primeiras décadas do século seguinte. As explicações que a autora apresenta são: a chegada do Infante D. Pedro ao trono em 1667 e o consequente reforço do poder nobiliárquico; "as reações ao sacrilégio de Odivelas de 1671; os boatos sobre o perdão geral e as tensões decorrentes da suspensão do Santo Ofício entre 1674 e 1681".[8] Ainda, segundo a mesma autora,

> o campo de aplicação dos estatutos era apesar de tudo restrito: para ingressar no serviço militar, diplomático ou na Universidade não era necessário provar a qualidade do sangue. As exigências só se punham na concorrência por muitos dos degraus posteriores, para além do hábito, familiaturas e dos foros da Casa Real: obtenção do grau de licenciado e doutor; entrada nos colégios maiores de S. Pedro e S. Paulo; acesso a muitos benefícios eclesiásticos; habilitação aos lugares "de Letras" da Coroa. Mesmo assim, cada instituição aplicava os estatutos à sua maneira.[9]

Quando os Familiares ganharam destaque nos Regimentos do Santo Ofício, os requisitos básicos para alcançar tal posto eram os mesmos dos outros agentes. Segundo o Regimento de 1640, vigente até 1774, portanto em vigor na época da habilitação da esmagadora maioria dos Familiares das Minas, os ministros e oficiais do Santo Ofício deveriam ser

---

Luiza Tucci. *Preconceito Racial em Portugal e Brasil Colônia.* São Paulo: Perspectiva, 2005. 3ª edição. tópico "A limpeza de sangue e os casamentos mistos". p. 110-116.

8    OLIVAL, Fernanda. "Rigor e interesses"... p. 159.

9    OLIVAL, Fernanda. *As Ordens Militares...* p. 344-345.

cristãos velhos de sangue limpo, sem a raça de Mouro, Judeu, ou gente novamente convertida a nossa santa Fé, e sem fama em contrario; que não tenham incorrido em alguma infâmia publica de feito ou de direito, nem forem presos, ou penitenciados pela Inquisição, nem sejam descendentes de pessoas, que tiverem algum dos defeitos sobreditos, serão de boa vida e costumes, capazes de se lhe encarregar qualquer negócio de importância e de segredo; e as mesmas qualidades concorrerão na pessoa, que o Ordinário nomear para assistir em seu nome ao despacho dos processos das pessoas de sua jurisdição. Os oficiais leigos, convém a saber, Meirinho, Alcaide, e todos os mais saberão ler e escrever; e, se forem casados, terão a mesma limpeza suas mulheres e os filhos que por qualquer via tiverem.[10]

No regimento de 1640, o cargo de Familiar foi contemplado com um título específico, o qual deixava claras as funções e exigências para a ocupação do cargo que antes aparecia diluído na legislação inquisitorial.

De todos os requisitos para a habilitação ao cargo de Familiar, a exigência de os candidatos serem "cristãos velhos de sangue limpo, sem a raça de Mouro, Judeu, ou gente novamente convertida a nossa santa Fé, e sem fama em contrário" era, sem dúvida, o mais importante. Quem conduzia as diligências do processo de habilitação no Santo Ofício dava atenção especial a esse item.

Em 1774, elaborou-se um novo Regimento do Santo Ofício, considerado por Falcon como o "ponto culminante da política pombalina relativa à Inquisição".[11] Este regimento, expedido um ano depois de Pombal abolir a distinção entre cristãos-novos e velhos, baniu as referências à limpeza de sangue. Esta alteração influenciaria decisivamente nos requisitos para a habilitação ao cargo de Familiar do Santo Ofício.

---

10  Regimentos do Santo Ofício (séculos XVI-XVII). Regimento de 1640. Livro I, Título I, §2º.

11  FALCON, Francisco José Calanzas. "Inquisição e Poder: o Regimento do Santo Ofício da Inquisição no contexto das Reformas Pombalinas (1774)". In: NOVINSKY, Anita; CARNEIRO, M. L. Tucci (Orgs). *Inquisição*: ensaios sobre heresias, mentalidades e arte. São Paulo: Edusp, 1992. p. 118.

Calainho afirma que "o último regimento da Inquisição, de 1774, praticamente repetiu o de 1640 no tocante aos Familiares. O próprio Regimento dos Familiares do Santo Ofício não passou de um traslado do Título relativo a estes funcionários contido no Regimento de 1640".[12] Acreditamos que essa afirmação é precipitada, pois, após a abolição da distinção entre cristãos-novos e velhos, e a decorrente abolição da limpeza de sangue, caiu um dos principais requisitos para o cargo de Familiar do Santo Ofício.

Dentre outros fatores, isso influenciaria decisivamente na diminuição da procura pelo cargo e na queda do seu prestígio, suportado principalmente no "atestado de limpeza de sangue" oferecido pelo título. Portanto, não é possível fazer uma leitura isolada do regimento dos Familiares e nem dos títulos referentes a eles nos regimentos da Inquisição.[13]

## Habilitar a Familiar do Santo Ofício: os procedimentos

Levantamos para toda a Capitania de Minas Gerais, durante o século XVIII, cerca de 5 centenas de Familiares do Santo Ofício.[14] Diante da inviabilidade da con-

---

12  CALAINHO, Daniela Buono. *Em nome do Santo Ofício:* familiares da Inquisição portuguesa no Brasil colonial. Rio de Janeiro, UFRJ, 1992 (Dissertação de Mestrado). p. 31.

13  A abolição da limpeza de sangue se insere num contexto maior de mudanças sociais, políticas, econômicas e culturais por que passava a Europa: o Reformismo Ilustrado. Em Portugal essas mudanças ocorreram sob as ações de Pombal, quando ministro de Dom José I, sobretudo, e continuaram, embora com alterações, no reinado de Dona Maria I e o seu filho regente Dom João. Cf. VILLALTA, Luiz Carlos. *Reformismo ilustrado, censura e práticas de leitura:* usos do livro na América portuguesa. São Paulo, USP, 1999 (Tese de doutoramento), principalmente p. 135-176; Segundo o autor, a política pombalina de ataque a distinção entre cristãos-novos e cristãos-velhos, culminada no decreto de 1773, havia tido um precedente em 1768, com o alvará contra os Puritanos. Este documento atacava os livros de genealogia que colocavam em dúvida a pureza de sangue de várias famílias importantes. p. 192. Sobre a abolição da limpeza de sangue no contexto do Reformismo Ilustrado Cf. também MAXWELL, Keneth. *Marquês de Pombal:* paradoxo do Iluminismo. 2ª ed. Rio de Janeiro: Paz e Terra, 1997. sobretudo cap. 5, p. 95-118, e cap. 8, 159-178.

14  Este assunto será discutido no capítulo 4.

sulta de todos processos de habilitação, destacaremos, em nossa análise, os dados recolhidos em 111 processos de Familiares residentes no Termo de Mariana.[15]

Para se tornar um Familiar da Inquisição, primeiramente, o candidato deveria enviar uma petição ao Conselho Geral do Santo Ofício, declarando sua naturalidade, residência e ocupação. Neste documento, deveria mencionar os nomes e as respectivas naturalidades de seus pais e dos quatro avós. Caso fosse casado, declararia os mesmos dados da esposa e de sua respectiva ascendência. Se tivesse filhos, ilegítimos ou não, deveria proceder da mesma forma. E ainda, caso tivesse algum parente Familiar do Santo Ofício, deveria citá-lo.

Na referida petição, os habilitandos apresentavam uma breve justificativa da sua candidatura ao cargo de Familiar, geralmente, dizendo que "concorriam nos requisitos necessários". Nesse sentido, podemos citar como exemplo a petição de Bento Gomes Ramos: "diz (...) que ele deseja servir o Tribunal do Santo Ofício no cargo de Familiar porque nele concorrem os requisitos necessários".[16] Em alguns casos, os candidatos informavam apenas que queriam "servir a Deus e ao Santo Ofício, para o que pretende ser admitido por Familiar dele".[17]

A partir do despacho dos deputados do Conselho Geral, iniciava-se o processo de habilitação.[18] O candidato fazia um depósito, em geral, por meio de um procurador, para cobrir as despesas do processo, as quais variavam de acordo com uma série de fatores, como veremos a seguir. Se, no decorrer do processo, o custo superasse o valor do depósito inicial, era necessário que se fizesse um novo.

---

15   Para uma justificativa mais aprofundada e fundamentada de tal recorte, veja-se a introdução deste trabalho.

16   IANTT, HSO, Bento, mç 15, doc 216.

17   IANTT, HSO, Francisco, mç 82, doc. 1429.

18   Sobre uma análise minuciosa da burocracia da habilitação no Santo Ofício, com ênfase na tipologia documental e num enquadramento que situa o processo de habilitação dentro do sistema de comunicação da Inquisição portuguesa, ver a dissertação: VAQUINHAS, Nelson Manuel Cabeçadas. *Da Comunicação ao Sistema de Informação*: o Santo Ofício e o Algarve (1700-1750). Évora: Universidade de Évora, 2008. (Dissertação de Mestrado). Conferir sobretudo as páginas 19-65.

Os candidatos das Minas tinham que eleger um procurador na Corte que cuidasse da burocracia dos seus processos de habilitação e que lhes enviassem a tão almejada Carta de Familiar do Santo Ofício.

Dos 111 processos de habilitação que analisamos, encontramos informações a respeito dos procuradores de 14 candidatos, os quais, muitas vezes, atuavam no mesmo setor econômico dos habilitandos, como era o caso daqueles ligados a atividades comerciais. Encontramos 5 casos de candidatos homens de negócios cujos procuradores tinham essa mesma ocupação.

João Botelho de Carvalho, por exemplo, quando esteve na Corte, foi procurador de Simão de Souza Rodrigues, habilitado em 1754. Ambos eram homens de negócio residentes na cidade de Mariana.[19] Portanto, as relações tecidas em função da atividade comercial foram decisivas para que um dos envolvidos cuidasse da burocracia da habilitação na Corte.

Após o despacho e o depósito, era feito um pedido de "nada consta" aos três tribunais do Reino: Coimbra, Évora e Lisboa. Após verificar o repertório de condenados, o notário de cada Tribunal deveria passar uma certidão da existência ou não de culpa referente ao habilitando e aos seus ascendentes.

O passo seguinte eram as diligências extrajudiciais (de ascendência e de capacidade) e as judiciais (de ascendência e de capacidade).

Era realizada uma extrajudicial no local de nascimento do habilitando, de seus pais e avós. Aqui, a ênfase era na limpeza de sangue da geração do candidato. Diferentemente das judiciais, o número das testemunhas interrogadas nas extrajudiciais variava, não havendo um número pré-fixado.

Em tal interrogatório extrajudicial sobre a ascendência do habilitando, verificava-se se o mesmo era "legítimo e inteiro cristão velho, sem raça alguma de nação infecta"; quem eram seus pais e avós paternos e maternos; onde foram morar; se as ditas pessoas eram naturais e moradoras donde se dizia na petição; que ocupação tiveram ou de que viveram. Era investigado se o habilitando "antes de vir de sua pátria foi casado de que se ficassem filhos ou se consta que tenha algum ilegítimo e se ele ou algum de seus ascendentes foi preso ou penitenciado pelo santo ofício

---

19   IANTT, HSO, Simão. mç 09, doc. 2195.

ou incorreu em infâmia pública ou pena vil de feito ou de Direito".[20] O Comissário deveria listar o nome das testemunhas com quem se informou e os dias que gastou na diligência, assim como os custos despendidos.

Quando os ascendentes eram provenientes de freguesias diferentes, era feita uma diligência em cada local. Nestes casos, o mais comum era que a via materna fosse de uma localidade e a paterna de outra. Na maioria dos casos de nossa amostragem, os ascendentes vinham de freguesias próximas, geralmente, de um mesmo concelho ou comarca, sobretudo no caso dos minhotos.

Depois de verificada a genealogia, numa segunda etapa, outra diligência extrajudicial era realizada, porém agora no local de moradia do habilitando, ou onde se pudessem encontrar pessoas que o conheciam para que se verificassem sua capacidade e reputação. Nesta etapa, a ênfase era o seu cabedal, daí as perguntas: de que e como vivia e se tinha capacidade para servir o Santo Ofício? Caso o pretendente fosse casado, os mesmos passos seriam seguidos para a habilitação de sua esposa, que deveria ter os mesmos requisitos do candidato.[21]

Concluídas as diligências extrajudiciais e não tendo sido encontrados problemas, passava-se às diligências judiciais. Estas, assim como as extrajudiciais, se dividiam em duas etapas. Uma visava obter informações a respeito da "geração e limpeza de sangue" do habilitando, de seus pais e quatro avós no local de seus respectivos nascimentos. A outra etapa – no caso do conjunto de Familiares que analisamos – era realizada em Minas, no Rio ou em Lisboa, entre as pessoas que conheciam o habilitando. A ênfase desta última parte era colocada na verificação da "capacidade" do habilitando. Como vemos, as questões aplicadas em cada etapa das judiciais eram as mesmas de cada etapa das extrajudiciais. A diferença reside na forma como era aplicado o interrogatório.

Na primeira etapa das judiciais – diferentemente das extrajudiciais, que não pré-fixavam um número de testemunhas – o número de pessoas a serem interrogadas era sempre 12, as quais deveriam ser "pessoas cristãs velhas, antigas, fidedignas e mais noticiosas". Antes de responder as perguntas, o Comissário dava-lhes "o

---

20    IANTT, HSO.

21    Sobre as noivas e esposas dos Familiares trataremos mais detidamente quando abordarmos o estado civil de tais agentes.

juramento dos Santos Evangelhos para dizerem verdade e terem segredo no que forem perguntadas". O que interessava à Inquisição era saber se a testemunha conhecia o habilitando, desde quando e qual a razão de tal conhecimento. Depois, se conhecia e, desde quando, o pai, a mãe, e os quatro avós; de onde eram naturais; de que viveram e qual a razão de tal conhecimento; se o habilitando era filho legítimo dos pais e avós que havia declarado na petição ao cargo; se o habilitando, seus pais, avós paternos e maternos

> foram sempre pessoas cristãs velhas, limpas e de limpo sangue e geração, sem fama alguma de Judeu, Cristão novo, Mouro, Mourisco, Mulato, Infiel, ou de alguma nação infecta, e de gente novamente convertida à Santa Fé Católica, e se por inteiros e legítimos Cristãos velhos são e foram todos e cada um deles por si tidos, havidos e geralmente reputados, sem nunca do contrário haver em tempo algum fama, ou rumor e se o houvera que razão tinha ele testemunha para o saber.
> 
> Se sabe, ou ouviu que o habilitando, ou algum de seus ascendentes fosse preso, ou penitenciado pelo Santo Ofício, ou que incorresse em infâmia pública, ou pena vil de feito ou de Direito.
>
> Se o habilitando antes de sair de sua pátria foi casado, de que lhe ficassem filhos ou se consta tenha algum ilegítimo.[22]

Por último, interessava ao Santo Ofício saber se tudo o que havia sido testemunhado era "público e notório". No total, eram respondidas 11 questões. Quando se tratava de filhos de Familiares do Santo Ofício ou de algum candidato que já tivesse um irmão habilitado, as questões sobre os avós eram excluídas, o que encurtava o processo em número de fólios e custo.

O comissário responsável pela primeira etapa da diligência judicial deveria pesquisar, nos livros de batizados e casamentos, as certidões de batismo do habilitando, de seus pais e avós, assim como as de casamento destes últimos.

Quanto à segunda etapa das judiciais, quatro e cinco testemunhas eram interrogadas através de seis questões cuja ênfase era a capacidade do habilitando, ou seja, se

---

22 IANTT, HSO.

é pessoa de bons procedimentos, vida e costumes, capaz de ser encarregado de negócios de importância e segredo e de servir ao santo ofício no cargo de Familiar, se vive limpamente e com bom trato, que cabedal terá de seu ou sido, se o negócio de que trata tira lucros para passar com limpeza e asseio, se sabe ler e escrever e que anos terá de idade.[23]

Investigava-se também se o habilitando "é ou foi casado, de cujo matrimônio ficassem filhos ou se consta tenha algum ilegítimo".

As pessoas que iam prestar as informações sobre o candidato eram notificadas geralmente por um Familiar da Inquisição. As testemunhas deveriam ser homens idosos (de preferência), reputadas como cristãs velhas e limpas de sangue e, quando possível, Familiares do Santo Ofício.[24]

No conjunto de 111 processos de habilitação que consultamos referentes a habilitandos moradores no Termo de Mariana, encontramos Familiares depondo em 26 diligências extrajudiciais e em 24 judiciais. Em 1745, por exemplo, no processo de habilitação do Coronel Caetano Alves Rodrigues, todas as testemunhas das judiciais, realizadas em Vila Rica, eram Familiares do Santo Ofício.[25]

A atuação de Familiares no processo de habilitação, tanto nas extrajudiciais como nas judiciais, por meio da notificação de testemunhas[26] e do depoimento, era uma forma de interferirem, embora de forma limitada, no recrutamento da rede de agentes inquisitoriais à qual já pertenciam. Se eles eram chamados a depor, isso significa que conheciam o habilitando.

Nos casos em que encontramos Familiares como testemunhas, os depoimentos foram sempre favoráveis aos habilitandos. Podemos citar como exemplo as judiciais

---

23   IANTT, HSO.

24   IANTT. CGSO, mç. 12, doc. 28. *Instrução que hão de guardar os Comissários do Sancto Officio da Inquisição nas cousas e negocios da fee e nos demais que se offerecerem.*

25   IANTT, HSO. Caetano. mç 4, doc. 48.

26   Geraldo José de Abranches, quando era Comissário de Mariana, sempre chamava o Familiar Antonio Freire Mafra, homem de negócio, para convocar as testemunhas. Este mesmo Familiar também apareceu como testemunha em diligências extra e judiciais.

de capacidade do homem de negócio João Gomes Sande, em 1752. Nestas, o Familiar Miguel Teixeira Guimarães, também homem de negócio, depôs que:

> conhece ao habilitando João Gomes de Sande há 10 ou 12 anos a esta parte na cidade de Mariana e também o conheceu em Portugal por razão de amizade e trato que tinham entre si, o pai do dito habilitando com o pai dele testemunha e por esta razão sabe que é natural da freguesia de são Nicolau da Cabeceira de Bastos e que a razão de o conhecerem na cidade de Mariana é por ter amizade e contas com ele e ver e tratar muitas vezes na dita cidade e aonde vem com muita frequência tratar dos seus particulares do sítio do Gama, freguesia de São Sebastião, onde é morador.[27]

Miguel Teixeira Guimarães respondeu favoravelmente a todas as questões do interrogatório, o que seguia o padrão de todos os processos que consultamos, pois não nos deparamos com casos em que os Familiares prejudicassem, com seu depoimento, a habilitação do candidato em questão.

Na grande maioria dos processos em que os Familiares eram testemunhas, eles declararam conhecer os candidatos, geralmente, por manterem tratos entre si nas Minas ou no Rio de Janeiro. Eles raramente se conheciam do Reino e ignoravam quem eram os pais e avós dos habilitandos. Apenas informavam vagamente o seu local de origem – a comarca ou o bispado.

De maneira geral, nas diligências realizadas no Rio de Janeiro – tanto nas extrajudiciais como nas judiciais – as testemunhas, usualmente, eram comerciantes de Minas que estavam lá; comerciantes daquela cidade que frequentavam a Capitania mineradora a negócio; pessoas que já tinham morado nas Minas e pessoas que, depois de lá morarem, estavam de passagem para o Reino.

Era comum as testemunhas terem a mesma ocupação que o habilitando. Por exemplo, no caso dos homens de negócio, o maior grupo ocupacional de nossa amostragem, grande parte dos depoentes de seus processos também tinham essa ocupação.

---

27   IANTT, HSO. João. Mç 98, Doc. 1651.

Os procedimentos que descrevemos acima foi o padrão adotado pela Inquisição até 1773, ano da abolição da distinção entre cristãos velhos e cristãos-novos por Pombal. Dos 111 processos que consultamos, 107 ocorreram antes da abolição da limpeza de sangue. Como veremos mais adiante, a procura pelo cargo cai vertiginosamente em todas as regiões de domínio português depois de 1773; pois o principal elemento de distinção oferecido pelo título de Familiar era o "atestado de limpeza de sangue". A partir desta data, nos interrogatórios não se perguntava mais sobre a limpeza de sangue, mas, em substituição, se o réu tinha cometido crime de lesa-majestade[28] ou contra a fé católica.

Passemos agora ao local de realização das diligências. Quanto às extrajudiciais e às judiciais referentes aos pais e avós do habilitando, 110 dos 111 processos consultados foram realizadas no Reino ou nas Ilhas, já que apenas um habilitando tinha os pais e avós nascidos na Colônia.

Em relação às diligências de capacidade, tanto as extrajudiciais como as judiciais, eram feitas em Lisboa, no Rio de Janeiro ou em Minas – nesta última quase sempre na cabeça civil ou eclesiástica da Capitania: Vila Rica ou Mariana. O Comissário era quem, na maioria das vezes, as realizava, mas também encontramos várias, em geral sob delegação dos Comissários, executadas por Vigários da Vara ou simples párocos, principalmente nas freguesias mais afastadas da cidade de Mariana e antes da criação de seu Bispado.

Analisando os registros de correspondências expedidas pela Inquisição de Lisboa, percebemos que os Comissários do Santo Ofício andaram nas Minas muito ocupados com as habilitações de Familiares, pois dos 122 registros de correspondências enviadas para a região, 77 continham diligências relacionadas à familiatura.[29]

No caso das diligências judiciais de capacidade dos habilitandos de Minas executadas em Lisboa, geralmente quem interrogava as testemunhas, recém chegadas das frotas do Rio e que conheciam o habilitando, eram os Deputados ou Notários do Santo Ofício.

---

28 No Ministério pombalino o crime de lesa-majestade ampliou-se, "passando inclusive a incluir ataques contra os ministros do rei". In: MAXWELL, Keneth. *Marquês de Pombal*: paradoxo do Iluminismo. 2ª ed. Rio de Janeiro: Paz e Terra, 1997. p. 96.

29 IANTT. IL. Registro Geral do Expediente. Livros 20-24.

## Problemas nos Processos de Habilitação: Honra e Limpeza de Sangue[30]

No momento da habilitação ao cargo de Familiar, alguns habilitandos enfrentavam obstáculos para atender aos requisitos exigidos pela Inquisição. Mesmo que não fossem motivos de reprovação, os problemas poderiam atrasar a duração do processo e aumentar seu custo. O mais oneroso deles era a fama de ascendência cristã-nova.

No quadro abaixo, podemos observar a duração média dos 111 processos dos Familiares de Mariana e verificar a influência de duas variáveis sobre o período gasto nas habilitações. A primeira era o fato do postulante ter um parente habilitado – o que colocava menos dúvida acerca de sua capacidade de atender às exigências da Inquisição, agilizando assim seu processo. A segunda, eram os rumores de cristã-novice que, por sua vez, prolongavam o andamento dos procedimentos. Estas duas variáveis estão destacadas em duas colunas da tabela.

**Tabela 06 – Duração dos Processos de Habilitação**

| Duração | Geral N.o | % | rumor de XN N.o | % | parente Familiar N.o | % |
|---|---|---|---|---|---|---|
| até 01 ano | 03 | 2,70 | 00 | 00 | 01 | 4,54 |
| 01 a 03 anos | 46 | 41,44 | 03 | 17,64 | 10 | 45,45 |
| 03 a 06 anos | 37 | 33,33 | 09 | 52,94 | 07 | 31,81 |
| 06 a 09 anos | 13 | 11,71 | 04 | 23,52 | 02 | 9,09 |
| 09 a 12 anos | 02 | 1,80 | 01 | 5,88 | 02 | 9,09 |
| + 12 anos | 03 | 2,70 | 00 | 00 | 01 | 4,54 |
| desconhecido | 07 | 6,30 | 02 | 11,76 | 00 | 00 |
| Total | 111 | 100 | 19 | 100 | 22 | 100,00 |

Fonte: IANTT, HSO.

Como vemos na tabela acima, a maioria dos processos, 74,77%, durava entre 01 e 06 anos. Essa média é próxima da que Calainho, pesquisando um universo de 44 processos, encontrou para o Rio de Janeiro: cerca de 06 anos.[31]

---

30   Este tópico foi inspirado em MELLO, Evaldo Cabral de. *O nome e o Sangue...*

31   CALAINHO, Daniela Buono. *Em Nome do Santo Ofício...* p. 50.

Os candidatos em cujos processos apareceram rumores de cristã-novice[32] tiveram que esperar um pouco mais que a média geral de tempo para verem o desfecho de suas habilitações. Quase um terço dos processos com rumor duraram entre 9 e 12 anos, enquanto, no caso da média geral, essa mesma faixa de duração representava menos de 12 %.

Comparando os que se habilitaram com rumores de cristã-novice e os que não tiveram esse problema, a diferença fica mais perceptível na faixa de duração de 1 a 3 anos: 41,44 % dos que não tiveram rumor duraram esse intervalo de tempo; já, no caso dos que "padeciam da fama", essa percentagem era de apenas 17, 64%.

Em relação à média geral, o fato de ter parente habilitado no Santo Ofício pouco influenciava na duração do processo, diferentemente do que ocorria no custo, como veremos.

No caso de 3 processos com rumor de mulatice, não incluídos na tabela acima, sua duração média foi de 3 anos e 2 meses (respectivamente: 44 meses, 45 meses e 28 meses). Portanto, está praticamente dentro da média do total de habilitandos.

Com o objetivo de verificar se essa relação, constatada acima, valia também para os custos do processo, elaboramos o quadro abaixo:

Tabela 7 – Custo do processo em mil réis

| Custo | Geral N.o | Geral % | Rumores XN N.o | Rumores XN % | Parente Familiar N.o | Parente Familiar % |
|---|---|---|---|---|---|---|
| 01-05 | 03 | 2,70 | 00 | 00 | 01 | 4,54 |
| 05-10 | 10 | 9,01 | 00 | 00 | 08 | 36,36 |
| 10-15 | 20 | 18,02 | 03 | 15,78 | 03 | 13,63 |
| 15-20 | 17 | 15,32 | 01 | 5,26 | 03 | 13,63 |
| 20-25 | 22 | 19,82 | 02 | 10,52 | 02 | 9,09 |
| 25-30 | 18 | 16,22 | 06 | 31,57 | 02 | 9,09 |
| 30-35 | 07 | 6,31 | 01 | 5,26 | 01 | 4,54 |
| 35-40 | 06 | 5,41 | 02 | 10,52 | 01 | 4,54 |
| 40-45 | 03 | 2,70 | 01 | 5,26 | 00 | 00 |
| 45-50 | 02 | 1,80 | 01 | 5,26 | 01 | 4,54 |
| 50-55 | 01 | 0,90 | 01 | 5,26 | 00 | 00 |
| 55-60 | 00 | 0,00 | 00 | 00 | 00 | 00 |

---

32   Esta expressão "cristã-novice" tem sido utilizada pela historiografia portuguesa. Por exemplo, cf. OLIVAL, Fernanda. *As Ordens Militares...* p. 283.

| 60-65 | 00 | 0,00 | 00 | 00 | 00 | 00 |
| 65-70 | 00 | 0,00 | 00 | 00 | 00 | 00 |
| 70-75 | 01 | 0,90 | 00 | 00 | 00 | 00 |
| s/informação | 01 | 0,90 | 01 | 5,26 | 00 | 00 |
| Total | 111 | 100,00 | 19 | 100,00 | 22 | 100,00 |

Fonte: IANTT, HSO.

Como podemos notar, para quem já tinha um parente habilitado no Santo Ofício, o custo ficava mais baixo: 40 % dos habilitandos incluídos nessa situação pagaram menos de 10 mil réis pelas custas de seus processos. De 12 processos de habilitação que custaram até 10 mil réis, o candidato tinha parentes habilitados no Santo Ofício em 9 casos. Como já dissemos, isso ocorria porque, no caso dos que tinham irmão ou pai habilitados, os avós não eram investigados, fato que significava menos diligências, papéis e, consequentemente, menos despesas.

Os processos dos habilitandos que se depararam com a fama de terem sangue cristão-novo custaram mais que a média, certamente devido às idas e vindas das diligências para reperguntas e verificação da "origem da fama", bem como a busca de certidões.

## "Padece da Fama": Rumores de "Sangue Infecto" e Habilitação ao Santo Ofício

Devido ao impacto da limpeza de sangue no contexto em estudo, destacaremos, neste tópico, os problemas relacionados à fama de cristã-novice que alguns candidatos enfrentaram durante sua habilitação.

De início, para ilustrar como os rumores poderiam afetar a honra de uma família, apresentaremos o exemplo dos Botelhos, residentes em Mariana. Este caso deixa claro como a Inquisição, através do estatuto de limpeza de sangue, penetrava na sociedade e era utilizada nos conflitos e rixas entre famílias inimigas.

Foram três os membros da família Botelho, que se candidataram ao cargo de Familiar: Inácio Botelho de Sampaio, João Botelho de Carvalho e Antônio Botelho, cujas familiaturas foram expedidas, respectivamente, em 1743, 1744 e 1747.[33]

---

33  IANTT, HSO, Inácio, mç. 05, doc. 80; João, mç 81, doc. 1451; Antônio, mç. 103, doc. 1836.

Todos eram filhos e netos de lavradores de Ponta Delgada, Ilha de São Miguel, Açores. Vieram para Minas, provavelmente, entre meados da década 20 e meados da de 30. O primeiro a se instalar na região foi Inácio, pois, em 1742, algumas testemunhas de seu processo de habilitação afirmavam que ele estava nas Minas havia 18 anos. Depois, veio João Botelho e, finalmente, Antônio Botelho.

Todos eram homens de negócio, tanto é que declararam tal ocupação quando peticionaram suas respectivas habilitações ao Santo Ofício. Consultando os 3 processos de habilitação, verificamos que Inácio era comboieiro de negros, João aparece apenas como homem de negócio e Antônio, além de homem de negócio, vivia de minerar.

As testemunhas do processo de Inácio disseram que essa era uma das "casas mais ricas das Minas", possuindo para cima de 200 mil cruzados e outras chegaram a falar em meio milhão de cruzados. Na primeira etapa da diligência judicial do processo de Inácio, realizada na Ilha de São Miguel, uma das testemunhas afirmou que este "era muito rico, por cujo motivo tem mandado para esta ilha muitas grandezas e esmolas a seus parentes". Os Comissários de seus processos avaliaram seus respectivos cabedais em: 100, 60 e 50 mil cruzados.

Comecemos analisando a habilitação de João Botelho de Carvalho, o primeiro membro da família a se candidatar ao cargo de Familiar. Seu processo iniciou-se em 1737 e, em 1743, não tendo resposta, ele enviou uma nova petição ao Santo Ofício dizendo que "como o seu requerimento tenha padecido grande demora, entendeu o suplicante será nascido de alguma informação menos verdadeira que dele dessem nas ditas Minas algumas pessoas suas inimigas (…)" e que a "demora do dito requerimento padece o seu crédito".

Era comum os habilitandos escreverem ao Tribunal do Santo Ofício encabulados com a demora na conclusão de seus processos, pois tal fato poderia indicar que o candidato não tinha "sangue puro", afetando assim sua honra.

O Santo Ofício instruía os Familiares a notificar cuidadosamente as testemunhas que iriam depor nos processos de habilitação. Apesar disso, o habilitando João Botelho de Carvalho teve acesso aos nomes dos depoentes de sua diligência. Na petição acima, ele suspeitava que alguns de seus inimigos tivessem deposto em sua habilitação: Francisco de Souza Rego, Lourenço Ferreira e Manoel da Silva de Vasconcelos e outros parentes dos ditos, "por serem muitos com os quais teve razões pesadas e contendas por defender o que é seu; como também o Pe. Antônio Sanches da Silva e seu irmão Sebastião Sanches pela mesma causa de trazer contendas com seu irmão Antônio Botelho de Sampaio e por isso mal afetos do suplicante".

A parcialidade das testemunhas era uma preocupação do Santo Ofício, tanto é que um dos itens do interrogatório era se a testemunha tinha alguma "razão de parentesco, ódio ou inimizade" com os membros da geração em questão. Portanto, independente de ter existido um controle efetivo ou não da parcialidade das testemunhas, a Inquisição não ignorava os usos que se poderia fazer de suas práticas e procedimentos nos conflitos locais.

João Botelho tinha razão em suas suspeitas, pois algumas das pessoas que ele citava como inimigas realmente depuseram em seu processo, como o padre Antônio Sanches da Silva e Manoel da Silva Vasconcelos. Assim como o habilitando, eram naturais da Ilha de São Miguel e moradores em Passagem de Mariana.

Em 1739, nas extrajudiciais, eles informaram que João Botelho de Carvalho tinha sua "geração infamada de serem Cristãos-Novos" porque alguns de seus "ascendentes, que não souberam individuar, concorreram de tempo antigo que uma procissão que se fizera com um pálio de esteiras e um nabo por modo de hóstia". Uma testemunha da família Sanches afirmou ao Comissário que "tendo o sobredito Manoel da Silva Vasconcelos umas razões com o habilitando presenciara a chamar lhe judeu e perso (sic)".

Era um problema quando a ascendência do habilitando tinha "fama" no Reino e os vizinhos nas Minas eram seus conterrâneos, pois traziam os rumores e estes se alastravam pela região, sendo usados como trunfos em conflitos locais para afetar a honra do inimigo, que, nesse contexto, passava, dentre outras coisas, pelo "mito do sangue puro".

Os problemas enfrentados pela família em questão era uma das facetas do complexo processo de enraizamento da Inquisição na sociedade. Depondo nos interrogatórios, as testemunhas participavam da engrenagem institucional que sustentava os estatutos de limpeza de sangue.

Apesar dos problemas descritos acima, que fizeram o processo de habilitação de João Botelho durar seis anos e 3 meses e custar 16$549 réis, sua habilitação foi aprovada em 12 de fevereiro de 1744. As diligências, no que toca aos rumores, receberam o seguinte parecer dos Deputados do Conselho Geral do Santo Ofício: "antes é de crer que foi malevolência pelas contendas que teve com aquelas pessoas como alega na petição ou seria inveja da sua muita riqueza; por todas as testemunhas dizem que é muito rico e uma que terá de cabedal meio milhão. (...) e habilito para a dita ocupação".

Este parecer deixa claro duas evidências sobre o ocorrido nesse processo de habilitação. A primeira é que a fama de ascendência cristã nova do habilitando – se fosse verdadeira – foi ignorada com o argumento de que foi levantada pelos seus inimigos e, sendo assim, o rigor do processo de habilitação do Santo Ofício foi burlado; ou seja, os depoimentos das testemunhas foram desqualificados. Outra constatação é que, se a fama fosse falsa e realmente levantada por inimizades, a Inquisição, atenta aos usos que se poderia fazer dos estatutos de limpeza de sangue, não acatou o depoimento de algumas testemunhas.

O título de Familiar do Santo Ofício devia significar muito para João Botelho de Carvalho, o que explica seu empenho para obtê-lo. Como o processo teve um desfecho favorável, ele deve ter se regozijado muito, pois passava a ter agora um "atestado de pureza de sangue" e a honra de ser um agente da Inquisição.

A limpeza de sangue era algo tão sério para João Botelho Carvalho que ele deserdaria os legatários que se casassem com pessoa de "sangue infecto", como fica patente em seu testamento, de 1751, quando declarou: "na administração do dito vínculo que instituo é minha última vontade que os administradores nunca casem com pessoa de infecta nação e casando, o que Deus tal não permita, passará logo a dita administração ao imediato sucessor".[34]

Depois de correr o risco de ter sua patente negada – já que em alguns casos a simples fama, independente de ser falsa ou verdadeira, era motivo para o Santo Ofício reprovar uma habilitação –, o então Familiar, disciplinado pela ordem social em que vivia, passava, agora, a discriminar.

Outro membro da família Botelho habilitado foi Inácio Botelho de Sampaio, o qual enfrentou os mesmos problemas que o irmão no momento da sua habilitação.[35] Na diligência extrajudicial de capacidade executada pelo Comissário José Simões em Mariana, no ano 1741, novamente o Reverendo Antônio Sanches da Silva foi chamado a depor e falou sobre a ascendência cristã nova dos Botelhos.

---

34  AHCSM, Registro de Testamentos, Livro 50, fl. 33.

35  Inácio Botelho de Sampaio teve sua carta expedida em 1743.

Desta vez, ele deu mais detalhes: "que parentes colaterais do habilitando foram presos já antigamente pelo Santo Ofício por terem feito uma procissão ao ridículo com uma pessoa secular debaixo de um cobertor ou coisa semelhante, que armaram pálio, indo um diante, incensando com um instrumento ridículo a semelhança do que a santa Igreja pratica".

Levantada a questão, a Inquisição quis descobrir, como era praxe, a origem da fama e rumor que recaía sobre os Botelhos de Ponta Delgada. Através das diligências judiciais feitas na Ilha de São Miguel, verificou-se que tal fama teria surgido de uma desavença causada por heranças entre o vigário Lázaro da Costa Pavão e Manoel Botelho, casado com sua irmã Maria Soeira.

Para vingar-se de seu cunhado, membro da família Botelho, o vigário forjou o rumor por ocasião da habilitação a ordens sacras de seu sobrinho, Jerônimo de Macedo, filho do Capitão Manoel Botelho e Maria Soeira, imputando ascendência cristã-nova àquela família. Segundo o que se verificou, tal fraude foi desdita pelo vigário em seu testamento, o que, segundo as testemunhas, era "público e notório".

A fama dessa família era antiga, tendo seus membros movido libelos de injúria contra pessoas que os chamavam de judeus ou cristãos-novos, como é o caso de José Botelho, irmão do pai do habilitando, que moveu libelo contra Tomé Ferreira por esse o ter desonrado, chamando-o de cristão-novo.

Tendo os dois filhos de Tomé Botelho, João e Inácio, provado suas respectivas limpezas de sangue através da Carta de Familiar do Santo Ofício, quando o terceiro filho, Antônio Botelho de Sampaio, se candidatou à familiatura, não houve mais rumor do lado dos Botelhos. Como Antônio era casado, os rumores agora vieram do lado da ascendência de sua esposa, Rosa Maria de Andrade; e o problema não era de cristã-novice, mas sim de mulatice.

Por via de sua avó materna, a mulher do habilitando "padecia da fama e rumor de mulatice". No entanto, isso não impediu sua habilitação, já que, segundo o parecer dos deputados do Conselho Geral, não se sabia "princípio ou fundamento algum, nem se lhe descobrem sinais alguns do dito defeito nos ascendentes desta família".

Sendo assim, a habilitação foi aprovada e Antônio Botelho de Sampaio se tornou Familiar em 11 de setembro de 1747, cujo processo havia iniciado em 1744, levando bem menos tempo que o de seu irmão João Botelho, que tinha durado mais de 6 anos.

Como vemos neste caso, a postura diante da fama de sangue mulato era diferente da de sangue cristão-novo: buscava-se os sinais exteriores do rumor, como, por exemplo, cor da pele e tipo de cabelo.

Todos os três irmãos da família Botelho referidos acima se tornaram também Cavaleiros das Ordens Militares; Inácio e Antônio se habilitaram na de Cristo e João na de Santiago.[36]

Esses três Familiares citados não foram os únicos que conseguiram se habilitar no Santo Ofício apesar da fama de cristãos-novos. Como vimos no quadro em que fizemos a relação entre rumores, custos e duração dos processos, 19 habilitações das 111 analisadas foram aprovadas apesar dos rumores.

Segundo José Veiga Torres, em meados do século XVIII, a Inquisição relaxou o rigor quanto aos processos de habilitação. Isso se deve à grande demanda pela familiatura. Em períodos anteriores, a simples fama de "sangue infecto" era suficiente para que uma habilitação fosse reprovada.[37]

Diferentemente dos irmãos Botelho, que tinham "fama" em Minas, os demais 16 habilitandos de nossa amostragem, suspeitos de "sangue infecto", enfrentaram os rumores nas suas terras de origem – seja em Portugal continental, Açores ou Madeira.

## A Persistência da "Fama": Basta a Habilitação no Santo Ofício?

No caso de alguns indivíduos, obter o título de agente leigo do Santo Ofício não significava ficar livre da fama de sangue impuro, embora oficialmente o Familiar passasse a ser considerado um indivíduo "limpo de sangue". A persistência da fama em alguns casos explicita os limites da familiatura como uma prova pública de limpeza de sangue.

O Familiar Antônio Rodrigues de Souza – morador na freguesia de Guarapiranga, habilitado em 1744[38] –, apesar de possuir o título de agente da

---

36 IANTT, HOC, Letra I, mç. 87, doc. 82; IANTT, HOC, Letra A, mç. 47, doc. 79.

37 TORRES, José Veiga. *Op. cit.*, 114.

38 IANTT, HSO. Antônio, mç 187, doc. 2762.

Inquisição, era insultado de mulato por alguns vizinhos seus. Em 1779, escreveu ao Santo Ofício indignado:

> Dois motivos me obrigaram a procurar o cargo de Familiar do Santo Ofício; um a honra e vontade de servir ao santo Tribunal; outro o querer deste modo livrar-me e a minha família das calúnias de vizinhos mal dizentes. Destes dois motivos consegui o primeiro pela mercê q vossas senhorias me fizeram da carta de Familiar; o segundo não; porque não obstante este público abono, que me deu o Santo Tribunal, não me livro de que João Alvares, homem solteiro, morador no arraial de Guarapiranga (...) e Miguel Ribeiro d'Andrade, morador na mesma freguesia (...) me ponham publicamente de mulato, passando a temeridade de dizer e publicar que alcancei o ser familiar por peitas de dinheiro que dei, e empenhos que meti para o conseguir. (...)[39]

Temos outro exemplo, agora de um fato ocorrido no Reino na década de 1770, em que a mulher de Custódio Ferreira Duarte, Familiar do Santo Ofício e preso na cadeia da Corte, foi insultada de ser mulata por José de Carvalho Peixoto Guimarães, encarcerado junto com o referido Familiar. Segundo a denúncia, as testemunhas do ocorrido repreenderam o dito José de Carvalho para que "não dissesse semelhantes barbaridades", porque o marido da suposta mulata era Familiar do Santo Ofício, assim como seu pai, Crispim José de Almeida, também o era.

Isto não convenceu o acusador, pois para ele o título de Familiar não era garantia de limpeza de sangue. Ainda foi mais longe, dizendo "com admirável ira que nem que o abrissem cria no Santo Ofício e que conhecia muitos marotos e sacerdotes e judeus serem Familiares do Santo Ofício".[40]

Neste episódio que acabamos de relatar não é só a "limpeza de sangue" de uma família que está sendo questionada, mas também o rigor dos procedimentos do Santo Ofício no recrutamento de seus agentes.

---

39 IANTT, IL, Cad. Promotor. Cad. 130, Liv. 319, fl. 378. negrito nosso.
40 O episódio relatado é baseado em: IANTT, IL, Cad. Promotor. Cad. 130, Liv. 319. fl 295-295v.

Nesse mesmo sentido, podemos citar um fato ocorrido em 1734, envolvendo o Familiar Antônio Fernandes de Carvalho, mercador, habilitado em 1709.[41] No seu caso, a injúria partiu de um religioso da Ordem de Santo Agostinho, Frei Brás, durante a viagem que fazia de Lisboa para o Rio de Janeiro, na Corveta Nossa Senhora de Penha de França e Almas.

O Frei descompôs o dito Familiar, "chamando lhe Judeu e cachorro", o qual reagiu dizendo que era Familiar do Santo Ofício e o injuriante bem sabia disso. Tal reação não impediu o prosseguimento da ofensa, agora sob a afirmação: "índio, índio, que bem podia ser índio sendo Familiar". O ápice do insulto foi quando o Frei se referiu à medalha de Familiar do Santo Ofício que Antônio Fernandes de Carvalho trazia ao peito como sendo "penduricalho, que não valia nada".[42]

Indignados com os insultos, todos os Familiares injuriados citados escreveram ao Santo Ofício reclamando das injúrias sofridas e pediram providências contra quem duvidou da "retidão" do Tribunal da Inquisição.

Ainda sobre a persistência da fama, dispomos de um exemplo complexo e extremo: o Familiar Domingos Álvares de Azevedo denunciado ao Santo Ofício por ter se habilitado mesmo tendo a fama de ser cristão-novo em sua terra natal.

Domingos Álvares de Azevedo era barbeiro e cirurgião em Lisboa e, por volta de 1710, foi para a freguesia de Bento Rodrigues, Termo de Mariana, onde atuou como homem de negócio. Iniciada em 1728, sua habilitação foi aprovada em 1732. No ano seguinte, um outro Familiar e um Comissário do Santo Ofício, ambos moradores da mesma freguesia de naturalidade do habilitando – São Gonçalo de Vilas Boas, Comarca de Chaves – denunciaram o Familiar à Inquisição, acusando-o de ter se habilitado apesar de ser afamado de cristão-novo.

De acordo com a denúncia, as testemunhas do processo de habilitação eram parentes do habilitando e também tidas como cristãs-novas, daí a origem da fraude. Para sustentarem a afirmação de que Domingos Álvares de Azevedo tinha sangue judeu, os elementos apresentados pelos denunciantes foram que "já nesta família houveram (sic) duas injúrias por lhe chamarem judeus e sempre eles pagaram as

---

41    IANTT, HSO. Antônio, mç 52, doc. 1122.

42    IANTT, IL, Cad. Promotor. Liv. 292, fl 10-11.

custas", e que "um parente desta família, infamado pela mesma via pretendera há tempos ser Familiar e que só se tirarão informações e senão passara a mais".

A justificativa para a denúncia era o "escândalo que há nesta muito e dizem os rústicos lavradores: hoje quem quer pode ser Familiar, pois quando o chegou a ser Domingos Alvres de Azevedo".

A partir da denúncia, a Inquisição pediu diligências na terra natal do Familiar para verificar se as testemunhas do seu processo de habilitação eram realmente cristãs-novas e parentes do habilitando, e qual a origem daquela fama. Como era comum nesses casos, as constatações foram vagas e contraditórias. Verificou-se que o rumor havia surgido de um filho bastardo nascido naquela família havia mais de duzentos anos, cujo pai era um rendeiro cristão-novo. Outro fato averiguado na investigação foi que havia "uma sentença antiga do Núncio em que julgava aquela família por cristã velha".

Em 1746, vistas as novas diligências, o Conselho Geral do Santo Ofício decidiu não "fazer caso algum da denúncia", pois para que fosse retirado o título de uma pessoa já habilitada "era necessária uma prova muito legal, e não o que há". A fama de cristã-novice foi considerada controvertida, sem fundamentos claros.[43] Portanto, nem sempre o regimento do Santo Ofício era seguido, já que este exigia que os Familiares fossem "cristãos velhos (...) sem fama em contrário". Percebemos nestes e em outros casos citados que era possível sim se habilitar com "fama em contrário", mas, nestes casos, foi decisiva a opinião favorável do Conselho Geral sobre a falta de "fundamento" dos rumores.

Como já dissemos, os estatutos de limpeza de sangue foram abolidos por Pombal em 1773,[44] mas apesar disso, em 1776, na Ilha da Madeira, encontramos um Familiar escrevendo ao Santo Ofício para denunciar uma série de pessoas que o injuriava de judeu. O Familiar argumentava que ele e muitos de seus ascendentes

---

43  O caso que acabamos de relatar foi baseado em IANTT, HSO, Domingos, mç 27, doc. 518

44  Sobre a abolição dos estatutos de limpeza de sangue por Pombal e a persistência do mesmo em algumas instituições e na sociedade, ver CARNEIRO, Maria Luiza Tucci. *Preconceito Racial...* p. 170-206.

tinham sido habilitados no Santo Oficio e, por isso, pedia providências contra as pessoas que questionavam a "retidão" da Inquisição:

> A este retíssimo Tribunal do Santo Ofício denuncia Antônio Roiz Pereira, Médico aprovado pela universidade de Coimbra e Familiar deste Santo Tribunal, vivendo no estado de celibato, filho de João Roiz Pimenta, naturais da Ilha da Madeira, cidade do Funchal, que sendo a sua geração limpíssima como sempre se tem conhecido pelos muitos familiares que nela tem havido e de presente há pois por todos os quatro lados tem atuais Familiares e um secretário (...). depois do exposto atreveu-se e tem-se atrevido por varias vezes João Roiz (...) a infamar a família do denunciante de judeus e de infecta nação, isto tanto em público como em particular (...).[45]

Mesmo após a abolição dos estatutos de limpeza de sangue, o Familiar em questão ainda tinha a expectativa de que o título de agente do Santo Ofício o protegesse das injúrias de sangue impuro, daí sua indignação.

Seria importante saber se este Familiar da Madeira foi habilitado antes ou depois do decreto de Pombal, mas não tivemos oportunidade de consultar seu processo de habilitação. Suspeitamos que ele se habilitou depois de 1773, pois o Comissário do Funchal, que passou sua denúncia ao Santo Ofício, afirmou que ele era um dos Familiares "modernamente habilitados".

Independente de ter sido habilitado antes ou depois de 1773, as habilitações de sua família certamente foram expedidas antes do referido decreto, portanto as injúrias proferidas questionavam o crédito no rigor do Santo Ofício ao selecionar seus agentes. O Familiar em questão afirmava ter ascendentes habilitados dos quatro lados da sua geração.

Fosse a "fama" verdadeira ou não, os indivíduos "afamados", investidos do título de Familiar do Santo Ofício, passavam a ter um trunfo nos conflitos cotidianos em que suas honras estivessem sendo atacadas. A instituição que lhes dava o título, neste caso a Inquisição, tinha o poder de atestar se uma fama ou rumor eram falsos ou verdadeiros, a despeito da fama pública.

---

45  IANTT, IL, Cad. Promotor, Livro 319, fl. 146.

Os vários casos de persistência da "fama", por um lado, relativizam a ideia de que a habilitação do Santo Ofício era um "atestado" inquestionável de limpeza de sangue; por outro lado, se os Familiares escrevem tão indignados à Inquisição, isso significa que havia uma grande expectativa de que o título de agente do Santo Ofício fosse um "atestado de limpeza de sangue". Portanto, o mais comum era que a "pureza do sangue" dos agentes da Inquisição não fosse questionada, caso contrário os Familiares não teriam escrito ao Santo Ofício tratando esses casos de dúvida acerca de sua limpeza de sangue como uma "aberração".

## As Instituições do Antigo Regime Português e o "Atestado de Limpeza de Sangue"

Se, em diversas circunstâncias, a memória coletiva podia continuar sustentando o rumor de "sangue infecto" de alguns indivíduos habilitados no Santo Ofício, o mesmo não acontecia nas outras instituições que adotavam a limpeza de sangue como um dos critérios para a seleção de membros dos seus quadros. Nestas, no que toca a esse quesito, as portas estariam abertas a todos os indivíduos habilitados na Inquisição, apesar da fama.

O título de agente do Santo Ofício era utilizado pelos Familiares como uma prova de limpeza de sangue para entrarem em outras instituições. No contexto em análise, havia uma espécie de "corporativismo" entre as instituições que adotavam o critério do "sangue puro". Eram elas as detentoras do "monopólio" da expedição e concessão de títulos, pareceres e cargos, que – dentre outras coisas – ofereciam um "atestado de limpeza de sangue".

Como exemplo, podemos citar o compromisso da Ordem Terceira de S. Francisco de Assis da Cidade de Mariana. No quinto parágrafo, esclarecia-se que os Familiares do Santo Ofício, juntamente com os Cavaleiros do Hábito de Cristo, estavam dispensados dos seus interrogatórios e provanças.[46]

Outro exemplo do uso da familiatura como argumento de "ascendência limpa" é a habilitação às ordens sacras, de genere vitae et moribus; a qual investigava a genealogia, os costumes e o patrimônio material do candidato à ordenação

---

46   SALLES, Fritz Teixeira. *Associações religiosas no ciclo do ouro*. Belo Horizonte: UFMG, Centro de Estudos Mineiros, 1963 (Coleção Estudos, 1). p. 51.

sacerdotal.[47] Citamos aqui o habilitando Silvério Ribeiro de Carvalho, natural de Itabira e residente no Seminário de Mariana. Ao atestarem a "pureza de sangue" da geração do habilitando, várias testemunhas de seu processo de habilitação afirmaram que o candidato e sua família "(...) são pessoas de distinta nobreza, e que constava ele testemunha por lho dizerem pessoas fidedignas que pela parte da dita Joana Correa e dito Manoel de Azevedo tinham parentes Familiares do Santo Ofício (...)". Outra testemunha dizia

> (...) que sabe pelo ver que o dito justificante e seus pais e avós paternos e maternos são de limpo sangue e que conheceu três clérigos parentes do pai do justificante seus primos e que tinha um parente Familiar do Santo Ofício por nome Manoel Vieira de Carvalho e que pela parte materna lhe consta ter o justificante, digo terem parentes clérigos e religiosos e também familiares (...).

Ao dar o parecer sobre este processo, o membro do Juízo Eclesiástico de Mariana, afirmou o seguinte: "os justificantes, seus pais e avós são de limpo sangue, tendo entre seus parentes eclesiásticos ordenados nos Bispados de Portugal, da América e Familiares do Santo Ofício; sem que procedessem de hereges ou fossem penitenciados pelo Santo Ofício".[48]

Outra instituição que tomava as habilitações do Santo Ofício como fato inquestionável da limpeza de sangue da ascendência de seus habilitandos era a Ordem de Cristo. Encontramos vários Familiares de nossa amostragem que, depois de se habilitarem no Santo Ofício, deram entrada em processos de habilitação na Ordem de Cristo, declarando, com ênfase, a sua aprovação na Inquisição.

---

47   Sobre os processos de Habilitação de Genere Vitae et Moribus do Bispado de Mariana, ver VILLALTA, Luiz Carlos. *A torpeza diversificada dos vícios:* celibato, concubinato e casamento no mundo dos Letrados de Minas Gerais (1748-1801). São Paulo, FFLCH/USP, 1993 (Dissertação de Mestrado), sobretudo p. 69-123 e sobre habilitações/ limpeza de sangue no Brasil, ver CARNEIRO, Maria Luiza Tucci. *Preconceito Racial...* principalmente p. 207-278.

48   Todas as três citações em: AEAM. Processos de Habilitação de Genere Vitae et Moribus. Silvério Ribeiro de Carvalho. Armário 10, Prateleira 1769. 1776. s/p.

No que toca a este ponto, embora tivesse um padrão básico, o texto apresentava algumas variações. Vejamos: "tido e havido por cristão velho de limpo sangue, sem fama ou rumor em contrário; tanto assim que é Familiar do Santo Ofício";[49] "habilitado por cristão velho pelo Tribunal do Santo Ofício desta cidade, como consta da certidão";[50] "é bem reputado na sanguinidade, Familiar do Santo Ofício";[51] "seus pais são legítimos e inteiros cristãos velhos, tanto assim que o justificante é Familiar do Santo Ofício."[52] Segundo Fernanda Olival, "não se conhece, por ora, nenhum caso de familiar que tivesse reprovado nas Ordens Militares por questões de sangue."[53]

No Santo Ofício, as habilitações de outras instituições também poderiam funcionar como um argumento de que o habilitando era "limpo de sangue". Vejamos o parecer do processo de Antônio Duarte, cirurgião e homem de negócio, habilitado em 1758:

> posto que o Comissário Vicente da Costa Godinho na sua judicial informação a f. 71 diga que a família do habilitando padecera em outro tempo algum leve rumor de xn, nada disto lhe pode obstar porquanto alem de não haver nas diligencias judiciais testemunha alguma que toque em semelhante defeito, o mesmo comissário afirma que tal rumor não só se acha totalmente desvanecido e extinto, mas também julgado por falso em muitas e diversas habilitações que nesta família tem havido e muitos ordinários e tribunais em que se disputou largamente o frívolo e insubsistente princípio que iniquamente quiseram dar ao tal rumor, o que tudo ponderaram já os inquisidores de Lisboa na sua informação extrajudicial.[54]

---

49   IANTT, HOC, Letra J, mç. 40, doc. 04.

50   IANTT, HOC, Letra M, mç. 23, doc. 13.

51   IANTT, HOC, Letra M, mç. 19, doc. 13.

52   IANTT, HOC, Letra M, mç. 10, doc. 97.

53   OLIVAL, Fernanda. "Rigor e interesses: os estatutos de limpeza de sangue em Portugal". *Cadernos de Estudos Sefarditas*, n. 4, 2004. p. 166.

54   IANTT, HOC, Antônio, mç. 134, doc. 2228. grifo nosso

Dentre as habilitações a que se refere o Comissário, certamente estava a da Ordem de Cristo, já que tal candidato fora nela habilitado em 1747.[55] Neste última, ele não teve qualquer problema relacionado à limpeza de sangue, somente com o defeito de mecânica decorrente de ter exercido a ocupação de cirurgião antes de se tornar homem de negócio.[56]

Portanto, se um habilitando conseguisse uma vez burlar os rigores do processo de habilitação e ser aprovado apesar da "fama" – independente de ser verdadeira ou não –, sua "limpeza de sangue" estava atestada. A partir de então, sua entrada em outras instituições discriminatórias não enfrentaria mais o problema do sangue impuro, ou mesmo se enfrentasse – apesar de não termos notícias, é provável que houvesse exceções –, não seria da mesma forma, pois agora o candidato tinha um "atestado" de que era cristão velho. Já para aqueles que não tinham fama alguma de ascendência infecta, a familiatura era também um facilitador, não deixava dúvida quanto ao reconhecimento da limpeza de sangue do habilitando.

## As habilitações reprovadas

Até aqui tratamos de casos em que os habilitandos, mesmo com os rumores, conseguiam se habilitar. Não podemos deixar de mencionar que, às vezes, a simples fama, "verdadeira ou não", era motivo para a não continuidade de um processo de habilitação, fenômeno que ocorria com mais intensidade até inícios do século XVIII.[57] É importante esclarecer que o Santo Ofício não era a única instituição

---

55 IANTT, HOC, Letra A, mç. 48, doc. 67.

56 Sobre a habilitação de Familiares do Santo Ofício na Ordem de Cristo e vice-versa, falaremos com mais pormenores no capítulo 6 deste trabalho.

57 Diversos casos referentes à área de jurisdição da Inquisição de Lisboa podem ser conferidos em IANTT, IL, Habilitandos Recusados. Livro 36 (1683-1737). Este livro traz uma listagem das pessoas que tiveram a habilitação reprovada, não só candidatos à familiatura, pelos motivos de falta de "limpeza de sangue", "nobreza", falta de asseio, mal procedimento, pobreza. O livro contém o nome do habilitando, local de onde pediu, data e motivo da recusa. Outra documentação que permite conhecer os reprovados

que poderia reprovar habilitandos por causa da simples fama. Por exemplo, os estatutos da Confraria do Santíssimo Sacramento de Santa Engrácia de Portugal, de 1663, exigiam que os candidatos, mesmo sendo cristãos-velhos, não tivessem fama em contrário, independente de ter fundamento verdadeiro ou falso.[58]

A Inquisição, da mesma maneira que fornecia "atestado de limpeza de sangue", expedia também "atestado de impureza de sangue", o que estigmatizava gerações inteiras. Se encontramos casos em que a "fama" se espalhava e sobrevivia apenas com o suporte da memória oral, quanto mais não seria com um registro fornecido pela Inquisição após uma investigação minuciosa sobre as origens do habilitando.

No livro de habilitandos recusados pela Inquisição, que abarca o período 1683-1737,[59] encontramos apenas um caso referente às Minas. Trata-se do habilitando Domingos Ferreira de Araújo, recusado em 1727 por ter fama de cristã-novice pela "via de seu avô materno Domingos de Araújo".[60]

O principal motivo da rejeição de habilitandos pela Inquisição era a ascendência cristã-nova. Pesquisando 15 casos de habilitações reprovadas, Calainho encontrou 7 habilitandos reprovados devido ao fato de serem infamados de cristãos-novos. O motivo das demais reprovações foram: 4 por mau comportamento, 1 por mulatice, 1 por ascendência indígena, 1 por falta de notícia e 1 por pouca idade.

Quanto à ocupação desses candidatos que assistiram a um infeliz desfecho de seus processos, a maioria era negociante, 5, e os demais eram: senhores de engenho e lavrador, 3, militares, 3, mineradores, 3, sem ocupação, 1, e sem informação, 2. Desse universo, apenas um habilitando era residente em Minas.[61] Estudando

---

são as Habilitações Incompletas e as Novas Habilitações, fundo Conselho Geral do Santo Ofício, IANTT.

58   OLIVAL, Fernanda. "Rigor e interesses: os estatutos de limpeza de sangue em Portugal". *Cadernos de Estudos Sefarditas*, n. 4, 2004. p. 159.

59   No que toca a limpeza de sangue, esta é considerada uma das épocas de maior puritanismo em Portugal.

60   IANTT, IL, Habilitandos Recusados. Livro 36 (1683-1737).

61   CALAINHO, Daniela. *Em nome do Santo Ofício...* p. 99-100.

um universo de 62 rejeitados aos cargos de Comissários, Familiares e Escrivães da Inquisição, Novinsky verificou que a maioria deles tinha ascendência cristã nova.[62] No fundo Habilitações Incompletas, do IANTT, encontramos um outro habilitando de Minas rejeitado pela Inquisição. Esta documentação não contém apenas casos de recusa, é possível também encontrar habilitações que não tiveram continuidade sem um motivo aparente e processos que perderam parte de seus fólios. A partir do catálogo onomástico, procuramos em todos os nomes iniciados pela letra A e J casos de habilitandos da Capitania mineira. Nessa amostragem aleatória, encontramos 6 casos disponíveis para consulta.[63]

Destes, temos o processo de João Mendes Ribeiro, morador em São Bartolomeu, Comarca de Ouro Preto, interrompido por problemas de limpeza de sangue. O motivo da interrupção do processo foi que seu avô paterno tinha fama de Judeu, inclusive corria a notícia de que tinha ascendentes processados pelo Santo Ofício. Para piorar a situação, o habilitando ainda tinha filhos ilegítimos nas Minas, com sangue mulato.

O processo iniciou-se em 1748 e só terminou em 1770. Embora a Inquisição não tenha podido precisar a origem da fama de cristã-novice imputada ao habilitando, não aprovou a habilitação, já que a fama "era antiga e constante", conforme se verificou nas diligências feitas no Arcebispado de Braga.[64]

Nas outras 5 habilitações incompletas respeitantes a habitantes das Minas, os motivos da interrupção não são muito claros. No processo do Pe. José de Andrade e Morais, iniciado em 1742, não há mais que um fólio com os dados das

---

62 NOVINSKY, Anita. "A Igreja no Brasil Colonial: Agentes da Inquisição". *Anais do Museu Paulista*, t. XXXIII, 1984. p. 17-34.

63 Os 6 casos de habilitandos das Minas, cujos processos foram interrompidos por problemas de sangue podem ser encontrados em: IANTT, Hab. Incompletas, Francisco, mç. 14, doc. 118; Batista, mç. 01, doc. 08; Bartolomeu, mç. 04, doc. 82; Domingos, mç. 34, doc. 619; Domingos, mç. 34, doc. 620; Domingos, mç. 37, doc. 647. Agradeço a João Figueiroa, historiador que está realizando uma tese sobre a limpeza de sangue em Portugal, por ter me chamado a atenção para a importância desta documentação.

64 IANTT, Hab. Incompletas, João, mç. 29, doc. 72.

extrajudiciais; as quais eram favoráveis à habilitação.⁶⁵ Este também foi o caso de Manuel de Almeida, cujo processo teve início em 1755 e parou em 1756.⁶⁶ Para outros dois candidatos, Manuel de Macedo Vieira e Cosme Martins de Faria, os processos se estenderam mais. Pediram a habilitação, foram feitas as extrajudiciais, tiveram pareceres favoráveis, mas se retiraram para o Reino; e daí o processo não teve mais continuidade.⁶⁷ Por fim, temos os interrogatórios de José Álvares Dias, morador na Vila de São José, Rio das Mortes, cujo processo iniciou-se em 1763 e durou até 1784, sem desfecho. O motivo da interrupção foi a "falta de certeza acerca de sua natalidade".⁶⁸

O fundo Novas Habilitações foi outra documentação em que encontramos um habilitando de Minas recusado pelo Santo Ofício. Trata-se de Inácio Antonio de Almeida, natural e morador nas Minas Gerais, batizado na freguesia dos Prados, Termo do Rio das Mortes, Bispado de Mariana, cujo processo de habilitação não passou das diligências extrajudiciais. Inácio era filho de José de Moura Ribeiro, natural e morador na cidade de São Paulo e de Maria Paes de Almeida, natural da freguesia de Itu, comarca e Bispado de São Paulo. Ao que tudo indica, a habilitação foi reprovada devido à ascendência cristã nova do habilitando. Esta informação aparece nas diligências extrajudiciais, etapa da qual o processo não passou.⁶⁹

## Problemas nos Outros Requisitos

Nos processos dos 111 Familiares de Mariana, não encontramos habilitando algum que tenha enfrentado problemas para atender ao requisito "saber ler e escrever". Sem exceção, de acordo com o que fora apurado nas diligências, todos os

---

65    IANTT, Hab. Incompletas, José, mç. 28, doc. 30.

66    IANTT, Hab. Incompletas, Manuel, mç. 32, doc. 76.

67    IANTT, Hab. Incompletas, Manuel, mç. 06, doc. 87; Cosme, mç. 15, doc. 31.

68    IANTT, Hab. Incompletas, José, mç. 27, doc. 113.

69    IANTT, Novas Habilitações. Na verdade, trata-se de uma continuação das Habilitações Incompletas. Até o momento da pesquisa que fizemos no IANTT ainda não havia catálogo para essa documentação, os funcionários é que procuram o processo.

Familiares de Mariana sabiam ler e escrever, qualidades importantes para a execução das diligências do Santo Ofício.

No que toca às exigências de boa "capacidade", "boa vida e costumes" alguns habilitandos tiveram problemas. Manoel Gomes Baptista, morador na cidade de Mariana, solicitador e requerente de causas, era

> tido e havido por nimiamente orgulhoso e enredador; e por tal é público e notório, foi já desta cidade preso com uma corrente para o Rio de Janeiro donde esteve em termos de ser exterminado para a Índia mas por embargos ficou na dita cidade do Rio, sendo soldado pago e tendo ocasião de voltar para esta cidade, dela foi outra vez preso para a do Rio, onde continuou a praça de soldado e livrando-se, como se diz, tornou para esta cidade.

Segundo o Comissário Geraldo José de Abranches, em 1752, devido ao comportamento soberbo do habilitando, "resultou darem-lhe há poucos tempos umas pancadas de noite, não se sabe porém a causa, porque tem muitos inimigos; por sua conta correm vários negócios". Apesar da má fama do candidato, o Comissário lhe deu parecer favorável nas extrajudiciais e nas judiciais. Ele disse que o habilitando para os negócios "de importância e segredo tem capacidade: o tratamento é dos mais luzidos e semelhante ao das pessoas opulentas: também tem seus escravos de cujos serviços e jornais se ajuda". No parecer das judiciais de 1753, Abranches acrescentou que o habilitando tinha "muita esperteza e as partes de saber bem ler e melhor escrever, e que não está sem cabedal, segundo o seu tratamento, e não constar que esteja endividado".

Nos casos de dúvidas acerca da capacidade dos habilitandos para servir ao Santo Ofício, o parecer do Comissário era decisivo para o desfecho do processo, a despeito da fama pública. Manoel Gomes Batista, apesar de ter má fama em Mariana, teve sua carta de Familiar expedida em 05 de maio de 1754, prevalecendo, assim, a opinião de Geraldo José de Abranches de que o candidato tinha capacidade para servir a Inquisição.[70]

---

70   IANTT, HSO, Manoel, mç. 159, doc. 1652.

Outro que não gozava de boa reputação e que contou com a complacência dos inquisidores para ser habilitado foi o comerciante de lojas de fazendas secas José Alvres Pinho, morador na freguesia de São Sebastião, Termo de Mariana. As três primeiras testemunhas das judiciais de seu processo – todas homens de negócio – duvidavam de sua capacidade para servir ao Santo Ofício "por ser reputado por menor verdadeiro nas suas contas, o que confirma por uma sentença, que teve contra si a esse respeito".

A terceira testemunha, por exemplo, afirmava que ele

> publicamente era homem de más contas no seu negócio, pedindo mais do que se lhe devia, e que também ouvira dizer que para o mesmo fim em certa ocasião induzira testemunhas falsas; e ainda de que ela testemunha afirma ter tido contas com o mesmo habilitando e que nelas o achara verdadeiro.

A quarta testemunha alegava que "ouvira dizer que o habilitando fora infamado por pedir nas suas contas mais do que se lhe devia, saindo sentença do Juízo secular de Mariana contra ele, porém que ele testemunha teve contas com o mesmo e nelas o achou verdadeiro".

Decisivo para que os Deputados do Conselho Geral emitissem parecer favorável a essa habilitação foi o depoimento do caixeiro do habilitando, Francisco Gonçalves. Este justificava a fama de mau pagador de seu patrão:

> este erro e nota procedera de não ser o habilitando muito versado em contas, ou de ter seus esquecimentos, e posto que saiu contra ele na cidade de Mariana uma sentença menos decorosa, e com penas de degredo julgando-se por menos verdadeiras as suas contas; contudo ele testemunha tem ouvido dizer que subindo a causa por apelação saíra a causa a favor do habilitando, mas que de certo o não pode afirmar.

O restante de seu depoimento não foi nada favorável ao habilitando, uma vez que "o não julga muito suficiente de ser encarregado de negócios de importância ainda que não falte ao segredo, e que da mesma sorte o não julga muito suficiente para servir ao Santo Ofício no cargo de familiar." Sobre a questão de o habilitando viver limpamente, com bom trato e abastadamente, respondeu que "por estar alcançado, pouco poderá ter de seu, e que do seu negócio, por ser tênue, poucos lucros tira para manter a sua limpeza e asseio".

Apesar do depoimento do caixeiro ter sido, em parte, desfavorável ao seu patrão José Alvres Pinho, os Deputados do Conselho Geral, ao dar o parecer a favor do candidato, só se apoiaram na parte favorável: "diz a quinta testemunha que subindo por apelação a dita sentença, tivera melhoramento nela e saíra a seu favor, o que bem mostra ser errado aquele principio, e talvez publicado pela vencida na superior instância, sendo este o motivo porque não o consideram capaz de servir o dito emprego." A parte do depoimento do caixeiro desfavorável ao habilitando foi ignorada pelos deputados do Conselho Geral.

O Santo Ofício não foi complacente apenas quanto à fama pública de mau pagador de José Alvres de Pinho, atitude que havia contribuído para que as testemunhas colocassem em dúvida sua capacidade de servir ao Santo Ofício. O habilitando tinha um problema de saúde mental, sobre o qual os Deputados deram o seguinte parecer em 03 de março de 1768:

> padecia de uma moléstia, que lhe perturba o juízo, e que atesta a dita 4ª testemunha o licenciado Francisco Brito Bacelar, que o cura há muitos anos, ser tão breve e transitória que não lhe dura mais espaço, que ao qual em que possam rezar-se dois credos, ficando logo em seu juízo perfeito como de antes: o que não pode ser bastante para o privarmos da graça que pretende, pois de se lhe negar por tais motivos se lhe seguirão danos graves, que não é preciso ponderar pelo que, como tem os mais requisitos necessários o aprovo e habilito.[71]

Notamos, então, nos dois casos citados acima, uma certa complacência por parte do Santo Ofício, ou seja, não havia um rigor absoluto nas habilitações de seus agentes, pelo menos não nesse período que estudamos: o século XVIII, época de grande inflação das habilitações de Familiares.

---

71  Todas as informações sobre a habilitação de José Alvres Pinho, em: IANTT, HSO, José, mç. 109, doc. 2527.

*****

A distinção oferecida pelo título de Familiar do Santo Ofício estava ligada aos critérios segregacionistas utilizados pela Inquisição no recrutamento de seus agentes – sobretudo a exigência da limpeza de sangue. Atuando na perpetuação da divisão da sociedade entre cristãos-velhos e cristãos-novos, a Inquisição colocava os Familiares do lado positivo dessa fronteira social.

Agora que deixamos claro como alguém se tornava Familiar do Santo Ofício e como a limpeza de sangue penetrava na sociedade e atuava na distinção social, nos próximos capítulos verificaremos o contexto no qual os habitantes das Minas se tornaram agentes da Inquisição e o impacto da familiatura na sociedade mineradora.

# 4

# A FORMAÇÃO DA REDE DE FAMILIARES DO SANTO OFÍCIO EM MINAS

O IMPÉRIO ATLÂNTICO PORTUGUÊS esteve imerso numa depressão econômica durante a maior parte do último quartel do século XVII. O açúcar enfrentava a concorrência da produção inglesa e francesa, preços baixos no mercado europeu, altos custos com mão-de-obra, altos impostos, enfim, fatores que mergulharam a produção açucareira da Colônia numa profunda crise. A Metrópole enfrentava também o problema de ter uma balança comercial que lhe era desfavorável – sobretudo por causa das trocas comerciais com a Inglaterra. Na porção oriental do seu império, Portugal estava às voltas com dificuldades econômicas, militares e demográficas – tanto nas possessões asiáticas, como na África oriental. Em finais do Seiscentos e início do Setecentos, o "Estado da Índia" era mantido por Portugal mais "por uma questão de honra e religião".[1]

Na última década do Seiscentos, a situação de crise econômica pela qual o império português passava começou a mudar: o preço do açúcar teve uma recuperação e os bandeirantes paulistas descobriram ouro[2] no sertão que, mais tarde, constituiria a capitania de Minas Gerais. Com efeito, ocorreram profundas mu-

---

1   Esta breve síntese da conjuntura do império português em finais do século XVII e inícios do século XVIII é baseada, sobretudo, em: BOXER, Charles R. *O Império Marítimo Português*: 1415-1825. São Paulo: Companhia das Letras, 2002. p. 141-188. Apesar da decadência irreversível do império português do Oriente, Boxer chama a atenção para o fato de que ela não foi evidente em todos os momentos e lugares, e houve intervalos de relativa calma e prosperidade. In: *O Império Marítimo...* p. 160-161.

2   Sobre os primeiros descobertos, ver: HOLANDA, Sérgio Buarque de. "Metais e Pedras Preciosas". In: *História Geral da Civilização Brasileira*. São Paulo: Difel, 1960, t. I, vol. II. p. 258-265; BOXER, Charles. *A Idade de Ouro do Brasil*: dores do crescimento de uma sociedade colonial. Rio de Janeiro: Nova Fronteira, 2000. p. 57-85; VASCONCELOS, Diogo. *História Antiga das Minas Gerais*. Belo Horizonte: Imprensa Oficial do Estado de Minas Gerais, 1904.

danças no equilíbrio e na dinâmica do Império português. O século XVIII começava com uma clara mudança do foco imperial para o Atlântico.³

Mas, ao mesmo tempo em que o século XVIII acenava com a estabilidade econômica – propiciada em muito pela descoberta das minas de ouro e, mais tarde, de diamantes –, sob o ponto de vista político e das relações internacionais, o Setecentos começava crítico para o império português. "Sobre a América portuguesa, pairava o duplo temor da ameaça externa (os franceses e demais estrangeiros investiam sobre a costa brasileira) e da interna (os colonos sem peias, senhores da sua vontade e determinação). Portugal via-se ameaçado pela impossibilidade de manter uma política externa neutra quando a época era de conflagração europeia."⁴

Do ponto de vista da configuração demográfica da Colônia, em consequência da descoberta do ouro, formou-se um intenso fluxo migratório em direção às Minas. Uma parte dos imigrantes era proveniente das capitanias mais velhas da América portuguesa, como Bahia, Pernambuco e Rio de Janeiro; uma outra corrente vinha de Portugal, sobretudo da região norte.

O povoamento das Minas ocorreu de forma tão rápida que Antonil, em 1711, estimava a população já em 30 mil almas. O jesuíta informa que "das cidades, vilas, recôncavos e sertões do Brasil vão brancos, pardos e pretos, e muitos índios de que os paulistas se servem". A mistura, continua Antonil, "é de toda a condição de pessoas: homens e mulheres; moços e velhos; pobres e ricos; nobres e plebeus;

---

3   Para uma análise da virada do foco imperial português para o Atlântico, com ênfase no aspecto político e cultural, ver: SOUZA, Laura de Mello e; BICALHO, Maria Fernanda. *1680-1720*: o império deste mundo. São Paulo: Companhia das Letras, 2000.

4   SOUZA, Laura de Mello e. *O Sol e a Sombra*: política e administração na América portuguesa do século XVIII. São Paulo: Companhia das Letras, 2006. p. 81. Do ponto de vista político, a mudança do foco imperial português não foi tranquila: "invasão estrangeira, revolta popular, deslocamento do eixo econômico em decorrência da descoberta do ouro, insatisfação das elites, desvendamento de segredos que garantiam a riqueza imperial lusitana e pagavam alianças internacionais." *Ibidem*, p. 105.

seculares, clérigos e religiosos de diversos institutos, muitos dos quais não tem, no Brasil, convento nem casa".[5]

O afluxo indiscriminado de pessoas para a região das Minas passou a preocupar a Coroa, que, por sua vez, passou a editar leis no sentido de controlar tal fenômeno, cujos decretos datam de 1709 e 1711. Com eles, "dificultou-se de toda forma a vinda de portugueses e, aqui, nas cidades do litoral, procurava-se impedir a passagem para as minas, exigindo-se passaportes, licenças e ordens especiais para os que quisessem fazê-lo".[6] O efeito das proibições não foi o esperado e, em 1720, a Coroa promulgou uma nova lei para estancar a emigração desenfreada de reinóis para o Brasil, "principalmente da Província do Minho, que sendo a mais povoada, se acha hoje em estado que não há gente necessária para a cultura das terras, nem para o serviço dos povos, cuja falta se faz tão sensível (...)".[7]

Segundo Boxer, a média de emigrantes que deixava Portugal e Ilhas, durante os primeiros anos da corrida do ouro, era de três ou quatro mil pessoas. Após o decreto de 1720, que limitou a emigração para o Brasil aos que tinham passaporte fornecido pela Coroa, a média anual de portugueses que migravam para a Colônia caiu para dois mil.[8]

Essa legislação restritiva quanto ao acesso às Minas foi adotada pela Coroa porque havia o receio de que a corrida do ouro – através da demanda crescente por mão-de-obra – acabasse afetando as lavouras de açúcar e fumo das outras regiões da Colônia, nomeadamente Rio de Janeiro, Pernambuco e Bahia.[9] Além disso, existia também uma grande preocupação por parte da Metrópole em evitar o contrabando e descaminho do ouro.[10]

---

5   ANDREONI, João Antônio (Antonil). *Cultura e Opulência do Brasil por suas drogas e Minas*. São Paulo: Nacional, 1967. p. 264.

6   ZEMELLA, Mafalda. *O abastecimento da Capitania das Minas Gerais no século XVIII*. São Paulo: Hucitec, Edusp, 1990. p. 49

7   Anais da Biblioteca Nacional. Vol. XXVIII, p. 145. *Apud* ZEMELLA, Mafalda. *Op. cit.*, p. 50.

8   BOXER, Charles. *A Idade de Ouro...* p. 72.

9   BOXER, Charles. *A Idade de Ouro...* p. 77.

10  HOLANDA, Sérgio Buarque de. "Metais e Pedras Preciosas"... p. 275-276.

Assim como aumentou a "imigração branca" para o interior da Colônia, a corrida do ouro causou "uma intensificação ainda maior do tráfico de escravos entre a África Ocidental e os portos da Bahia, Rio de Janeiro e (em menor extensão) Pernambuco".[11] Uma multidão de escravos, vindos diretamente da África ou das capitanias nordestinas, foi despejada nas Minas.

A massa de aventureiros que se dirigiam aos descobertos auríferos foi se configurando em dois grupos rivais: de um lado, os paulistas, descobridores das minas, e de outro, os portugueses e colonos vindos das capitanias "mais velhas" da América portuguesa.

Após um primeiro e precário estabelecimento nas Minas, os paulistas tiveram que recuar para São Paulo, em consequência da crise de abastecimento alimentar ocorrida entre 1698 e 1700. Quando retornaram, muitas das datas que eles tinham começado a explorar, anos antes, encontravam-se sob o domínio dos que então passaram a ser por eles denominados de emboabas: forasteiros vindos da Bahia, Pernambuco, Rio de Janeiro e de Portugal.

Os paulistas, pioneiros e descobridores das minas, passaram a reivindicar o direito de posse sobre as lavras,[12] chocando-se, dessa forma, com os anseios dos emboabas, interessados em explorar os descobertos. A partir daí, as hostilidades foram crescendo e ganhando contornos de uma guerra civil, cujo palco principal eram as regiões do Rio das Mortes, Rio das Velhas e Vila Rica. Um e outro grupo era acompanhado por escravos: os cativos dos paulistas eram, em

---

11 BOXER, Charles. *O Império Marítimo Português (1415-1825)*. São Paulo: Companhia das Letras, 2002. p. 182.

12 Sobre a concepção peculiar que os paulistas tinham do direito de conquista, ver o trabalho de revisão historiográfica da Guerra dos Emboabas realizado por Adriana Romeiro, e que privilegia o universo das práticas políticas. In: BICALHO, Maria Fernanda, FERLINI, Vera Lúcia (orgs.). *Modos de Governar*: ideias e práticas políticas no império português (séculos XVI a XIX). São Paulo: Alameda, Cátedra Jaime Cortesão, 2005. p. 387-402.

sua maioria, ameríndios e mamelucos e os dos emboabas, quando estes os possuíam, eram de origem africana.[13]

A consequência imediata da Guerra dos Emboabas foi – juntamente com a certeza "de que as minas seriam de grande duração"[14] – o despertar da Coroa para a necessidade de se fazer mais presente na zona dos descobertos auríferos. Com efeito, Antônio de Albuquerque Coelho de Carvalho – governador do Rio de Janeiro que apaziguou os conflitos – recebeu um despacho régio que desmembrava as regiões de São Paulo e Minas da jurisdição do Rio de Janeiro, criando assim uma nova capitania, da qual ele tomou posse na cidade de São Paulo em junho de 1710.

Com o apoio dos paulistas, Albuquerque adotou importantes medidas no sentido de implantar o aparelho administrativo da Coroa na conturbada zona aurífera. Ficou definido, por exemplo, como deveriam ser cobrados o quinto e os principais impostos sobre a entrada de mercadorias na região e a reintegração de uma parte dos paulistas às suas antigas lavras.[15]

De todas as medidas adotadas pelo representante da Coroa, talvez a de maior destaque foi a ereção dos três principais arraiais das minas em vilas e a criação de suas respectivas câmaras: Ribeirão do Carmo (atual Mariana), em 08 de abril de 1711; Vila Rica (atual Ouro Preto), em julho de 1711; e Sabará em 17 de julho de 1711.[16] Apesar

---

13 Para essa síntese da Guerra dos Emboabas – enfocando o aspecto que aqui nos interessa de forma específica: o estabelecimento do poder metropolitano nas Minas – utilizamos sobretudo: BOXER, Charles. A Idade de Ouro do Brasil: dores do crescimento de uma sociedade colonial. Rio de Janeiro: Nova Fronteira, 2000. 3ª edição. cap. 3: Paulistas e Emboabas. p. 57-86; CAMPOS, Maria Verônica. Governo de Mineiros: "de como meter as Minas numa moenda e beber-lhe o caldo dourado" (1693-1737). São Paulo, FFLCH/USP, 2002 (Tese de Doutorado). p. 73-104.

14 CAMPOS, Maria Verônica. Governo de Mineiros... p. 73.

15 Segundo Maria Verônica Campos, parte dos paulistas, "os renitentes ao poder, que não tinham dúvidas sobre o significado do resultado da Guerra dos Emboabas e do estabelecimento de autoridades em Minas, preferiram partir para novas áreas. (...) Este movimento tornar-se-ia uma constante na história de Minas. Fugia-se da centralização administrativa ou da punição de crimes para novas áreas". Governo de Mineiros... p. 104.

16 A principal referência para esta síntese foi: BOXER, Charles. A Idade de Ouro... p. 57-86.

dos conflitos entre paulistas e emboabas ter permitido um inegável avanço do poder régio sobre o território dos descobertos auríferos, "a estrutura administrativa era ainda incipiente após os embates, e muitas prerrogativas, competências e jurisdições de autoridades régias permaneciam nas mãos de poderosos locais".[17]

Em 1713, Albuquerque foi substituído por Dom Braz Baltazar da Silveira, cujo governo enfrentou o poderio da elite local e das câmaras e, ao mesmo tempo, consolidou a estrutura administrativa que poderia concorrer com os potentados locais.[18] Dom Braz governou a Capitania até 1717, sendo substituído por Dom Pedro Miguel de Almeida, o conde de Assumar. Segundo Verônica Campos, Assumar reordenou as elites, "destituiu poderosos, retirou das câmaras a prerrogativa de administração de tributos e contratos, e instituiu a tropa paga, que concorria com os potentados no poder de coação".[19] Ao final de seu governo, estavam delineados os desenhos da estrutura administrativa civil, militar, judiciária e religiosa nos principais distritos da capitania mineradora.[20]

O sucessor de Assumar, Dom Lourenço de Almeida, tomou posse do governo de Minas em 1721 e governou a Capitania até 1732. No início de seu governo, no rescaldo da reação metropolitana à Revolta de 1720,[21] a capitania de São Paulo e Minas foi desmembrada. No que diz respeito à implantação e consolidação do poder metropolitano na capitania mineradora, o aspecto mais significativo do governo de Dom Lourenço foram os avanços no campo tributário. Ele conseguiu instalar a Casa de Fundição e Moeda em Vila Rica e obteve o controle de postos importantes de tributação no Rio das Velhas e no Caminho Novo. Outra marca de seu governo foi a criação do cargo de juiz de fora no Ribeirão do Carmo, em 1730, e a

---

17 CAMPOS, Maria Verônica. *Governo de Mineiros...* p. 98.

18 CAMPOS, Maria Verônica. *Governo de Mineiros...* p. 105-134.

19 CAMPOS, Maria Verônica. *Governo de Mineiros...* p. 258.

20 CAMPOS, Maria Verônica. *Governo de Mineiros...* p. 259

21 SOUZA, Laura de Mello e. *Norma e Conflito...* p. 30-42; CAMPOS, Maria Verônica. *Governo de Mineiros...* p. 168-259.

institucionalização das primeiras paróquias em Minas.[22] Dom Lourenço de Almeida foi substituído por André de Melo e Castro – o conde de Galveias – em 1732. Em 1735, um novo governador tomou posse em Minas: Gomes Freire de Andrade. Em seu governo, "os poderosos de Vila Rica não eram os mesmos de outrora, cada vez mais institucionalizados e cooptados": as elites foram sendo "enquadradas nas milícias, cargos das câmaras e arrematação de contratos".[23]

Na perspectiva de Maria Verônica Campos, a centralização monárquica da nas Minas, em andamento desde a época dos primeiros descobertos auríferos, consolidou-se em 1736, com o desmantelamento dos resistentes motins do sertão.[24] Nas palavras da autora:

> a estrutura administrativa de Minas começou a configurar-se no momento da nomeação dos taubateanos para os cargos militares, com jurisdição no civil e crime e poder para partilha das lavras recém-descobertas; em 1695, continuou com a perda gradativa de tais prerrogativas ao longo das décadas de 1710 e 1720, encerrando-se com a fixação do papel de juízes ordinários, potentados, ordenanças e auxiliares no sertão, em 1736.[25]

---

22  CAMPOS, Maria Verônica. *Governo de Mineiros...* p. 260-320; Souza, Laura de Mello e. *O Sol e a Sombra...* cap. 5, p. 185-251. KANTOR, Íris. "Do Imposto à Etiqueta: conflitos de jurisdições no processo de implantação do Bispado de Mariana em Minas Gerais (1748)". In: GONÇALVES, Andréa Lisly; POLITO, Ronald. *Termo de Mariana II.* Ouro Preto: Ed. UFOP, 2004. p. 57-68.

23  CAMPOS, Maria Verônica. *Governo de Mineiros...* p. 328.

24  CAMPOS, Maria Verônica. *Governo de Mineiros...* p. 370.

25  CAMPOS, Maria Verônica. *Governo de Mineiros...* p. 388. Em resumo, ainda segundo a autora, o arcabouço administrativo das Minas, "foi se delineando simultaneamente à sequência de motins e rebeliões (...), desde o primeiro deles no alvorecer do século XVIII, e do qual restaram poucos registros, entre paulistas e taubateanos no Ribeirão do Carmo, até o motim de 1736, no sertão, entre potentados da margem esquerda e direita do São Francisco e nomeados pelo governador." p. 388. Sobre as questões relacionadas à implantação do poder metropolitano em Minas, ver também: SOUZA,

Concomitante à consolidação do poder metropolitano nas Minas, e, de certa forma, ligado a esse processo, ocorria o assentamento daquela sociedade que havia se formado abruptamente a partir da corrida do ouro. Do ponto de vista "interno", é neste contexto que ocorre a formação da rede de Familiares do Santo Ofício em Minas. O título de agente da Inquisição passava a ser requerido por membros daquela sociedade que, na medida em que ela se assentava, tornavam-se ávidos por distinção social.

Do ponto de vista "externo", a formação da rede de Familiares do Santo Ofício de Minas insere-se num contexto global de inflação de familiaturas expedidas pela Inquisição portuguesa. A partir do final do século XVII e durante boa parte do século XVIII, ocorreu uma verdadeira explosão do número de habilitações de Familiares nas áreas sob jurisdição inquisitorial (ver quadro e gráfico abaixo).

Considerando intervalos de 50 anos, observamos que, no período que vai de 1671 a 1720, a quantidade de familiaturas expedidas pelo Santo Ofício aumentou de 2285 – referente ao meio século anterior (1621-1670) – para 6488. Depois desse grande salto, assistimos, no intervalo que vai de 1721 a 1770, ao auge da expedição de familiaturas: 8680 Familiares habilitados. Depois de atingir seu pico, o meio século subsequente, 1771-1820, apresenta uma queda brusca no número de habilitações de Familiares, passando de 8680 para 2746 familiaturas.[26] Tal fenômeno está relacionado à decadência da Inquisição sob o Reformismo Ilustrado, sobretudo no que se refere à abolição da distinção entre cristãos-velhos e cristãos-novos. Como vimos no capítulo 3, a distinção social oferecida pela familiatura estava ligada ao atestado de limpeza de sangue que ela representava.

Segundo Maxwell, Pombal, em 1769, voltou-se contra a própria instituição inquisitorial

> retirando-lhe o poder como tribunal independente, tornando-o dependente do governo e ordenando que todas as propriedades

---

Laura de Mello e. *Desclassificados...* cap. 3: Nas Redes do Poder. p. 131-201. BOXER, Charles. *A Idade de Ouro...* cap. 7: Vila Rica de Ouro Preto. p. 189-226.

26   Todos estes dados em: TORRES, José Veiga. Da Repressão Religiosa para a Promoção Social: a Inquisição como instância legitimadora da promoção social da burguesia mercantil. In: *Revista Crítica de Ciências Sociais*, n. 40, out., 1994. 109-135. p. 127.

confiscadas pela Inquisição passassem, a partir de então, a fazer parte do Tesouro nacional. Indicou seu irmão Paulo de Carvalho para a função de inquisidor-geral. Revogaram-se os autos-de-fé públicos, juntamente com a pena de morte.[27]

Em poucas palavras, Pombal domesticou a Inquisição. A queda do ministro, em 1777, no entanto, não significou a volta do Tribunal do Santo Ofício nos moldes anteriores ao reinado de Dom José I. Apesar de algumas alterações, segundo Villalta, "tanto no governo de Dona Maria I como no Príncipe Regente, Dom João, ademais, continuou-se com o Reformismo Ilustrado (...)".[28]

Tabela 8 – Familiares do Santo Ofício Habilitados pela Inquisição portuguesa
(por blocos de meio século)

| Blocos de meio século | Número de Habilitações |
|---|---|
| 1570-1620 | 702 |
| 1621-1670 | 2285 |
| 1671-1720 | 6488 |
| 1721-1770 | 8680 |
| 1771-1820 | 2746 |

Fonte: TORRES, José Veiga. Da Repressão Religiosa para a Promoção Social: a Inquisição como instância legitimadora da promoção social da burguesia mercantil. In: Revista Crítica de Ciências Sociais, n. 40, out., 1994. 109-135. p. 127.

---

27 MAXWELL, Kenneth. *Marquês de Pombal:* paradoxo do Iluminismo. 2ª ed. Rio de Janeiro: Paz e Terra, 1997. p. 99-100. Cf. cap. 5, p. 95-117. Sobre o Reformismo Ilustrado português, ver também VILLALTA, Luiz Carlos. *Reformismo ilustrado, censura e práticas de leitura*: usos do livro na América portuguesa. São Paulo, USP, 1999 (Tese de doutoramento), cap. 3, p. 135-176. Diferentemente do que afirma Maxell, Paulo de Carvalho, segundo Bruno Feitler, não chegou a ser nomeado inquisidor, mas sim deputado do Conselho Geral do Santo Ofício.

28 VILLALTA, Luiz Carlos. *Op. cit.*, p. 152. Cf. também p. 152-176.

Gráfico 1 – Familiares do Santo Ofício Habilitados pela Inquisição portuguesa

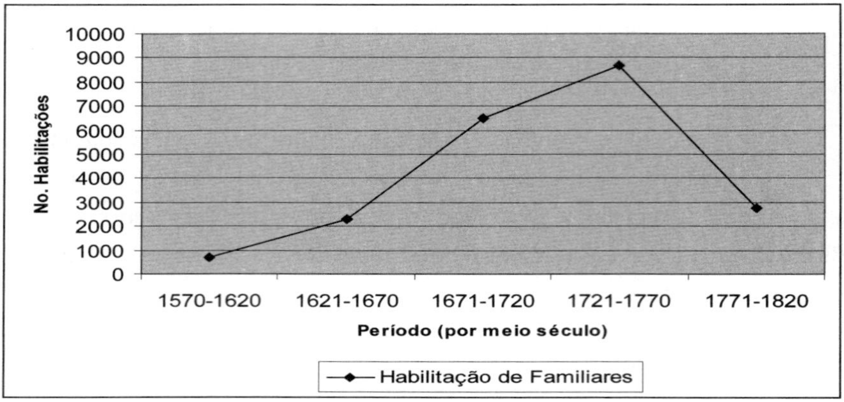

[Gráfico mostrando número de habilitações por período de meio século: 1570-1620 ≈ 600; 1621-1670 ≈ 2300; 1671-1720 ≈ 6500; 1721-1770 ≈ 8700; 1771-1820 ≈ 2800]

Fonte: TORRES, José Veiga. *Op. cit.*, p. 127.

Distribuindo o número de habilitações de Familiares em intervalos de 10 anos e comparando-o com a cifra de sentenciados pela Inquisição no mesmo período (ver quadro e gráfico abaixo), Veiga Torres observou "um movimento global simétrico, mas de sentido invertido":[29] até a década 1681-1690, o número de sentenciados sempre foi maior que o número de familiaturas expedidas. Nos dois decênios seguintes, ou seja, 1691-1700 e 1701-1710, o número de cartas de Familiares expedidas pela Inquisição ultrapassou o de sentenciados, o que começa a indicar uma inversão da lógica repressiva inquisitorial. Entretanto, nos decênios subsequentes, entre 1711 e 1730, o número de sentenciados voltou a superar a cifra de familiaturas expedidas. Essas duas últimas décadas, quando situadas no contexto geral da criação de Familiares, aparecem como uma exceção da tendência geral de inflação do número de familiaturas. A partir da década 1731-1740, a curva da expedição de cartas de Familiar volta a se sobrepor à dos sentenciados, e aí em diante a curva da repressão nunca mais alcançaria a da expedição de cartas de familiaturas.[30]

---

29  TORRES, José Veiga. *Op. cit.*, p. 129.

30  TORRES, José Veiga. *Op. cit.*, p. 127.

Levando em conta o comportamento das curvas de expedição de familiaturas, descrito acima, e analisando o perfil dos que se habilitavam como Familiar – geralmente ligados à atividade comercial, como veremos melhor adiante –, Veiga Torres pôde afirmar que "desde o último quartel do século XVII, a principal atividade da Inquisição desenvolver-se-á mais em ordem de promoção social, do que ao seu controle pela repressão".[31] Em outras palavras, na perspectiva do autor, a Inquisição criava Familiares não mais para atender às necessidades repressivas do Tribunal, mas sim para atender à pressão por legitimação social que o título de Familiar oferecia.

Gráfico 2 – Relação Sentenciados/ Familiares (por decênios)

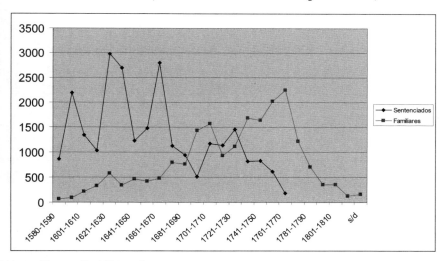

Fonte: TORRES, José Veiga. *Op. cit.*, p. 129.

O ritmo das habilitações de Familiares do Santo Ofício na Colônia – que ficava sob jurisdição do Tribunal de Lisboa – seguiu a mesma tendência de inflação que observamos no contexto geral da Inquisição portuguesa. O número de familiaturas expedidas para a América portuguesa começa a ganhar fôlego no final do século XVII e atinge o seu ápice entre 1721 e 1770. No último

---

31  TORRES, José Veiga. *Op. cit.*, p. 113.

período de atividade da Inquisição, notamos um declínio absoluto da expedição de familiaturas, nada mais do que um sintoma da decadência do Tribunal. Comparando a curva de expedição de cartas de Familiar para o Brasil e para Lisboa, percebemos que, apesar de ocorrer, no último meio século de atividade inquisitorial, uma queda drástica em ambas as curvas, a do Brasil caiu um pouco menos: de 1687 para 872, enquanto que a queda do número de familiaturas expedidas para Lisboa diminui de 2680 para 363. Portanto, a decadência da Inquisição, os ventos da Ilustração e o impacto da abolição da distinção entre cristãos-novos e cristãos-velhos foi ligeiramente menos sentida na periferia. Na Metrópole era mais fácil perceber a decadência do Santo Ofício, e, em consequência disso, lá o desinteresse pelo título de Familiar ocorreu de forma mais drástica.

Tabela 9 – Familiaturas expedidas para o Brasil e Lisboa

| Período | Brasil | Lisboa | Total |
| --- | --- | --- | --- |
| 1570-1620 | 4 | 200 | 702 |
| 1621-1670 | 25 | 821 | 2285 |
| 1671-1720 | 526 | 1647 | 5488 |
| 1721-1770 | 1687 | 2680 | 8680 |
| 1771-1820 | 872 | 363 | 2746 |
| Total Geral | 3114 | 5711 | 19901 |

Fonte: TORRES, José Veiga. Op. cit., p. 134.

**Gráfico 3 – Familiaturas expedidas para o Brasil e Lisboa**

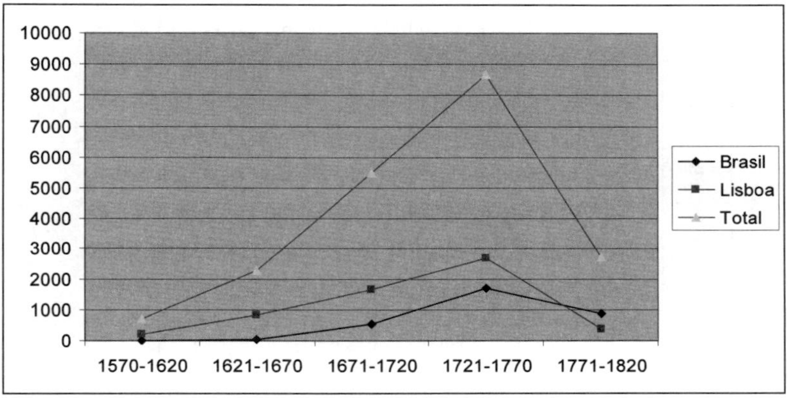
10000
9000
8000
7000
6000
5000
4000
3000
2000
1000
0
1570-1620
1621-1670
1671-1720
1721-1770
1771-1820
Brasil
Lisboa
Total

Fonte: Torres, José Veiga. *Op. cit.*, p. 134.

As familiaturas expedidas para a Colônia, ao longo do século XVIII, tendiam a se concentrar nas capitanias da Bahia, Pernambuco, Rio de Janeiro e Minas Gerais. A rede de agentes inquisitoriais leigos das outras capitanias era pouco expressiva: apenas São Paulo e Pará chegaram a ter algumas dezenas de Familiares, porém não era nada que se comparasse às redes com centenas de agentes que levantamos para as primeiras capitanias citadas (ver quadro abaixo). Para o período abarcado pelo nosso levantamento, 1713-1785,[32] em números absolutos, a capitania do Rio de Janeiro foi a que contou com a maior rede de Familiares do Santo Ofício, 529 agentes, seguida pela da Bahia, com 460 agentes; depois, vem Minas, com 447 Familiares e, em quarto lugar, Pernambuco, com 318 oficiais.

32 O levantamento da expedição das cartas de Familiares para toda a América portuguesa, que realizamos a partir dos livros de registros de provisões da Inquisição de Lisboa, abrange o período que vai de 1713 a 1785. Devido ao grande número de dados e ao pouco tempo que tivemos para a pesquisa na Torre do Tombo, não tivemos condições de realizar um levantamento que abrangesse o recorte cronológico da nossa pesquisa, 1711-1808; trata-se, então, de uma amostragem para situarmos a formação da rede de Familiares de Minas no contexto maior da América portuguesa. Quanto às familiaturas expedidas para a capitania mineradora, o nosso levantamento corresponde exatamente às balizas cronológicas de nosso trabalho.

## Tabela 10 – Total de Familiares Habilitados no Brasil no Século XVIII (1713-1785)

| Período | BA | CS | GO | MA | MG | PE | PB | RJ | SP | SE | PI | PA | AL | MT | ES | CE | PR | Total | % |
|---|---|---|---|---|---|---|---|---|---|---|---|---|---|---|---|---|---|---|---|
| 1713-15 | 11 | 0 | 0 | 0 | 0 | 1 | 0 | 10 | 1 | 3 | 1 | 0 | 0 | 0 | 0 | 0 | 0 | 27 | 1,42 |
| 1716-20 | 35 | 0 | 0 | 0 | 4 | 5 | 2 | 17 | 3 | 0 | 0 | 1 | 1 | 0 | 0 | 0 | 0 | 68 | 3,57 |
| 1721-25 | 24 | 0 | 0 | 0 | 4 | 3 | 0 | 16 | 0 | 0 | 0 | 0 | 0 | 0 | 0 | 0 | 0 | 47 | 2,46 |
| 1726-30 | 25 | 0 | 0 | 0 | 18 | 6 | 0 | 30 | 2 | 0 | 0 | 0 | 0 | 0 | 0 | 0 | 0 | 81 | 4,25 |
| 1731-35 | 45 | 0 | 0 | 0 | 21 | 16 | 3 | 25 | 0 | 0 | 0 | 6 | 0 | 0 | 0 | 0 | 0 | 116 | 6,08 |
| 1736-40 | 33 | 2 | 0 | 0 | 20 | 6 | 0 | 35 | 2 | 0 | 0 | 4 | 0 | 0 | 0 | 0 | 0 | 102 | 5,35 |
| 1741-45 | 23 | 1 | 1 | 0 | 42 | 0 | 2 | 50 | 3 | 0 | 0 | 7 | 0 | 1 | 0 | 0 | 0 | 130 | 6,82 |
| 1746-50 | 25 | 0 | 0 | 0 | 61 | 8 | 0 | 32 | 5 | 0 | 0 | 3 | 0 | 1 | 0 | 0 | 0 | 135 | 7,08 |
| 1751-55 | 36 | 4 | 1 | 0 | 82 | 23 | 1 | 79 | 9 | 0 | 0 | 2 | 0 | 0 | 3 | 1 | 0 | 241 | 12,64 |
| 1756-60 | 18 | 7 | 1 | 2 | 63 | 17 | 0 | 57 | 5 | 0 | 0 | 1 | 0 | 0 | 1 | 0 | 0 | 172 | 9,02 |
| 1761-65 | 53 | 1 | 3 | 1 | 39 | 24 | 2 | 56 | 1 | 1 | 0 | 6 | 0 | 1 | 0 | 0 | 0 | 188 | 9,86 |
| 1766-70 | 60 | 1 | 3 | 0 | 44 | 51 | 0 | 83 | 2 | 0 | 1 | 4 | 1 | 0 | 0 | 0 | 0 | 250 | 13,11 |
| 1771-75 | 28 | 2 | 1 | 1 | 29 | 42 | 2 | 27 | 1 | 1 | 0 | 2 | 0 | 3 | 1 | 0 | 1 | 141 | 7,39 |
| 1776-80 | 16 | 1 | 3 | 2 | 11 | 51 | 0 | 5 | 6 | 0 | 0 | 0 | 0 | 0 | 0 | 0 | 0 | 95 | 4,98 |
| 1781-85 | 28 | 0 | 0 | 0 | 9 | 65 | 2 | 7 | 1 | 0 | 0 | 1 | 0 | 1 | 0 | 1 | 0 | 114 | 5,98 |
| Total | 460 | 19 | 13 | 6 | 447 | 318 | 14 | 529 | 41 | 5 | 2 | 37 | 2 | 7 | 5 | 2 | 1 | 1907 | 100 |

Fonte: IANTT, II, Livro de Registro de Provisões, 110-123.

Gráfico 4 – Total de Familiares Habilitados no Brasil no Século XVIII (1713-1785)

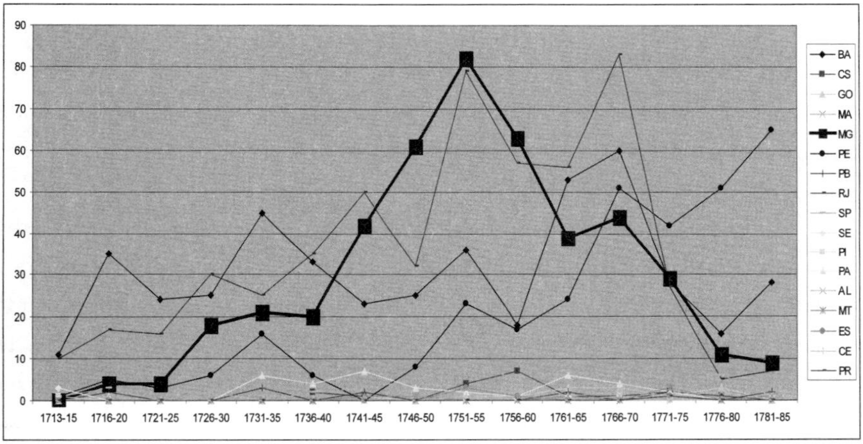

Fonte: IANTT, IL, Livro de Registro de Previsões, 110-123

Observando o quadro e gráfico acima, constatamos que, até o primeiro quartel do século XVIII, as Capitanias do Rio de Janeiro e da Bahia se destacaram pelo número de habilitações. No segundo quartel, assistimos ao emergir da capitania das Minas Gerais, que ultrapassa a da Bahia e chega ao meio do século XVIII como a região para onde, até então, mais se tinham expedido cartas de Familiar do Santo Ofício na América portuguesa. No intervalo que se estende do quinquênio 1741-1745 ao de 1756-1760, Minas e Rio de Janeiro são as áreas coloniais com maior número de familiaturas, fenômeno indubitavelmente ligado ao dinamismo provocado pelo ouro das Gerais.

Durante três quinquênios consecutivos, 1746-1750, 1751-1755 e 1756-1760, Minas se sobressai na colônia pela supremacia de familiaturas expedidas. De maneira geral, o período compreendido entre as décadas de 1740 e 1770 foi o que mais teve familiares habilitados na capitania mineradora. Neste intervalo, formou-se mais da metade da sua rede de agentes inquisitoriais, tendo ocorrido o ápice das habilitações no decênio de 1750.

Comparando o ritmo de expedição de familiaturas para Minas, de modo específico, e para o Brasil, de modo geral, notamos que a curva da Capitania acompanha a tendência ascendente da Colônia até meados do século XVIII.

Depois de 1756-1760, a Capitania não consegue mais acompanhar o ritmo geral da América portuguesa.

O pico de Minas foi atingido no quinquênio 1751-1755, tendo sido expedidas 241 familiaturas para o Brasil e 82 para a Capitania. O ápice da curva para a Colônia ocorreu em 1766-1770, com 250 habilitações, enquanto o número de familiaturas para Minas, neste mesmo período, caiu para 44, quase a metade em relação ao momento de seu auge.

Com exceção do quinquênio 1766-1770, no qual a Capitania apresenta um ligeiro aumento do número de habilitandos, a curva de familiaturas de Minas Gerais é de uma queda irreversível. Este movimento se relaciona à decadência da mineração, que teve impacto na vida urbana de Minas Gerais, sobretudo na Comarca de Vila Rica, onde a familiatura era mais difundida, conforme veremos. A situação da capitania mineradora fica dramática a partir de 1776-1780, quando as capitanias da Bahia, do Rio de Janeiro e de Pernambuco apresentam uma forte recuperação no número de familiaturas expedidas e Minas não (ver gráfico abaixo).

Gráfico 5 – Formação da Rede de Familiares em Minas

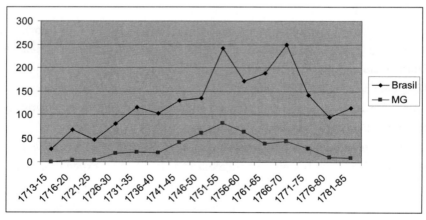

Fonte: IANTT, IL, Livro de Registro de Provisões, 110-123.

A expedição de familiaturas para Minas acompanhou o processo de sedimentação da sociedade que ali se formou abruptamente, a partir da corrida do ouro. Internamente, este é o fator que mais exerceu influência na busca pelo título de Familiar do Santo Ofício na Capitania. Tal processo de assentamento da sociedade das Minas ganhou intensidade a partir da década de 1740 e ficou patente na curva da formação da rede de Familiares na Capitania.

Outros sintomas do assentamento da sociedade das Minas, em meados do século XVIII, corroboram a nossa hipótese: (I) a frequência dos "mineiros" na Universidade de Coimbra, (II) a festa do Áureo Trono Episcopal e (III) o surgimento das Ordens Terceiras de São Francisco e do Carmo.

(I) Os estudantes, que iam estudar na Metrópole, eram filhos da "primeira geração de aventureiros que enriqueceu com o ouro, com a agricultura, com o comércio e com a máquina administrativa burocrática".[33] A matrícula de estudantes procedentes das Minas na universidade coimbrã ganha força a partir de 1740, atinge seu ápice na década de 1750 e começa a entrar em decadência no auge das reformas pombalinas, já no momento da crise da mineração.[34] Como vimos, a procura pela familiatura do Santo Ofício segue essa mesma tendência de auge em meados do Setecentos e de decadência a partir do segundo quartel do século XVIII.

(II) Outra marca do assentamento da sociedade mineradora é a festa do Áureo Trono Episcopal, de 1748, que celebrou a chegada de Dom Frei Manuel da Cruz ao recém-criado Bispado de Mariana. Laura de Mello e Souza, comparando esta festa com a do Triunfo Eucarístico, de 1733, afirmou que "a ênfase ritual dada à recepção do bispo em 1748 e o certame literário retratam, por sua vez, uma sociedade onde normas e limites já se encontravam mais bem estabelecidos (...)".[35]

Temos ainda, como sintoma do processo de sedimentação social, (III) a fundação das Ordens Terceiras de São Francisco e do Carmo. Se antes, a elite branca estava presente nas irmandades do Rosário, Santíssimo e São Miguel, a partir de

---

33 VALADARES, Virgínia Trindade. *Elites Mineiras*: conjugação de dois mundos. Lisboa: Edições Colibri; Instituto de Cultura Ibero-Atlântica, 2004. p. 511.

34 *Ibidem*, p. 391, 512-513.

35 SOUZA, Laura de Mello e. Festas Barrocas e Vida Cotidiana em Minas Gerais. In: KANTOR, Íris; JANCSÓ, István (orgs.). *Festa*: cultura e sociabilidade na América portuguesa. 2 vols. São Paulo: Edusp, Fapesp, Hucitec, Imprensa Oficial, 2001. p. 188.

meados do século XVIII ela vai se aglutinar sobretudo nas ordens terceiras, que tinha critérios de admissão muito mais rígidos.[36]

Portanto, vale repetir que, analisando a formação da rede de Familiares do Santo Ofício em Minas, notamos que ela se relaciona sobretudo ao processo de assentamento da sociedade mineradora, ocorrido a partir de meados do Setecentos. Ao reduzirmos a escala de análise, notamos que tal formação por comarca acompanhou o mesmo ritmo geral de expedição de familiaturas para a Capitania: para todas as comarcas, o maior número de habilitações ocorreu entre as décadas de 1740 e 1770 (ver quadro e gráfico abaixo).

Tabela 11 – Formação da rede de Familiares por Período e Comarcas

| Ano | Vila Rica | Rio das Velhas | Rio das Mortes | Serro | Minas (sem especificação) | Total |
|---|---|---|---|---|---|---|
| 1716-20 | 04 | 00 | 00 | 00 | 00 | 04 |
| 1721-25 | 01 | 02 | 01 | 00 | 00 | 04 |
| 1726-30 | 14 | 01 | 01 | 00 | 02 | 18 |
| 1731-35 | 15 | 03 | 01 | 01 | 01 | 21 |
| 1736-40 | 10 | 03 | 02 | 02 | 03 | 20 |
| 1741-45 | 30 | 04 | 03 | 01 | 04 | 42 |
| 1746-50 | 42 | 05 | 08 | 04 | 02 | 61 |
| 1751-55 | 53 | 10 | 15 | 03 | 01 | 82 |
| 1756-60 | 32 | 11 | 11 | 04 | 05 | 63 |
| 1761-65 | 19 | 07 | 08 | 03 | 02 | 39 |
| 1766-70 | 19 | 06 | 14 | 05 | 00 | 44 |
| 1771-75 | 10 | 08 | 08 | 02 | 01 | 29 |

36  SOUZA, Laura de Mello e. *O Sol e a Sombra...* p. 174; FURTADO, Júnia. *Homens de negócio*: a interiorização da metrópole e o comércio nas Minas Setecentistas. São Paulo: Hucitec, 1999. p. 136-142; Cf. também: BOSCHI, Caio César. *Os leigos e o poder*: irmandades leigas e política colonizadora em Minas Gerais. São Paulo: Ática, 1986; SALLES, Fritz Teixeira. *Associações religiosas no ciclo do ouro*. Belo Horizonte: UFMG, Centro de Estudos Mineiros, 1963 (Coleção Estudos, 1).

LIMPOS DE SANGUE 155

| 1776-80 | 05 | 02 | 03 | 00 | 01 | 11 |
| 1781-85 | 01 | 00 | 04 | 04 | 00 | 09 |
| 1786-90 | 00 | 00 | 01 | 00 | 01 | 02 |
| 1791-95 | 01 | 02 | 00 | 01 | 00 | 04 |
| 1796-00 | 00 | 00 | 01 | 00 | 00 | 01 |
| 1801-05 | 00 | 00 | 00 | 00 | 00 | 00 |
| 1806-10 | 01 | 00 | 00 | 00 | 00 | 01 |
| n/c | 02 | 00 | 00 | 00 | 00 | 02 |
| total | 259 | 64 | 81 | 30 | 23 | 457 |

Fonte: IANTT, IL, Livro de Registro de Provisões, Liv. 110-123.

**Gráfico 6 – da Formação da Rede de Familiares de Minas por Comarca e Período**

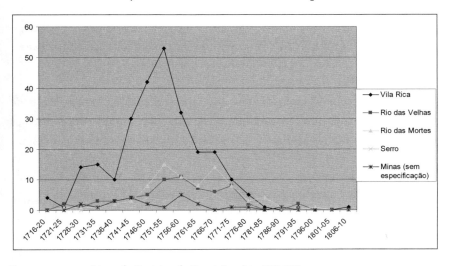

Fonte: IANTT, IL, Livro de Registro de Provisões, Liv. 110-123.

Quanto ao número de habilitações por comarca, observamos um predomínio absoluto de Vila Rica. Ao longo do século XVIII, mais da metade dos Familiares da Capitania moravam em freguesias dos seus dois termos, com uma ligeira predominância do Termo de Vila Rica sobre o termo de Mariana. No auge da expedição de cartas de Familiar do Santo Ofício para Minas, a Inquisição chegou a habilitar, por exemplo, no quinquênio 1751-1755, 53 Familiares para a comarca de Vila Rica. Para se ter uma ideia desta concentração, basta notar que a comarca do Serro Frio, ao longo de todo o século XVIII, teve apenas 30 Familiares da Inquisição.

A primeira hipótese que levantamos para explicar a concentração das familiaturas na comarca de Vila Rica está relacionada ao dinamismo que essa região alcançou em decorrência da mineração. Dinamismo este muito bem observado pelo autor do Triunfo Eucarístico:

> nesta vila [Rica] habitam os homens de maior comércio, cujo tráfego e importância excede sem comparação o maior dos maiores de Portugal: a ela, como a porto, se encaminham, e recolhem as grandiosas somas de ouro de todas as Minas na Real Casa da Moeda: nela residem os homens de maiores letras, seculares, e eclesiásticos: nela tem assento toda a nobreza, e força da milícia; é por situação da natureza cabeça de toda a América, pela opulência das riquezas a pérola preciosa do Brasil.[37]

Em 1766, segundo levantamentos de Carla Almeida, 45,2% das lavras de Minas Gerais se concentravam na Comarca de Vila Rica, seguida pela do Rio das Velhas (27,8%), Rio das Mortes (18%), e Serro Frio, que detinha apenas 9% das lavras de Minas Gerais.[38]

A comarca de Vila Rica era composta por duas importantes vilas, com seus respectivos termos: Vila Rica e Mariana. A população dessa comarca foi a que mais vivenciou a euforia propiciada pela mineração, investindo muito no luxo e na ostentação. Isto fica patente, por exemplo, no fato de que as duas mais importantes festas barrocas do Setecentos mineiro ocorreram na referida comarca: o Triunfo Eucarístico, em Vila Rica, de 1733 – cujo evento trasladou o Santíssimo da Igreja

---

37 ÁVILA, Affonso. *Resíduos Seiscentistas em Minas*: textos do século do ouro e as projeções do mundo barroco, 2 vols. Belo Horizonte: Centro de Estudos Mineiros, 1967.

38 ALMEIDA, Carla. *Homens Ricos, Homens Bons*: produção e hierarquização social em Minas colonial: 1750-1822. Niterói: UFF, 2001. (Tese de doutorado). p. 62-63.

do Rosário para a nova Matriz do Pilar –, e o Áureo Trono Episcopal, de 1748 – que celebrou a entrada de Dom Frei Manuel da Cruz na cidade de Mariana.[39]

Outra hipótese – complementar a anterior – que explica o fato de a população da comarca de Vila Rica ter sido a que mais procurou a familiatura do Santo Ofício é que aquela comarca era a cabeça civil da Capitania. Após a revolta de Felipe dos Santos,[40] de 1720, a Coroa decidiu criar a capitania das Minas Gerais, que passava, então, a ficar independente administrativamente de São Paulo. A sede do governo da nova capitania ficou sendo Vila Rica e, consequentemente, as autoridades e as instituições metropolitanas, baluartes dos valores de distinção social do Antigo Regime nas Minas, concentravam-se em sua comarca.

Por conviver mais intensamente com os valores metropolitanos de distinção e organização social trazidos pelas autoridades da Coroa,[41] a população da cabeça civil da Capitania tendia a valorizar e a ambicionar mais as insígnias e símbolos de status e distinção social – dentre eles, a carta de Familiar do Santo Ofício –, se comparada aos habitantes das demais comarcas de Minas.

No mundo do Antigo Regime, as insígnias e símbolos de distinção social cumpriam um papel importante na demarcação das hierarquias sociais. No que diz respeito à pratica do mando, havia uma cultura política em que "os membros das famílias mais antigas, nobres e ricas eram os que davam maiores garantias de isenção e independência no desempenho dos seus ofícios e os que dispunham de

---

39   Sobre as festas barrocas do Setecentos Mineiro, ver: SOUZA, Laura de Mello e. Desclassificados... cap. O falso fausto. p. 33-75. KANTOR, Íris. Entradas episcopais na capitania de Minas Gerais (1743-1748): a transgressão formalizada. In: _____; JANCSÓ, István (orgs.). Festa: cultura e sociabilidade na América portuguesa. 2 vols. São Paulo: Edusp, Fapesp, Hucitec, Imprensa Oficial, 2001. p. 169-182; ÁVILA, Afonso (org.). Resíduos Seiscentistas em Minas: textos do século do ouro e as projeções do mundo barroco. Belo Horizonte, 1967.

40   Sobre esta revolta e o impacto da reação do poder metropolitano a ela, ver: SOUZA, Laura de Mello e. Norma e Conflito... p. 30-42; Idem. Desclassificados... cap. Nas Redes do Poder, p. 131-201; CAMPOS, Maria Verônica. Governo de Mineiros... p. 230-260.

41   Como veremos mais adiante, também os próprios imigrantes portugueses que vinham para as Minas já traziam, em sua visão de mundo, um ideal de distinção social.

uma autoridade natural, no sentido de construída pelo tempo, e, por isso, mais facilmente acatada".[42]

Nessa perspectiva, analisando o recrutamento dos governadores da capitania mineradora, Laura de Mello e Souza verificou que a linhagem, além de ter sido um dos principais critérios para a escolha dos mesmos, tinha uma importância simbólica. Em suas palavras, "no meio rude das Minas, onde a sociedade se achava em processo de sedimentação, assumia, inclusive, função pedagógica, obrigando ao respeito devido aos grandes nobres e então tido por natural".[43]

É possível encontrar a familiatura do Santo Ofício entre as distinções e insígnias típicas do Antigo Regime português, ostentadas pelas autoridades das Minas. No caso dos governadores, por exemplo, encontramos, pelo menos, dois deles que eram Familiares do Santo Ofício: Dom Lourenço de Almeida e Luis Diogo Lobo da Silva. Dom Lourenço veio para as Minas já habilitado, o seu processo tendo tido desfecho favorável em 1696, "em ocasião de passar à Índia".[44] O segundo – "sem dúvida um dos mais importantes governadores que as Minas tiveram" – se tornou Familiar em 1739, quando tinha 20 anos de idade. Como o primeiro, era também Cavaleiro da Ordem de Cristo, tendo se habilitado em 1742.[45]

Não temos notícias da atuação de Luís Diogo enquanto agente da Inquisição, mas no que se refere a Dom Lourenço de Almeida, sabemos que ele era um Familiar do Santo Ofício atuante. Podemos verificar tal fato em uma carta escrita por ele ao Comissário do Rio de Janeiro, Lourenço de Valadares Vieira, em 1730:

> recebi sete mandados do Santo Ofício conforme a lista que V. M. me remeteu deles e eu agradeço muito a V. M. a mercê que me faz de me dar ocasião de servir ao Santo Tribunal de quem há muitos anos sou Familiar, e como tenho grande gosto de o servir e grande honra,

---

42  Monteiro, Nuno Gonçalo. *Elites e Poder*: Entre o Antigo Regime e o Liberalismo. Lisboa: Imprensa de Ciências Sociais, 2003. p. 44.

43  Souza, Laura de Mello e. *Norma e Conflito...* p. 193.

44  IANTT, HSO, mç. 01, doc. 35.

45  Souza, Laura de Mello e. *Norma e Conflito...* p. 187.

tenho ajudado nestas Minas a muitos familiares para fazerem varias prisões de réus que se remeterão.[46]

Nesta carta, Dom Lourenço dava conta ainda da prisão de Diogo Correa do Vale e de seu filho, Luis Miguel, ambos moradores na Comarca de Vila Rica. A familiatura como uma forma de distinção social, sobretudo porque correspondia a um atestado público de limpeza de sangue,[47] era comumente encontrada entre os Grandes de Portugal – basta lembrar, por exemplo, de D. Luis da Cunha[48] e do Marquês de Pombal,[49] bem como suas respectivas famílias. Além do título de Familiar, em si, já oferecer distinção social, o fato de Dom Lourenço atuar em prisões do Santo Ofício, certamente, causava um impacto entre a população da cabeça civil das Minas no sentido de acrescentar prestígio ao cargo de Familiar do Santo Ofício.

Se a expedição das familiaturas para Minas até meados do século XVIII acompanhou o desenvolvimento da mineração e o dinamismo que ela provocava na economia das Minas – o que se refletiu na formação da rede de Familiares da comarca de Vila Rica, principal região mineradora da capitania –, a partir do extraordinário desenvolvimento da agropecuária na comarca do Rio das Mortes, assistimos a um descolamento entre dinamismo econômico-social e ritmo de expedição de Familiaturas.

Após a década de 1760, começaram a ocorrer profundas alterações na economia das Minas: a mineração paulatinamente foi perdendo o papel dominante que ocupara até então e a agropecuária passou a se destacar como a mais dinâmica das atividades econômicas da Capitania. É importante dizer que essa "mudança

---

46 IANTT, IL, Proc. 821.

47 Ver capítulo 3 deste trabalho.

48 Ver CUNHA, Dom Luís da. *Instruções Políticas*. Lisboa: Comissão Nacional para as Comemorações dos Descobrimentos Portugueses, 2001. (Introdução, estudo e edição crítica de Abílio Diniz Silva).

49 SENA, Maria Teresa. A Família do Marquês de Pombal e o Santo Ofício. In: SANTOS, Maria Helena Carvalho dos Santos. (Org). *Pombal Revisitado*. Lisboa: Imprensa Universitária; Editorial Estampa, 1984. vol. 1. p. 337-386.

era gradual e a transformação de uma economia predominantemente mineira em uma de supremacia agrícola não significava que qualquer uma delas, a primeira ou a última, jamais tivesse sido excludente em relação à outra".[50]

A atividade mineradora era mais difundida na região central das Gerais, sobretudo na comarca de Vila Rica, e a agropecuária era mais praticada na porção sul da Capitania, nomeadamente na comarca do Rio das Mortes. Com efeito, o peso que cada uma dessas comarcas tinha dentro das Minas foi se alterando na medida em que o eixo econômico principal da Capitania era deslocado da mineração para a agropecuária.[51] Por exemplo, entre 1749 e 1767, a comarca do Rio das Mortes apresentou um aumento da sua população escrava em torno de 96%, a do Rio das Velhas em 52%, "enquanto que a de Vila Rica sofreu uma queda de 1,6%".[52]

Quanto à distribuição da população, de modo geral, Maxwell, baseado em dados de 1776 e de 1821, verificou que a "comarca de Vila Rica, nas quatro décadas seguintes ao censo de 1776, apresentou um declínio demográfico. Rio das Mortes, entretanto, no mesmo período quase triplicou sua população: de 82.781, em 1776, para 213.617, em 1821".[53]

Esperávamos que, a partir da segunda metade do século XVIII, o maior peso que a região do Rio das Mortes, paulatinamente, passou a ocupar no equilíbrio econômico interno de Minas Gerais acabasse se refletindo na curva de expedição de familiaturas para sua comarca. No entanto, a procura pela familiatura no Rio

---

50  MAXWELL, Keneth. *A devassa da Devassa:* a Inconfidência Mineira, Brasil-Portugal, 1750-1808; tradução de João Maia. 2ª ed. Rio de Janeiro: Paz e Terra, 1978. p. 110.

51  Carla Almeida afirma que "pelo menos até o final da década de 1760, era Vila Rica a comarca de maior importância para a Coroa portuguesa dentro da capitania, garantindo a Minas Gerais a caracterização de região primordialmente aurífera e a menina dos olhos da administração colonial, ainda que já se delineasse uma mudança de eixo da economia". ALMEIDA. *Op. cit.,* p. 71". Sobre a mudança do eixo central da economia de Minas Gerais em finais do século XVIII, sobretudo no que diz respeito às atividades mercantis, ver também: LENHARO, Alcir. *As Tropas da Moderação*: o abastecimento da Corte na formação política do Brasil (1808-1842). São Paulo: Símbolo, 1979.

52  ALMEIDA, Carla. *Op. cit.,* p. 50-51.

53  MAXWELL, Keneth. *A Devassa...* p. 110.

das Mortes – 81 Familiares habilitados no total – não foi tão alta, como ocorrera na região de Vila Rica no momento de seu apogeu – 259 agentes habilitados durante todo o Setecentos. Por quê? Uma hipótese que pode explicar o menor interesse da população da comarca do Rio das Mortes em relação à familiatura é a de que, a partir da década de 1770, momento em que a comarca passa a ganhar destaque na Capitania, há uma diminuição generalizada da procura da carta de Familiar do Santo Ofício, em decorrência da abolição da distinção entre cristãos-velhos e cristãos-novos e à decadência da Inquisição nas últimas décadas do século XVIII sob os ventos da Ilustração.[54]

Outra hipótese – talvez a mais plausível – que pode explicar a pouca apetência dos habitantes do Rio das Mortes pelo título de Familiar do Santo Ofício no momento em que essa comarca passa a ser o centro econômico e social mais dinâmico das Minas é o caráter mais rural de sua população. Queremos sugerir que a baixa procura dos habitantes do Rio das Mortes pela familiatura se explica, dentre outros fatores, pelo fato de que o título de Familiar do Santo Ofício tinha maior difusão na área mais urbanizada das Minas, e esta era aquela ligada sobretudo à mineração.[55]

A população do sul de Minas, envolvida principalmente com as atividades econômicas agropecuárias, era – se comparada à da comarca de Vila Rica – mais rústica, ou seja, menos afeita à ostentação e ao luxo. Na comarca de Vila Rica, mesmo com a crise da mineração, seus habitantes continuavam valorizando e investindo em "objetos que garantissem o seu bom tratamento".[56]

Comparando a presença dos apetrechos de uso pessoal, mobília e utensílios domésticos entre os inventários da comarca de Vila Rica e do Rio das Mortes, Carla Almeida verificou que "talheres de prata, louças da índia, móveis de jacarandá torneados, vestimentas e colchas de damasco, chamalote ou linho" eram

---

54    Sobre esta questão, ver capítulo 3 deste trabalho.

55    Segundo Laura de Mello e Souza, apesar da urbanização em Minas ter correspondido "a uma política deliberada do Estado, é preciso não esquecer que a atividade mineradora, pelo seu próprio caráter, propicia a formação de núcleos urbanos". SOUZA, Laura de Mello e. *Desclassificados...* p. 152. nota 38.

56    ALMEIDA, Carla. *Op. cit.*, p. 185-186.

muito mais abundantes entre os inventários referentes à primeira comarca, tanto no período que vai de 1750 a 1779, como no período compreendido entre os anos 1780 e 1822.[57] Na região do Rio das Mortes, "se entre 1750 e 1779 a descrição deste tipo de bem não era incomum, no período de 1780 a 1822, se tornou cada vez mais rara". A constatação de que os habitantes do Rio das Mortes eram menos ligados à ostentação se verifica também no percentual que as joias ocupavam no montemor: nos inventários de Vila Rica, este item quase não sofre alteração do primeiro para o segundo período considerado pela autora, ou seja, de 1750-1779 para 1780-1822; já na comarca do Rio das Mortes, mesmo no seu período de maior pujança econômica, o percentual que as joias ocupavam nas fortunas inventariadas – que já era menor que o peso que este mesmo item ocupava em Vila Rica – diminui do primeiro para o segundo período.

Saint-Hilaire observou na comarca do Rio das Mortes, no início do novecentos, "menos conhecimentos, menos polidez e mesmo menos hospitalidade, que nas outras partes da província".[58] Já John Mawe, quando passou por Vila Rica, no início do século XIX, se impressionou com a sofisticação que via: "as casas das classes mais abastadas em Vila Rica estão melhor arranjadas e mobiliadas do que as que vi no Rio de Janeiro e em São Paulo".[59]

Então, em virtude da comarca do Rio das Mortes ser habitada por uma população mais "rústica", portanto, menos afeita à ostentação, e por esta comarca ter atingido o seu dinamismo econômico e social quando a Inquisição já estava decadente, seus habitantes – se comparados aos de Vila Rica no momento áureo da mineração – não apresentaram tanto interesse pelo título de Familiar do Santo Ofício.

Esclarecidos os aspectos "internos" e "externos" do contexto em que ocorreu a formação da rede de Familiares do Santo Ofício de Minas e a sua distribuição ao

---

57   Para analisar as alterações nas unidades produtivas da capitania das Minas a autora estabelece dois períodos para fins comparativos: o primeiro, de 1750 a 1779, e o segundo, de 1780 a 1822. p. 186.

58   SAINT-HILAIRE, Auguste de. Viagem pelo Distrito dos Diamantes e Litoral do Brasil. Belo Horizonte: Itatiaia; São Paulo: Edusp, 1974. p. 107. *Apud:* ALMEIDA, Carla. *Op. cit.,* p. 187.

59   MAWE, John. Viagens ao Interior do Brasil. Belo Horizonte: Itatiaia; São Paulo: Edusp, 1978. p. 141. *Apud*: ALMEIDA, Carla. *Op. cit.,* p. 186.

longo do tempo e do espaço, interessa-nos agora saber quem eram esses agentes e qual o significado da familiatura para eles e para a sociedade na qual estavam inseridos. Por que eles queriam ser Familiares do Santo Ofício? Essas questões serão o assunto do próximo capítulo.

# 5
# PERFIL SOCIOLÓGICO E RECRUTAMENTO DA REDE DE FAMILIARES DO SANTO OFÍCIO

ESTE CAPÍTULO TEM COMO OBJETIVO analisar o recrutamento e o perfil sociológico da rede de Familiares do Santo Ofício que se formou na capitania de Minas Gerais ao longo do século XVIII. Para tanto, realizaremos um estudo prosopográfico[1] dos indivíduos daquela região que obtiveram a familiatura e verificaremos em que momento de suas vidas procuraram se tornar agentes da Inquisição; por quais motivos o faziam e qual era o lugar da familiatura em suas trajetórias. Ao discutirmos essas questões, procuraremos comprovar a hipótese de que o título de Familiar do Santo Ofício foi utilizado como uma estratégia de distinção social por um grupo em processo de mobilidade social ascendente.

## Naturalidade

Os dados levantados a partir dos livros de provisões da Inquisição de Lisboa revelam um absoluto predomínio dos reinóis entre os Familiares residentes nas Minas: de um total de 443 habilitações, para as quais consta a naturalidade, em 94,36% (418) dos casos os agentes eram naturais de Portugal continental e em 3,16% (14) eram das ilhas atlânticas (Açores e Madeira). Da nossa amostragem, apenas 11 Familiares eram naturais do Brasil, ou seja, 2,48% do total identificado para a Capitania.

Em relação aos naturais de Portugal, notamos um predomínio absoluto dos indivíduos emigrados da região norte: os minhotos liderando com 281 agentes,

---

[1] Sobre prosopografia, consultar principalmente: STONE, Lawrence. *The past and the present revisited*. London; New York: Routledge & Kegan Paul, 1987. p. 45-73 (capítulo prosopography). O método prosopográfico utilizado aqui para estudarmos o recrutamento da rede de Familiares do Santo Ofício de Minas e o seu perfil sociológico foi inspirado no trabalho de Jorge Pedreira sobre os comerciantes de Lisboa. PEDREIRA, Jorge Miguel de Melo Viana. *Os Homens de Negócio da Praça de Lisboa de Pombal ao Vintismo (1755-1822)*: diferenciação, reprodução e identificação de um grupo social. Lisboa, Universidade Nova de Lisboa, 1995 (Tese de Doutorado), sobretudo o cap. 4, p. 191-241.

ou seja, 63,43% do total, e os naturais de Trás-os-Montes contribuindo com 59 Familiares, 13,32% do total. Portanto, juntas, estas duas províncias forneceram cerca de ¾ dos imigrantes das Minas que se habilitaram ao cargo de Familiar. O percentual de agentes naturais das outras províncias não chegava a 10% do total cada uma: 41 eram provenientes da Beira (9,26%), 33 da Estremadura (7,45%) e apenas 4 eram naturais do Alentejo (0,90%).[2]

Tabela 12 – Naturalidade dos Familiares do Santo Ofício de Minas

| Província | Comarca | Número | %[3] |
|---|---|---|---|
| Entre Douro e Minho | Guimarães | 114 | 25,73 |
| | Barcelos | 60 | 13,54 |
| | Porto | 43 | 9,71 |
| | Viana | 31 | 7,00 |
| | Braga | 14 | 3,16 |
| | Penafiel | 10 | 2,26 |
| | Maia | 5 | 1,13 |
| | Valença | 3 | 0,68 |
| | Sem identificação | 1 | 0,23 |
| | Subtotal | 281 | 63,43 |
| Trás-os-Montes | Bragança | 43 | 9,71 |
| | Vila Real | 14 | 3,16 |
| | Moncorvo | 2 | 0,45 |
| | Subtotal | 59 | 13,32 |

---

2   IANTT, IL, Livros de Provisões.

3   Em relação ao total conhecido, ou seja, 443.

| | | | |
|---|---|---|---|
| Beira | Arganil | 2 | 0,45 |
| | Aveiro | 1 | 0,23 |
| | Castelo Branco | 1 | 0,23 |
| | Coimbra | 7 | 1,58 |
| | Esgueira | 2 | 0,45 |
| | Feira | 14 | 3,16 |
| | Guarda | 1 | 0,23 |
| | Lamego | 10 | 2,26 |
| | Pinhel | 1 | 0,23 |
| | Viseu | 2 | 0,45 |
| | Subtotal | 41 | 9,26 |
| Estremadura | Alcobaça | 2 | 0,45 |
| | Alenquer | 2 | 0,45 |
| | Leiria | 1 | 0,23 |
| | Lisboa | 16 | 3,61 |
| | Ourém | 2 | 0,45 |
| | Santarém | 2 | 0,45 |
| | Setúbal | 1 | 0,23 |
| | Tomar | 1 | 0,23 |
| | Torres Vedras | 6 | 1,35 |
| | Subtotal | 33 | 7,45 |
| Alentejo | Évora | 2 | 0,45 |
| | Crato | 2 | 0,45 |
| | Subtotal | 4 | 0,90 |
| Ilhas | Subtotal | 14 | 3,16 |
| Brasil | Vila Rica | 5 | 1,13 |
| | Rio das Mortes | 4 | 0,90 |
| | Rio das Velhas | 1 | 0,23 |
| | Bahia | 1 | 0,23 |
| | Subtotal | 11 | 2,48 |
| Sem Informação | Subtotal | 14 | 3,16 |
| Total Geral | | 457 | |

Fonte: IANTT, IL, Livros de Registros de Provisões, Liv. 110-122.

A predominância dos naturais do norte de Portugal na composição da rede dos Familiares do Santo Ofício de Minas está relacionada à tendência geral das origens dos reinóis que chegavam à Capitania: cerca de dois terços deles, segundo estimativas de Donald Ramos, eram provenientes da região norte, sobretudo do Minho.[4] A historiografia há muito tem notado essa preponderância dos imigrantes minhotos entre os reinóis que chegavam à Capitania do ouro. Charles Boxer, por exemplo, em A Idade de Ouro do Brasil afirmou: "já que mais de três quintas partes dos viris imigrantes portugueses vinham da província do Minho e Douro, o resultado desses fatores foi que depois de algumas gerações, todo aquele que não fosse negro puro ou branco puro, tinha uma dose de sangue minhoto e africano em suas veias".[5]

O domínio de minhotos entre os imigrantes portugueses não era exclusividade da região das Minas. Esse fenômeno ocorria também em outras partes da Colônia, inclusive em períodos anteriores ao enfocado neste trabalho. Por exemplo, de uma amostragem de 1684 portugueses que viviam em Salvador entre 1685-1699, cerca da metade era oriunda do Minho.[6] Segundo Pedreira, a presença e importância dos minhotos que circulavam pelo Império português, ocorrendo desde o século XVII, aumentou significativamente na centúria seguinte.[7]

O padrão sociodemográfico do norte português diferia bastante do resto do Reino. Ele era caracterizado por uma maior proporção de mulheres entre a população, altas taxas de celibatários, casamentos em idades mais avançadas, maiores taxas

---

4   RAMOS, Donald. "From Minho to Minas: The Portuguese Roots of the Mineiro Family". *Hispanic American Historical Review*, 73, 4, 639-662, nov. 1993. p. 648-651.

5   BOXER, Charles R. *A Idade de Ouro do Brasil*: dores do crescimento de uma sociedade colonial. São Paulo: Cia Editora Nacional, 1979. p. 154.

6   RUSSELL-WOOD, A. J. R. "Ritmos e destinos da emigração". In: BETHENCOURT, Francisco; CHAUDHURI, Kirti. (orgs.). *História da Expansão Portuguesa*. Lisboa: Temas e Debates, v. 3, 1998. p. 158-168. p. 117.

7   PEDREIRA, Jorge Miguel. "Brasil, Fronteira de Portugal. Negócio, Emigração e Mobilidade Social (séculos XVII e XVIII)". In: CUNHA, Mafalda Soares (org.). "Do Brasil à Metrópole: efeitos sociais (séculos XVII-XVIII)". Separata da *Revista Anais da Universidade de Évora*, Évora, n. 8 e 9, p. 47-72, dez. 1998/1999.

de ilegitimidade e crianças abandonadas e pequenas proporções de famílias nucleares.[8] No que toca à densidade populacional do norte, destaca-se a província do Minho – um verdadeiro "alfobre de gente" – que era habitada por ¼ da população portuguesa no século XVIII, enquanto ocupava cerca de um duodécimo do espaço metropolitano. A pressão demográfica desta província contribuía para incentivar a população a buscar melhores alternativas de vida através da emigração.[9]

Donald Ramos afirma que a população minhota tinha uma cultura de migração arraigada, pois a situação econômica forçava os homens jovens a procurarem construir suas fortunas por toda parte. Eles constituíam uma reserva de trabalho pronta para mudar de uma oportunidade econômica para outra: a emigração funcionava, então, como uma "válvula de escape".[10]

Analisando o recrutamento do corpo mercantil da praça de Lisboa, Jorge Pedreira nos chama a atenção para um outro dado que pode explicar a emigração dos minhotos: os regimes sucessórios não igualitários que tornavam a herança inacessível à maioria dos descendentes. Ao ficarem excluídos da posse da terra e propriedades, os jovens saíam em busca de novas oportunidades de vida e ascensão socioeconômica. Em decorrência disso, desenvolviam-se redes sociais e familiares intergeracionais que permitiam a integração dos minhotos nas localidades de destino.[11]

## Idade

Visto que a esmagadora maioria dos Familiares do Santo Ofício da Capitania de Minas Gerais era proveniente de Portugal – continente e ilhas –, uma importante questão precisa ser colocada para que possamos continuar a traçar uma prosopografia desses agentes: com que idade deixavam suas terras natais? Depois de quanto tempo em Minas pediam habilitação no Santo Ofício? Com que idade se

---

8 RAMOS, Donald. *Op. cit.*, p. 641.

9 SERRÃO, José Vicente. "O Quadro Humano". In: MATTOSO, José (org.). *História de Portugal*; o Antigo Regime (1620-1807). Lisboa: Editorial Estampa, s/d. p. 55.

10 RAMOS, Donald. *Op. cit.*, p. 651-654.

11 PEDREIRA, J. M. *Os Homens de Negócio...* p. 58.

habilitavam? A análise dos dados dos processos de habilitação dos Familiares da região de Mariana pode esclarecer mais este aspecto do desterramento dos indivíduos que se tornaram agentes inquisitoriais em Minas.

No segundo item das diligências judiciais, perguntava-se às testemunhas desde quando conheciam o candidato ao título de Familiar e qual a razão de tal conhecimento. Sendo assim, a partir das informações do interrogatório realizado na freguesia de nascimento dos habilitandos – com ênfase na geração – é possível saber, em boa parte dos casos, com que idade, embora aproximada, eles deixaram o Reino em direção às Minas – após passar ou não pela cidade de Lisboa. De igual forma, com base nos dados da segunda etapa das diligências judiciais – agora realizadas nas Minas, no Rio de Janeiro ou em Lisboa, com ênfase na capacidade do candidato – é possível saber, em média, após quantos anos da chegada às Minas eles se candidatavam ao cargo de Familiar do Santo Ofício.[12]

As informações extraídas dos processos de habilitação só dizem respeito aos Familiares residentes no Termo de Mariana. Portanto, a discussão em torno da idade com que os Familiares saíram de suas terras natais restringe-se aos que residiam na região de Mariana. O nosso levantamento abarca o expressivo número de 111 processos de habilitação. Desse total, apenas um Familiar era natural do Termo de Mariana: Francisco Pais de Oliveira Leite, habilitado em 1753, filho de um dos homens mais destacados das Minas, social, política e economicamente: Maximiliano de Oliveira Leite.[13]

No que diz respeito às origens dos reinóis que se habilitaram ao cargo de Familiar e cuja residência era o Termo de Mariana, o padrão seguia, de modo geral, aquela mesma tendência identificada a partir dos dados globais referentes aos Familiares da Capitania de Minas Gerais, ou seja, a quase totalidade era oriunda do norte de Portugal, com predominância absoluta dos minhotos.[14]

---

12   Para cada uma dessas etapas do processo de habilitação ao cargo de Familiar, ver o capítulo 3 deste trabalho.

13   IANTT, HSO, mç 77, doc. 1371, Francisco.

14   IANTT, HSO. As origens geográficas dos Familiares do Termo de Mariana eram as seguinte: Brasil, 01; Beira, 05; Estremadura, 09; Ilhas, 07; Minho, 74; Trás-os-Montes,

As informações referentes à idade com que os reinóis emigravam em direção às Minas aparecem em 64 dos 111 processos de habilitação analisados. Observando os dados disponíveis, percebemos que os Familiares do Santo Ofício do Termo de Mariana, em sua maioria, saíam muito jovens de suas terras natais. No caso de 19 Familiares, a informação respeitante à idade não se refere a anos completados, já que para indicar a idade com que os habilitandos saíram de suas freguesias natais, as testemunhas usavam as expressões "sendo rapaz", "em idade pueril", "sendo mancebo", "em idade estudantil", de "pouca idade". No caso dos outros 45 habilitandos – do universo de 64 aqui considerados – as testemunhas apontam, numericamente, a idade aproximada com que eles deixaram Portugal. A maioria, 32 indivíduos, emigrou antes de completar 20 anos de idade; 19 assim procedeu entre 16 e 20 anos; 11 entre 10 e 15 anos; 2 entre 6 e 10 anos. Os habilitandos que emigraram antes de inteirar 30 anos de idade somam 12 indivíduos: 9 entre 21 e 25; 3 entre 26 e 30.[15] Apenas o reinol Gonçalo Rodrigues de Magalhães, habilitado em 1747, emigrou depois de completar 30 anos: ele saiu da freguesia de São Paio de Agostem, situada na Comarca de Bragança, quando já tinha 33 anos, vindo para as Minas para viver "de seus negócios".[16]

Se a quase totalidade dos Familiares saía de suas terras natais muito jovens, com que idade habilitavam? Quanto tempo depois de estar em Minas solicitavam a habilitação no Santo Ofício? A maioria dos Familiares do Termo de Mariana, 70,64% (77 indivíduos), habilitaram-se quando estavam entre 31 e 50 anos de

---

15. Obs.: Os Familiares do Termo de Mariana, obviamente, entram na soma total dos agentes da Capitania de Minas.

15  IANTT, HSO. Este padrão emigratório, no que tange à idade com que os indivíduos saíam de Portugal, pode ser aplicado à outras regiões da Colônia. Maria Aparecida Borrego, estudando o recrutamento do corpo mercantil da cidade de São Paulo, entre 1711 e 1765, verificou que os reinóis – que se envolveram com atividades comerciais na cidade – quando aportavam na Colônia eram, em sua "grande maioria, adolescentes". In: BORREGO, Maria Aparecida de Menezes. *A teia mercantil*: negócios e poderes em São Paulo Colonial (1711-1765). São Paulo, FFLCH/USP, 2007 (Tese de doutorado). p. 39

16  IANTT, HSO, Gonçalo mç 8, doc. 141.

idade, com predominância dos que se enquadravam na faixa de idade 31-35 anos: 26 agentes (23,85%). Na faixa que ia de 51 anos aos 60 anos de idade se enquadravam 18 Familiares (16,52%). A faixa mais inexpressiva era a dos menores de 30 anos de idade – apenas 05 (4,59 %) indivíduos se tornaram agentes da Inquisição na região do Termo de Mariana quando ainda eram bem jovens. Esta era uma das peculiaridades da rede de Familiares de Minas, cujo perfil, por exemplo, diferenciava-se da dos Familiares de Pernambuco.[17]

Tabela 13 – Idade dos Familiares de Mariana no momento da habilitação

| Idade (anos) | Número | % |
| --- | --- | --- |
| 21-25 | 01 | 0,92 |
| 26-30 | 04 | 3,67 |
| 31-35 | 13 | 11,93 |
| 36-40 | 26 | 23,85 |
| 41-45 | 19 | 17,43 |
| 46-50 | 19 | 17,43 |
| 51-55 | 13 | 11,93 |
| 56-60 | 05 | 4,59 |
| 61-65 | 08 | 7,34 |
| 66-70 | 01 | 0,92 |
| Total | 109 | 100,00 |

Fonte: IANTT, HSO. A idade foi obtida, na maioria dos casos, a partir do traslado das certidões de batismo dos habilitandos anexas aos seus respectivos processos de habilitação. Obs.: Para dois Familiares não constam as idades em seus respectivos processos de habilitação.

Tendo como pressuposto que o título de Familiar em Minas era procurado por aqueles que almejavam status e distinção social, sobretudo no caso dos indivíduos recentemente enriquecidos, podemos afirmar que a idade com que se habilitava ao cargo de agente da Inquisição na região de Mariana está relacionada, de modo geral, ao tempo que aquelas pessoas levavam para amealhar recursos econômicos e ascenderem socialmente. A maioria das testemunhas dos interrogatórios informava – se

---

17 Em Pernambuco, os menores de 25 anos constituíam uma parcela significativa da rede de Familiares da Capitania. Cf. WADSWORTH, James. *Agents of Orthodoxy...* p. 199-201.

bem que de forma vaga – que conhecia os habilitandos nas Minas, em média, dentro de um intervalo de tempo que, em sua maioria, variava de 10 a 20 anos.[18]

## Estado Civil

Os habitantes de Minas habilitados como Familiares eram, em sua quase totalidade, solteiros no momento da habilitação. De um total de 450 indivíduos para os quais dispomos de informações a respeito do estado civil, constatamos que 414 eram celibatários, o que perfaz 92% do total de habilitados. Apenas 32 Familiares (7,11%) eram casados quando entraram para o corpo de agentes da Inquisição; 04 (0,87%) eram viúvos; e para 07 Familiares (1,53%) não há informações disponíveis.[19]

Em relação a toda a Capitania de Minas Gerais, não é possível saber se os Familiares alteraram seu estado civil depois de habilitados, mas, recortando a análise para o Termo de Mariana, pudemos verificar, no caso dos solteiros, quais se casaram e quais tiveram as consortes também habilitadas pela Inquisição. A política discriminatória do Santo Ofício, através das exigências do processo de habilitação, não se restringia ao corpo de Familiares, ela se estendia também às esposas e filhos dos agentes.

Os habilitandos casados tinham que submeter suas respectivas esposas ao mesmo processo de habilitação pelo qual passavam. Já os Familiares que se habilitavam solteiros, posteriormente, quando quisessem se casar deveriam peticionar a habilitação da noiva para que não corressem o risco de perder o título que ostentavam. Caso eles se casassem sem comunicar tal fato à Inquisição, ficavam suspensos do cargo até que o processo de habilitação da esposa tivesse um desfecho. Se o parecer do Conselho Geral do Santo Ofício fosse favorável, o marido voltava

---

18  Esse tipo de informação aparece em 43 dos 111 processos de nossa amostragem. Os dados, em faixas de 05 anos, são os seguintes: 07 testemunhas conheciam os habilitandos há 6-10 anos atrás; 16, há 11-15; 12, há 16-20; 05, há 21-25; 02, há 26-30; e 01, há 31-35 anos. Este aspecto da formação da rede de Familiares do Santo Ofício em Minas ficará melhor esclarecido quando analisarmos a ocupação dos habilitandos, seus cabedais e níveis de fortuna.

19  IANTT, IL, Livros de Provisões de Nomeação e Termos de Juramento, 110-122.

a ocupar o posto de Familiar, caso contrário, ele seria destituído do cargo. Sobre essa questão, o Regimento do Santo Ofício dizia o seguinte:

> Quando algum oficial, ou familiar do S. Ofício fizer em mesa saber aos Inquisidores, como trata de se casar, eles pedirão o nome da mulher e de seus pais, e avós, e da terra donde são naturais, e moradores, e lhe dirão, que não deve receber se até a mesa lhe ordenar o que convém fazer nesta matéria; e logo lhe mandarão tirar informação da limpeza de sangue, na forma, que no título primeiro deste livro, §4º se dispõem; e, sendo aprovada no Conselho, lhe dirão que pode casar com ela livremente, e não sendo, lhe dirão que se casar não pode ser oficial do S. Ofício. E casando alguns deles sem dar conta primeiro na mesa, os Inquisidores o suspenderão de seu ofício, até se fazer a sobredita informação; e sendo aprovada no Conselho, lhe será levantada a suspensão; e sendo reprovada, será privado do ofício que tiver.[20]

A partir da consulta dos testamentos e inventários dos Familiares e dos processos de habilitação das suas esposas, observamos que, dos 111 Familiares da região de Mariana levantados, 107 eram solteiros no momento em que se habilitaram, um era viúvo e apenas 3 eram casados. Dos solteiros, apenas 15 se casaram, tendo sido todas as consortes habilitadas, conforme exigiam os regimentos inquisitoriais.[21] Dessa forma, a Inquisição tinha a garantia de que o "atestado" de pureza de sangue que marido e mulher haviam obtido por meio da habilitação no Santo Ofício seria automaticamente transferido aos filhos legítimos dos casais habilitados.

Na maior parte dos casos, as esposas habilitadas eram moradoras na Colônia, nascidas de uniões entre reinóis e colonos. Alguns Familiares se casaram com filhas de outros Familiares, o que lhes assegurava a aprovação das consortes no processo de habilitação.

---

20 Os Regimentos do Santo Ofício. Regimento de 1640. Titulo III. livro I.

21 Estas informações foram obtidas através da consulta dos processos de habilitação das esposas dos Familiares, depositados no IANTT, e dos inventários e testamentos do AHCSM. Neste último arquivo localizamos 45 testamentos e 13 inventários. A quantidade dos documentos consultados inviabiliza a listagem dos mesmos neste espaço.

O homem de negócio Domingos Coelho, natural de Guimarães e morador na freguesia de Guarapiranga, habilitou-se como Familiar do Santo Ofício em 1756. Três anos depois, ele se encontrava casado com Feliciana Maria de Oliveira, sem que ela tivesse sido habilitada pela Inquisição enquanto noiva. Sendo assim, para não perder o título de agente inquisitorial, Domingos Coelho enviou petição ao Conselho Geral do Santo Ofício para que a sua esposa também fosse habilitada, alegando que "por justos motivos que teve, recebeu com Dona Feliciana Isabel Maria de Oliveira (...), sem pedir licença do Santo Ofício, pela distância". Dona Feliciana era filha de Antônio Duarte, um outro Familiar e também homem de negócio – embora tivesse vindo para Minas como cirurgião. Os sogros de Domingos Coelho eram reinóis, mas sua esposa era natural de Mariana. Como Dona Feliciana era filha de pais habilitados pelo Santo Ofício, e isso atestava a sua limpeza de sangue, não houve demora na conclusão do seu processo de habilitação.[22]

Havia também quem preferisse voltar para o Reino e se casar lá, como fez Manoel Gonçalves de Carvalho, natural da Comarca de Vila Real, que veio morar em Mariana atuando como homem de negócio – "e vivendo de suas fazendas e lavras". Quando morava nas Minas, ele teve "trato ilícito com Inácia, preta forra", cujo fato não o impediu de se tornar agente da Inquisição, já que os rumores acerca desse relacionamento tinham cessado no momento da realização dos interrogatórios. Depois da carreira bem sucedida na Colônia, Manoel habilitou-se como Familiar, em 1743, e, pouco depois, voltou para o Reino, tendo se tornado "provedor do Algarve" e casado com Antônia Tereza de Aguiar Freire, em 1746.[23]

Como vimos acima, a maioria dos 111 Familiares que compõem a nossa amostragem permaneceu solteira até a morte. Entretanto, isso não significa que todos eles tenham ficado sem descendentes. Em relação aos 45 agentes para os quais localizamos testamentos, pudemos verificar que 8 tiveram filhos naturais, cujas mães, na maior parte dos casos, eram mulatas ou negras. Portanto, na ótica da Inquisição, os rebentos seriam "de sangue infecto". Apesar disso, não encontramos notícias de nenhum Familiar que tenha perdido o título por ter tido filho de "sangue infecto" depois de habilitado. Isto ocorria por causa de dois motivos. Primeiro,

---

22   IANTT, HSO, Domingos, mç 43, doc. 728.
23   IANTT, HSO, Manoel, mç 125, doc. 2215.

porque esta questão não ficava muito clara no regimento do Santo Ofício. A legislação inquisitorial dizia vagamente que "os oficiais leigos (...), se forem casados, terão a mesma limpeza suas mulheres e os filhos que por qualquer via tiverem".[24] Apenas ficava previsto, como vimos, que os agentes que se casassem sem habilitar as noivas, ficariam suspensos do cargo até elas serem habilitadas. E segundo, porque a Inquisição não ficava sabendo destes casos, já que muitos Familiares só assumiam os filhos naturais quando redigiam seus testamentos.

Em Mariana, o homem de negócio Luiz Pinto Mendonça, habilitado em 1721, por exemplo, dizia, em seu testamento, ter 5 filhos: "três da crioula Luzia Pinta no tempo em que ela era sua escrava e hoje ela é forra", e "dois com a crioula Joana Francisca, escrava de Domingos Vaz da Costa".[25] Manoel Francisco Guimarães, também homem de negócio, morador em Catas Altas, declarou em seu testamento ter tido dois filhos naturais: "um por nome José e outro Maria, que tive por minha miséria de uma que foi minha escrava por nome Antônia, de nação mina, serão meus universais herdeiros".[26] Um dos Familiares, Domingos Muniz de Araújo, apesar de não ter filhos, criava uma enjeitada, sua afilhada, a quem deixou 60$000 réis de esmola quando elaborou seu testamento.[27] Com exceção do boticário Paulo Rodrigues Ferreira, os demais Familiares que tiveram filhos naturais atuavam no setor mercantil: a maioria se declarava homens de negócio quando peticionaram suas habilitações ao Santo Ofício. Júnia Furtado, em Homens de Negócio, verificou que havia uma tendência entre os comerciantes de Minas para permanecerem solteiros e entre eles a autora observou "altos índices de filhos naturais e enjeitados (...)".[28]

Através dos depoimentos das testemunhas dos processos de habilitação, encontramos alguns Familiares que tiveram filhos naturais antes de se tornarem agentes da Inquisição. Nestes casos, interessava ao Santo Ofício verificar se os filhos, nascidos das relações fugazes ou de concubinatos de anos, eram "limpos

---

24   Regimento de 1640, Tit. 1, Livro 1, §2.

25   IANTT, HSO, Luiz, mç 14, doc 333; AHCSM, Reg. Testamentos, Livro 51, pp 22-25v.

26   IANTT, HSO, Manoel, mç 243, doc 1471; AHCSM, Reg. Testamentos, Livro 41, fl. 99v.

27   AHCSM, Reg. Testamentos, Livro 57, fl. 74.

28   FURTADO, Júnia. *Homens de Negócio...* p. 155.

de sangue". O fato, em si, de os Familiares terem tido filhos ilegítimos antes da habilitação não constituía um obstáculo para a aprovação de seus processos, desde que ficasse provada a ascendência "limpa" do rebento. Nestes casos, as diligências se estendiam à mãe e aos avós maternos do filho do habilitando. Paulo Rodrigues Ferreira, por exemplo, antes de mudar para a cidade de Mariana teve um filho ilegítimo em sua freguesia natal, na Comarca de Bragança. Ao investigar os ascendentes maternos da criança, a Inquisição verificou que eles eram todos cristãos-velhos, constatação suficiente para o processo de habilitação não ser interrompido.[29] Depois, quando já morava em Mariana, Paulo Rodrigues Ferreira – solteiro até o final da vida –, teve mais dois filhos ilegítimos com Ana da Costa Muniz, sobre os quais a Inquisição não teve notícias. Estes dois filhos naturais mineiros não tiveram dificuldades para se inserir na sociedade local: o mais velho, Antônio Rodrigues Ferreira, se tornou advogado e o mais novo, Marcelino Rodrigues Ferreira, se tornou padre.[30]

Quando estava em andamento o processo de habilitação de alguns oficiais de nossa amostragem, mesmo que não se tenha ficado confirmado, eles enfrentaram rumores, por parte de algumas testemunhas, de terem tido filhos ilegítimos com mulheres de "sangue infecto". Entretanto, como os boatos eram vagos e controversos, os Comissários de Minas acabaram dando parecer favorável aos habilitandos.

Foi assim que aconteceu, por exemplo, no processo de Domingos Fernandes Antunes, habilitado em 1761. A despeito da fama controversa de ter tido um filho com uma "negra escrava de Alexandre Dias", o Comissário Teodoro Ferreira Jacome, justificando que o habilitando "todos os dias ouvia missa, frequentava os sacramentos, mostrava pelos atos exteriores ser bom católico", acabou por afirmar, em 1762, que Domingos "era capaz de servir ao Santo Ofício".[31] O Comissário Geraldo José de Abranches, em 1753, também baseado na aparência exterior do bom católico, deu parecer favorável às diligências do processo de Francisco Jorge de Faria, apesar dos rumores de que ele tinha um filho com a crioula Perpétua. O Comissário afirmou em seu parecer que o habilitando era "um dos seus habitadores (sic) [da freguesia do

---

29   IANTT, HSO, Paulo, mç 08, doc. 125.

30   AHCSM. Inventários, cx. 145, auto 3050, 1º ofício, 1801.

31   IANTT, HSO, Domingos, mç 45, doc 745.

Morro de Passagem] mais exemplares na vida e costumes e mui zeloso do serviço e culto de Deus e que por isso talvez lhe cresciam os bens da fortuna".[32]

Estudando o casamento em Mariana, Lewkowicz concluiu que entre os brancos a tendência era a de que os casamentos fossem homogâmicos, ou seja, entre pessoas de mesma cor e condição social.[33] Villalta, também dedicado a questões ligadas à moralidade e aos casamentos em Minas, endossa a tese do princípio da igualdade no que toca a escolha dos noivos.[34] Ambos os historiadores afirmam que o número de pessoas nas Minas que tinham acesso ao matrimônio era baixo, devido a vários fatores como a mobilidade populacional, custos e burocracia do casamento e desequilíbrio entre o número de homens e mulheres da mesma condição social e cor.[35]

Inserido neste contexto, Antônio Freire Mafra, homem de negócio, habilitado em 1750,

> nunca casou, ainda que o pretendera algum tempo com uma moça da vila do Sabará deste bispado, que se dizia ser filha natural e ainda com relíquias de mulata. O que alguns conhecidos e amigos seus lhe estranharam, dizendo que se com ela se recebesse, seria por ter nascimento e mácula semelhante. Do que resultou dar ele satisfação, atestando que tal qualidade não soubera, quando no casamento se falara; e que, por isso, logo o desfizera, não querendo com a dita moça receber-se. O que sucedeu há 7 ou 8 anos e que não havia contra ele mais rumor algum, senão esse já totalmente desvanecido.[36]

Diante, então, dos empecilhos criados para a realização de casamentos, se desenvolviam as condições para a predominância do concubinato entre a população,

---

32 IANTT, HSO, Francisco, mç. 82, doc. 1429.

33 LEWKOWICZ, Ida. *Vida em Família:* caminhos da Igualdade em Minas Gerais. São Paulo, FFLCH/USP, 1992 (Tese de Doutorado). p. 148, 201.

34 VILLALTA, Luiz Carlos. *Reformismo ilustrado, censura e práticas de leitura*: usos do livro na América portuguesa. São Paulo, USP, 1999 (Tese de doutoramento). p. 221.

35 VILLALTA, Luiz Carlos. *Op. cit.*, p. 221; LEWKOWICZ. *Op. cit.*, p. 143 e seguintes.

36 IANTT, HSO, Antônio, mç. 111, doc. 1923. Negrito nosso.

ou seja, uniões consensuais, o que fugia, assim, do projeto normalizador da Igreja Católica contra-reformista. O concubinato era o maior alvo das visitações episcopais ocorridas na Capitania das Minas. Pesquisando a documentação referente a essa atividade da Igreja, Luciano Figueiredo constatou que "não havia livros de culpas em que as condenações decorrentes da prática da mancebia ocupassem menos de 85%, em média".[37] Os governantes também demonstravam preocupação em relação à difusão do concubinato. Segundo Laura de Mello e Souza, "a Coroa tinha grande interesse na manutenção da propriedade e, portanto, na realização de matrimônios que evitassem o degringolar das fortunas".[38]

## Ocupação

Os habitantes de Minas que se tornaram Familiares atuavam, em sua esmagadora maioria, no setor mercantil, ocupação à qual se dedicavam depois de emigrarem de suas terras natais. Os números deixam muito claro qual era o padrão (e é isso o que nos interessa) de recrutamento da rede de Familiares do Santo Ofício de Minas no que diz respeito ao aspecto ocupacional: do total de 436 agentes para os quais dispomos de informações referentes à ocupação, 335 (76,83%) estavam ligados ao setor mercantil.

---

37  FIGUEIREDO, Luciano. *Barrocas famílias*: vida familiar em Minas Gerais no século XVIII. São Paulo: Hucitec, 1997. p. 62.

38  SOUZA, Laura de Mello e. *Desclassificados do ouro*: a pobreza mineira no século XVIII. Rio de Janeiro: Graal, 1982. p. 115

## Tabela 14 – Ocupação dos Familiares do Santo Ofício de Minas

| | Ocupação | Número | % |
|---|---|---|---|
| **COMÉRCIO** | Homem de Negócio | 290 | 66,51 |
| | Mercador | 16 | 3,67 |
| | Vive de seu negócio | 26 | 5,96 |
| | Comissário de fazendas | 2 | 0,46 |
| | Negociante | 1 | 0,23 |
| | Subtotal | 335 | 76,83 |
| **PROFISSÃO LIBERAL** | Boticário | 4 | 0,92 |
| | Cirurgião | 6 | 1,38 |
| | Bacharel em Leis | 1 | 0,23 |
| | Arte da música | 1 | 0,23 |
| | Subtotal | 12 | 2,75 |
| **LAVOURAS** | Senhor de engenho | 3 | 0,69 |
| | Vive de sua lavoura | 3 | 0,69 |
| | Vive de sua roça | 1 | 0,23 |
| | Subtotal | 33 | 7,57 |
| **MINERAÇÃO** | Mineiro | 27 | 6,19 |
| | Vive de minerar | 4 | 0,92 |
| | Vive de suas lavras de ouro | 2 | 0,46 |
| | Subtotal | 33 | 7,57 |
| **ARTES MECÂNICAS** | Mestre carpinteiro | 3 | 0,69 |
| | Escultor | 1 | 0,23 |
| | Mestre pedreiro | 1 | 0,23 |
| | Mestre sapateiro | 1 | 0,23 |
| | Pintor | 1 | 0,23 |
| | Subtotal | 7 | 1,61 |
| **FORÇAS MILITARES** | Alferes | 4 | 0,92 |
| | Ajudante tenente | 1 | 0,23 |
| | Furriel da cavalaria | 1 | 0,23 |
| | Furriel dos dragões | 1 | 0,23 |
| | Guarda-mor | 1 | 0,23 |
| | Sargento-mor | 1 | 0,23 |
| | Tenente coronel | 1 | 0,23 |
| | Tenente dos dragões | 1 | 0,23 |
| | Furriel da casa da moeda | 1 | 0,23 |
| | Cabo da esquadra de cavalos | 1 | 0,23 |
| | Coronel | 1 | 0,23 |
| | Subtotal | 14 | 3,21 |

# LIMPOS DE SANGUE 181

|  | | | |
|---|---|---|---|
| ADMINISTRAÇÃO | Administrador do contrato dos diamantes | 2 | 0,46 |
| | Ensaiador da casa da moeda | 1 | 0,23 |
| | Ensaiador da casa de fundição | 1 | 0,23 |
| | Escrivão dos ausentes | 1 | 0,23 |
| | Fundidor do cofre | 1 | 0,23 |
| | Fundidor | 1 | 0,23 |
| | Ouvidor | 1 | 0,23 |
| | Provedor do registro | 1 | 0,23 |
| | Tesoureiro do Fisco Real | 1 | 0,23 |
| | Tesoureiro da Real Casa da Intendência | 1 | 0,23 |
| | Subtotal | 11 | 2,52 |
| OUTROS | Vive de sua fazenda | 14 | 3,21 |
| | Cangueiro | 2 | 0,46 |
| | Estudante de filosofia | 1 | 0,23 |
| | Subtotal | 17 | 3,90 |
| | TOTAL CONHECIDA | 436 | 100,00 |
| | SEM IDENTIFICAÇÃO | 21 | |
| | TOTAL GERAL | 457 | |

Fonte: IANTT, IL, Livros de Registros de Provisões, Livros 110-123.

**Gráfico 7 – Ocupação dos Familiares do Santo Ofício de Minas**

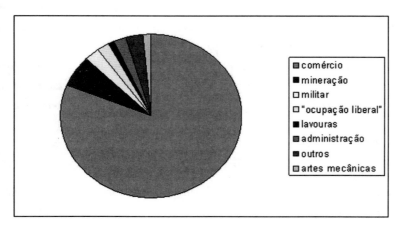

Fonte: IANTT, IL, Livros de Registros de Provisões, Livros 110-12

A entrada dos comerciantes na rede de Familiares do Santo Ofício não foi um fenômeno restrito à região das Minas. Veiga Torres verificou que, com algumas variações, ele ocorreu em todas as áreas sob jurisdição do Santo Ofício português, desde o final do século XVII, e atingiu seu auge em meados do século XVIII.[39] A rede de Familiares de Pernambuco, estudada por Wadsworth, também seguiu esse padrão. Nessa região, mais da metade da sua rede de Familiares era composta por comerciantes.[40]

Como estamos interessados, aqui, em estudar o padrão de recrutamento dos Familiares de Minas no que se refere a sua ocupação e, conforme vimos acima, havia uma predominância absoluta de comerciantes entre os agentes da Capitania, nas páginas seguintes, a nossa análise enfocará esse grupo ocupacional que era predominante na composição da rede. Nosso objetivo é explicar como ocorreu, na região mineradora, o assalto da rede de Familiares do Santo Ofício pelos comerciantes.

### *A entrada no Setor Mercantil*

A análise dos processos de habilitação revela que os Familiares da região de Mariana não herdavam a ocupação mercantil dos progenitores. A maioria dos pais dos Familiares – comerciantes ou não – era composta por lavradores. Havia também aqueles que eram filhos de oficiais mecânicos ou de indivíduos que exerciam concomitantemente as duas ocupações citadas.[41]

No reinado de Dom João V, em 1723, decretou-se que a ocupação "lavrador de suas próprias terras" não seria mais um defeito de mecânica, oficializando e dando força a essa clivagem dentro do grupo das pessoas classificadas como lavradoras.[42]

---

39   Torres, José Veiga. *Op. cit.*, p. 133-134

40   Wadsworth, James. *Agentes of Orthodoxy...* p. 176-193.

41   O mesmo perfil ocupacional que verificamos para os pais pode ser estendido também aos avós paternos e maternos dos Familiares de Mariana, conforme verificamos em seus processos de habilitação, IANTT, HSO.

42   Olival, Fernanda. *As Ordens Militares e o Estado Moderno:* Honra, Mercê e Venalidade em Portugal (1641-1789). Lisboa: Estar, 2001. p. 362. "Todo lavrador que

No caso dos pais dos Familiares de nossa amostragem cuja ocupação era a de lavrador, não foi possível distinguir, em cerca da metade dos processos de habilitação, se eles viviam de suas próprias terras ou se lavravam terras alheias. Quando essa informação estava disponível, verificamos que a maioria era de lavradores de suas próprias plantações e o número dos pais dos Familiares que lavravam terras alheias era pequeno. Havia também um grupo de lavradores que atuava em suas próprias terras, mas complementava a renda com trabalhos em terras alheias, seja como arrendeiro ou jornaleiro. Ainda, outros lavradores, além do trabalho com a terra, exerciam algum ofício mecânico. De um modo geral, a maioria dos indivíduos que se tornaram Familiares do Santo Ofício em Minas, fossem comerciantes ou não, tinha pais pequenos lavradores.

Tabela 15 – Ocupação dos pais dos Familiares do Santo Ofício de Mariana

| OCUPAÇÃO DO FAMILIAR | N.o | OCUPAÇÃO DO PAI | N.o |
|---|---|---|---|
| COMERCIANTE | 84 | Lavrador | 55 |
| | | Artes mecânicas | 11 |
| | | Lavrador e ofícios mecânicas | 05 |
| | | Navegação e pesca | 02 |
| | | Militar | 02 |
| | | Ocupações liberais | 02 |
| | | Lavrador e comerciante | 01 |
| | | Clérigo | 01 |
| | | Não consta | 05 |
| MINEIRO | 11 | Lavrador | 07 |
| | | Artes mecânicas | 01 |
| | | Ocupações liberais | 01 |
| | | outro | 01 |
| MILITAR | 04 | Comércio | 02 |
| | | Lavrador | 02 |

---

lavrarem terras suas, e não por jornal, ainda que não tenha Abiguaria seja reputado por nobre; se por outro respeito não tiver mecânica". IANTT, Mesa da Consciência – Ordens Militares, mç. 26, doc. 21. *Apud*: OLIVAL, Fernanda. *Op. cit.*, p. 362.

| | | Artes mecânicas | 01 |
|---|---|---|---|
| OCUPAÇÕES LIBERAIS | 03 | Vive de sua fazenda | 01 |
| | | Ocupações liberais | 01 |
| ARTES MECÂNICAS | 02 | Lavrador | 02 |
| MINEIRO E SUAS FAZENDAS | 01 | Lavrador e artes mecânicas | 01 |
| SENHOR DE ENGENHO | 01 | Lavrador e artes mecânicas | 01 |
| ENGENHO, LAVRAS E FAZENDAS | 01 | Lavrador | 01 |
| VIVE DE SUAS FAZENDAS | 01 | Lavradores | 02 |
| VIVE DE SUA FAZENDA E NEGÓCIO | 01 | Boticário | 01 |
| VIVE DE SUA FAZENDA, ENGENHOS E LAVRAS | 01 | Lavrador | 01 |
| ESTUDANTE | 01 | Militar | 01 |

Fonte: IANTT, HSO.

Quando ainda estavam em suas terras natais, eram poucos os Familiares que aprendiam algum ofício;[43] quando isto acontecia, era geralmente fora de suas freguesias rurais de origem, de onde eles saíam em direção a Lisboa – na maioria dos casos –, Porto ou para as cidades maiores do Minho, como Braga. Portanto, antes de virem para a Colônia, a aprendizagem de algum ofício, geralmente mecânico, já estava ligada ao desterramento desses indivíduos.[44]

Depois que chegavam às Minas, era comum eles abandonarem os ofícios aprendidos em Portugal e passarem a atuar no setor mercantil. No caso dos Familiares que habitavam a região de Mariana, a ocupação exercida por eles antes de partirem para a Colônia aparece em 12 processos de habilitação. O ofício que mais os atraía, quando ainda estavam em Portugal, era o de alfaiate. No processo de habilitação de Antônio Freire Mafra, por exemplo, consta que ele, "quando ausentou de sua pátria tinha o ofício de alfaiate", depois, no momento

---

43 Embora não conste esta informação nos processos de habilitação, é possível que os Familiares de Minas, sendo, em sua maioria, filhos de lavradores, tenham aprendido a lavrar a terra antes de emigrarem de suas freguesias natais, seja em Portugal ou nas Ilhas.

44 Estudando a praça mercantil de Lisboa, Pedreira verificou que os comerciantes, "antes de partirem para o ultramar, podiam exercer transitoriamente um ofício mecânico ou um emprego de caixeiro". PEDREIRA, Jorge Miguel. *Os Homens de Negócio...* p. 218.

em que pediu para ser habilitado como Familiar, já declarava ser homem de negócio.[45] O minhoto Baltazar Martins Chaves, quando partiu para o Brasil era "aprendiz de alfaiate", depois, quando estava nas Minas, se tornou homem de negócio, com "loja aberta no arraial do Inficionado.[46] Bernardo Gonçalves Chaves, "quando menino foi para Lisboa e aprendeu o ofício de alfaiate" e depois foi para Minas e passou a viver "de seu negócio", tendo loja de fazendas secas na freguesia de Bento Rodrigues, Termo de Mariana.[47]

O ofício de alfaiate, embora predominasse, não era o único que os reinóis aprendiam antes de emigrar e de se tornarem, predominantemente, comerciantes em Minas. As testemunhas do processo de habilitação de Antônio Alves Vieira informaram que ele "foi a princípio mestre sapateiro" e "hoje vive de loja de fazenda".[48] Manoel João Dias Penide chegou na região mineradora atuando como carpinteiro, mas quando peticionou sua habilitação ao cargo Familiar, em 1746, declarou ser homem de negócio.[49]

Em alguns casos, os Familiares vinham para Minas como cirurgiões e, depois, passavam a atuar também como homens de negócio, o que aconteceu, por exemplo, com Antônio Duarte, morador em Passagem de Mariana.[50] Domingos Alves de Azevedo, natural da Comarca de Bragança, "ausentou para Lisboa, onde foi cirurgião", depois veio para as Minas, onde, além de continuar a exercer aquele ofício, declarou ao Santo Ofício ser homem de negócio.[51]

Os dados que temos mostram o funcionamento de uma rede de migração/recepção baseada em laços de parentesco, amizade e solidariedade atuando no desterramento do grupo em análise. Quanto às redes familiares, predominavam tios ajudando sobrinhos a saírem de suas freguesias rurais em busca de melhores

---

45   IANTT, HSO, Antônio, mç. 111, doc. 1923.

46   IANTT, HSO, Baltazar, mç. 7, doc. 114.

47   IANTT, HSO, Bernardo, mç. 08, doc. 425.

48   IANTT, HSO, Antônio, mç. 128, doc. 2155.

49   IANTT, HSO, Manoel, mç. 103, doc. 1899.

50   IANTT, HSO, Antônio, mç 134, doc. 2228.

51   IANTT, HSO, Domingos, mç 27, doc. 518.

condições de vida na Colônia. Segundo o depoimento do padre que o ensinou a ler, Bento Alvres saiu da Comarca de Barcelos, Minho, quando tinha 16 anos e foi para "Lisboa para casa de um tio chamado Pedro Alves e este o mandou para o Brasil adonde, ao presente, é morador". Bento Alvres era filho de lavradores e quando chegou em Minas se tornou homem de negócio.[52] Outro exemplo de emigração apoiada em redes de parentesco é a trajetória de Bento Gomes Ramos. Natural da comarca de Guimarães, ele veio para a freguesia de Guarapiranga, onde atuou como comboieiro de escravos. Na época em que chegou às Minas, encontrou estabelecido aí dois tios: João Gomes Sande e Manoel Gomes Sande, ambos homens de negócio e, como era comum na região citada, donos de roças.[53]

Ainda sobre a migração apoiada em redes de parentesco, temos aqueles que partiam de suas terras natais a chamado de irmãos que já tinham emigrado e se encontravam estabelecidos nas localidades de recepção. O trasmontano Pedro Pereira Chaves, por exemplo, tinha um irmão, Baltazar José Pereira Chaves, que era "mercador de pano de linho com loja na rua direita da esperança, freguesia de Santos", em Lisboa. O Familiar foi para a capital do Império e, talvez, por influência do irmão, veio para Minas, onde atuou como comerciante de fazendas secas – provavelmente, vendendo tecidos – e comboiando escravos.[54] Outro reinol cujo irmão contribuiu para a sua emigração foi Domingos Coelho, o qual, "sendo de idade de 16 anos pouco mais ou menos se ausentou para o Brasil adonde se dizem tem um irmão clérigo chamado o padre João Coelho".[55] Domingos Alvres Couto também "foi rapaz pra Lisboa e daí para o Brasil" onde tinha um irmão, Antônio Alvres Couto.[56]

Aqueles que não vinham através de redes de parentesco geralmente se submetiam a comerciantes já estabelecidos até adquirirem autonomia. Este foi o caso de João Gomes Pereira, homem de negócio, que veio para Minas e "assistiu no

---

52  IANTT, HSO, Bento, mç. 12, doc. 169.

53  IANTT, HSO, Manoel, mç 164, doc. 1720. IANTT, HSO, João, mç. 98, doc. 1651. IANTT, HSO, Bento, mç. 15, doc. 216.

54  IANTT, HSO, Pedro, mç. 32, doc. 5761.

55  IANTT, HSO, Domingos, mç. 43, doc. 728.

56  IANTT, HSO, Domingos, mç. 41, doc. 702.

morro de Passagem com" Antonio Duarte, cirurgião e rico homem de negócio, por cerca de 10 anos, até que passou depois a viver de minerar.[57]

## O Vocabulário Social e as Atividades Mercantis[58]

Os trabalhos que abordam as questões relacionadas ao comércio no Brasil colonial têm sempre enfrentado dificuldades para caracterizar os agentes mercantis em função das atividades que eles exerciam. Isto se deve tanto à fluidez dos agentes entre uma categoria mercantil e outra, como também à oscilação dos termos utilizados, na época colonial, para denominá-los.

De modo geral, a historiografia tem caracterizado os agentes mercantis, quanto à dimensão das transações, em comerciantes de grosso trato e a retalho (ou varejo); quanto à mobilidade, em comerciantes fixos e volantes, e, quanto à permanência nos negócios, em comerciantes eventuais (ou circunstanciais) e permanentes.[59] Apesar de podermos identificar essas tendências gerais, segundo Júnia Furtado, "eram quase imperceptíveis as linhas que separavam o comércio volante do fixo, os grandes negociantes dos pequenos, os comerciantes eventuais dos permanentes." No caso de Minas, a autora afirma que "as características que

---

57   IANTT, HSO, João, mç. 113, doc. 1834.

58   Para uma discussão mais aprofundada das questões abordadas neste tópico, ver o artigo: RODRIGUES, Aldair Carlos. "Homens de Negócio: vocabulário social, distinção e atividades mercantis nas minas setecentistas". In: *História [on line]*, Franca, vol. 28, n. 1, 2009. p. 191-214. Disponível em http://www.scielo.br/pdf/his/v28n1/08.pdf

59   A autora afirma que "entre os sujeitos que desempenhavam atividades ligadas ao comércio fixo, destaco os mercadores, os vendeiros, os taverneiros, os caixeiros e as quitandeiras; entre os ambulantes, arrolo as negras de tabuleiros, as padeiras, os mascates, os que "vivem de suas agências", os tropeiros, os negociantes de gado e de escravos. BORREGO, Maria Aparecida. *Op. cit.*, p. 74; Cláudia Chaves classifica como comerciantes fixos os vendeiros, os lojistas e os comissários e agrupa os tropeiros, os comboieiros, os atravessadores, os mascates e a negras de tabuleiro na categoria dos comerciantes volantes. CHAVES, Cláudia Maria das Graças. *Perfeitos Negociantes: mercadores nas Minas setecentistas*. São Paulo: Annablume, 1999. p. 49.

marcaram os comerciantes mineiros foram a heterogeneidade, a instabilidade e a fluidez entre os diversos tipos de atividades a que se dedicavam".[60]

Dos 335 comerciantes de Minas que se tornaram Familiares do Santo Ofício, 290 (86,57%) se identificaram nos processos como homens de negócio, 26 (7,76%) como "vive de seu negócio", 16 (4,78%) como mercadores, 2 como comissários de fazendas e apenas 1 se identificou como negociante.[61] Somente a consulta de todos 335 processos de habilitação desses comerciantes poderia nos esclarecer os seus respectivos setores de atuação, o que não tivemos condição de realizar.

Sendo assim, a seguir, a análise será restringida aos processos de habilitação dos Familiares da região do Termo de Mariana. Para essa região, encontramos 111 agentes inquisitoriais. Destes, verificamos que 84 eram comerciantes. Quanto à forma como se identificavam perante a Inquisição, observamos aquela mesma tendência observada nos números para toda a capitania mineradora, ou seja, a maioria dos comerciantes da região de Mariana, 73 (86,90%), se identificou como homem de negócio, 7 afirmaram viver de seu negócio (8,33), 3 (3,57%) se declararam como mercadores e 1 (1,19%) se identificou como negociante.[62] Esta informação foi obtida a partir da petição que os comerciantes enviaram ao Conselho Geral do Santo Ofício solicitando a sua habilitação como Familiar da Inquisição. Neste documento, como vimos no capítulo 3, os candidatos deviam declarar seu nome, filiação, naturalidade, residência, ocupação e uma breve justificativa do motivo pelo qual queriam se tornar um agente da Inquisição, neste caso, Familiar do Santo Ofício.

Apesar de, na petição, os comerciantes não especificarem o setor em que atuavam, esta informação poderia aparecer no processo de habilitação no momento em que as testemunhas respondiam ao segundo item da diligência judicial de capacidade.[63] Do total de 84 processos de comerciantes consultados, obtivemos esta

---

60 FURTADO, Júnia. *Homens de Negócio...* p. 271-272.

61 IANTT, IL, Livros de Registros de Provisões, p. 113-123.

62 IANTT, HSO.

63 Sobre cada uma dessas etapas do processo de habilitação e a ênfase que era dada a cada uma delas, ver o capítulo 3 deste trabalho.

informação para 32 comerciantes. Em relação a um comerciante, a fonte utilizada para identificarmos o ramo do comércio no qual atuava foi o seu testamento.[64]

Tabela 16 – Atividades Mercantis dos Familiares de Mariana

| Nome | Ocupação declarada na petição | Atividade |
|---|---|---|
| João Furtado Leite | homem de negócio | comboieiro de negros |
| Domingos Muniz de Araújo | homem de negócio | comboieiro de negros |
| Luiz Pinto de Mendonça | homem de negócio | comboieiro de negros |
| Antonio Francisco Nogueira | homem de negócio | comboieiro de negros |
| Antonio Gonçalves da Mota | homem de negócio | comboieiro de negros |
| Inácio Botelho de Sampaio | homem de negócio | comboieiro de negros |
| Bento Gomes Ramos | homem de negócio | comboieiro de negros |
| Manoel Pereira Machado | homem de negócio | comboieiro de negros |
| Miguel da Costa e Arcos | homem de negócio | comboieiro de negros |
| João do Vale Vieira | homem de negócio | comboieiro de negros |
| João Vieira Lima | homem de negócio | comercia todo gênero de fazendas |
| Domingos Fernandes Britelo | homem de negócio | compra gado e manda cortar por sua conta |
| Baltazar Martins Chaves | homem de negócio | loja aberta |
| Manoel Alvres De Neiva | homem de negócio | loja de fazenda |
| André Ferreira Fialho | homem de negócio | loja de fazenda seca |
| Antonio Ferreira Da Rocha | homem de negócio | loja de fazenda seca |
| Domingos Alvres Couto | homem de negócio | loja de fazenda seca |
| José Alvres De Pinho | homem de negócio | loja de fazenda seca |
| Manoel Alvres Miz Basto | homem de negócio | loja de fazenda seca |
| Miguel Ferreira Rabelo | homem de negócio | lojas de fazendas secas e molhadas |
| Antonio Gonçalves Pereira | homem de negócio | mercador de fazenda secas e molhadas |
| Miguel Teixeira Guimarães | homem de negócio | negócio de fazendas molhadas |
| Pedro Pereira Chaves | homem de negócio | negócio de fazendas secas e negros |

---

64  AHCSM, Reg. Testamentos, Liv. 61, fl. 45.

| Manoel Pinto Machado | homem de negócio | vive de comprar e vender negros e cargas |
|---|---|---|
| Antonio Pinto dos Santos | homem de negócio | vive de suas cobranças |
| Domingos Alvres Basto | homem de negócio | vive de suas cobranças. |
| Antonio Rodrigues da Silva | mercador | loja de fazenda seca |
| Feliciano José | mercador | loja (sem especificar) |
| Bernardo Gonçalves Chaves | vive de seu negócio | loja de fazenda seca |
| Manoel Teixeira Ribeiro | vive de seu negócio | loja de fazenda secas e molhadas |
| Antonio Gonçalves Lamas | vive de seu negócio | comboieiro de negros |
| Antonio Carneiro Flores | vive de seu negócio | loja de fazenda seca |
| **TOTAL: 32** | | |

Fonte: IANTT, HSO.

No caso dos que se declararam homens de negócio, o ramo mercantil que mais os atraía era o comércio de escravos. De 26 comerciantes que se identificaram como homens de negócio, 10 se dedicavam – enquanto permaneciam atuando no comércio – exclusivamente ao comércio de escravos. Eles eram apontados pelas testemunhas geralmente como "comboieiros de negros". No processo de Antônio Gonçalves da Mota, por exemplo, as testemunhas declararam que ele "vive de seu negócio de mercador (...) vivendo de trazer negros do Rio de Janeiro para Minas, a que chamam comboieiros".[65] Os depoentes do processo de Domingos Muniz de Araújo disseram que ele era "comboieiro de negros do Rio de Janeiro e outros portos de mar para vender nas minas".[66]

Da nossa amostragem, apenas o homem de negócio Manoel Pereira Machado vivia "de comprar negros na cidade da Bahia e vendar nas Minas". Provavelmente, ele se enriqueceu antes da abertura do Caminho Novo, já que peticionou sua habilitação em 1723, cujo desfecho favorável ocorreu em 1732.[67] Os demais comboieiros "viviam de trazer negros do porto do Rio de Janeiro para vender nas Minas".

---

65   IANTT, HSO, Antônio, mç. 141, doc. 2304.

66   IANTT, HSO, Domingos, mç. 42, doc. 724.

67   IANTT, HSO, Manoel, mç. 103, doc. 1908.

Segundo Cláudia Chaves, o Caminho Novo[68] – que ligava o Rio de Janeiro às Minas – era a rota de comércio da Capitania por onde os carregamentos quase exclusivos de escravos passavam com maior frequência. A autora verificou ainda que essa era a rota principal por onde a mão-de-obra cativa entrava na região mineradora[69] e que os carregamentos continham em média 12,1 cativos.[70] De acordo com Venâncio e Furtado, "ao longo do período colonial, o comércio de escravos tornou-se um negócio lucrativo, fazendo a fortuna de muitos".[71] Zemella também chama a atenção para o fato de que "os africanos constituíam a base de um comércio rendosíssimo".[72] Para os imigrantes portugueses recém-chegados à Colônia e com poucos recursos, atuar no comércio de escravos era certamente uma maneira rápida para obterem cabedais e acelerarem o seu processo de ascensão social.

68    O Caminho Novo foi aberto em 1725, ele reduziu a viagem para as Minas de 60 dias, média de tempo passando pelo Caminho Velho, para 45 dias. Sobre os diversos caminhos que davam acesso às Minas, ver: ZEMELLA, Mafalada. *O Abastecimento da Capitania de Minas Gerais*. 2ª ed. São Paulo: Hucitec, 1990. p. 55-113; CHAVES, Cláudia. *Op. cit.*, p. 83-85; VENÂNCIO, Renato. Comércio e Fronteira em Minas Gerais Colonial. In: FURTADO, Júnia (org.). *Diálogos Oceânicos*: Minas Gerais e as novas abordagens para uma história do Império Ultramarino português. Belo Horizonte: Ed. UFMG, 2001. p. 181-193.

69    CHAVES, Cláudia. *Op. cit.*, p. 53-54. Na página 53 Chaves afirma que "os maiores carregamentos se faziam pelo Caminho Novo do Rio de Janeiro, e em boa parte os condutores transportavam somente escravos". A autora afirma, ainda, que "à exceção do Registro do Caminho Novo (Rio-Minas), no qual se efetuava com maior frequência um comércio exclusivo de escravos, as tropas que passavam pelos demais registros da capitania levavam, em um mesmo carregamento, cargas de secos e de molhados, cavalos, bestas e escravos".

70    CHAVES, Cláudia. *Op. cit.*, p. 55.

71    VENÂNCIO, Renato Pinto; FURTADO, Júnia. "Comerciantes, tratantes e mascates". In: DEL PRIORE, Mary (org.). *Revisão do Paraíso*: os brasileiros e o Estado em 500 anos de História. Rio de Janeiro: Campus, 2000. p. 93-113.

72    ZEMELLA, Mafalda. *Op. cit.*, p. 67.

Além dos 10 comerciantes identificados como homens de negócio e que atuavam somente como comboieiros de escravos, encontramos mais dois indivíduos que, além de se dedicarem ao comércio de escravos, aproveitavam as viagens que faziam ao Rio de Janeiro para trazer, juntamente com os cativos, outros produtos para vender em Minas – fato que confirma as tendências apontadas pela historiografia brasileira de que era comum os comerciantes coloniais diversificarem suas atividades mercantis.[73] Isto acontecia com Manoel Pinto Machado, que vivia "de comprar e vender negros e cargas".[74] Pedro Pereira Chaves, habilitado em 1764, foi outro comerciante que se autodenominou homem de negócio e, através de seu testamento, verificamos haver "sociedade em fazenda seca e negros, cuja sociedade ainda não se acha extinta como há de constar de um livro (...)".[75]

Entre os que se identificaram como homem de negócio, em números, o segundo ramo de atuação ao qual eles mais se dedicavam era o comércio de mercadorias em lojas: 10 indivíduos. Dentro deste universo, as fazendas secas eram as mercadorias mais comercializadas, ocupando 5 agentes mercantis. Em seguida, temos 2 comerciantes com lojas de fazendas secas e molhados. O comércio exclusivo de fazendas molhadas ocupava apenas o comerciante Miguel Teixeira Guimarães. Em relação a 3 comerciantes, sabemos apenas que eles tinham lojas, mas as fontes pesquisadas não especificam quais gêneros eram comercializados.

Ainda quanto aos comerciantes que se identificaram como homens de negócio, encontramos 2 que viviam de suas cobranças – ao que tudo indica, esta

---

73 Ver, por exemplo, CHAVES, Cláudia. *Op. cit.*, sobretudo o capítulo 2; FURTADO, Júnia. Homens de Negócio... capítulo 4, p. 197-272, sobretudo as páginas 265-268. OSÓRIO, Helen. Comerciantes do Rio Grande de São Pedro: formação, recrutamento e negócios de um grupo mercantil da América portuguesa. Revista Brasileira de História, São Paulo, n. 39, v. 20, 2001, p. 94-134; BORREGO, Maria Aparecida Menezes. *Op. cit.*; SAMPAIO, Antônio Carlos. *Na Encruzilhada do Império*: hierarquias sociais e conjunturas econômicas no Rio de Janeiro (1650-1750). Rio de Janeiro: Arquivo Nacional, 2003; FRAGOSO, João. *Homens de Grossa Aventura*: acumulação e hierarquia na praça mercantil do Rio de Janeiro (1790-1830). Rio de Janeiro: Civilização Brasileira, 1998.

74 IANTT, HSO, Manoel, mç. 159, doc. 1657.

75 AHCSM, Reg. Testamentos, livro 61, fl. 45. 1781.

expressão significa que um comerciante vivia de dinheiro a juros depois de se sedentarizar em Minas, como veremos – e um que vivia do comércio de carne.

Dentro do universo dos que se declararam homens de negócio, encontramos 2 indivíduos que atuavam como contratadores/ arrecadadores de dízimos e um que administrava a passagem do Registro de Matias Barbosa. Estas atividades relacionadas à arrecadação de tributos não foram consideradas como um ramo mercantil, por isso eles não foram incluídos no quadro acima.

A segunda denominação mais utilizada pelos comerciantes de nossa amostragem, na petição que enviaram ao Santo Ofício, foi "vive de seu negócio": 4 casos, um número muito menor do que aqueles que se identificaram como homem de negócio. A expressão "vive de seu negócio" podia abranger uma ampla gama de atividades. Dos 4 que assim se declararam, 3 trabalhavam com lojas, sendo que dois comerciantes atuavam no setor de fazendas secas e um na de secos e molhados, e um era comboieiro de escravos. Além desses, encontramos mais dois indivíduos que se autodenominaram como "vive de seu negócio", mas não os incluímos no quadro acima porque eles eram solicitadores de causas, atividade que não consideramos um ramo mercantil.

Apenas dois comerciantes se identificaram como mercador quando pediram suas respectivas habilitações ao Santo Ofício. Em ambos os casos, possuíam lojas um atuava no comércio de fazendas secas e, quanto ao outro, não foi possível saber o que ele vendia em sua loja.

Da nossa amostragem, o único indivíduo que se identificou como negociante foi João Lopes Batista, o qual não foi incluído no quadro acima porque era tesoureiro geral da Bula da Santa Cruzada, portanto, não tinha atuação no setor mercantil.[76]

Cotejando todos os termos declarados pelos comerciantes na petição que enviaram ao Conselho Geral do Santo Ofício e as informações sobre o setor mercantil no qual atuavam, apontado pelas testemunhas, salta aos olhos a fluidez do vocabulário que os agentes mercantis utilizavam para se identificarem. Por exemplo, os comerciantes de fazendas secas podiam se identificar ora como homem de negócio, ora como "vive de seu negócio" e ora como mercador.

A fluidez do vocabulário aparece também na voz das testemunhas dos processos de habilitação. A denominação da atividade de um mesmo comerciante,

---

76 IANTT, HSO, João, mç. 165, doc. 1417

cujo processo de habilitação estava em andamento, variava de um depoente para outro, não havendo uma rigidez quanto ao vocabulário na hora de identificá-los.

De maneira geral, quanto à ocupação declarada na petição para a abertura do processo de habilitação no Santo Ofício, observamos uma vontade da maioria dos comerciantes de nossa amostragem em se identificar como homem de negócio. Este aspecto é mais saliente no caso dos comboieiros de negros, sobre os quais pesava uma desconfiança, por parte da sociedade da época, devido ao fato de serem comerciantes volantes. Com exceção do caso de um comboieiro de negros que se identificou como "vive de seu negócio", todos os demais comerciantes de escravos optaram por se identificar como homem de negócio.

Grosso modo, estando os comerciantes de Minas diante da instituição metropolitana – no caso, a Inquisição – que lhes ofereceria, através da familiatura, distinção social e privilégios, eles preferiam se identificar usando termos – em nosso caso, homem de negócio – que parecessem situá-los numa posição mais elevada dentro da hierarquia mercantil. Apesar de atuarem no pequeno comércio – vários tendo inclusive lojas abertas – e no tráfico interno de escravos – geralmente com pequenas carregações –, eles teimavam em se identificar como homens de negócio. Assim, acreditavam aumentar suas chances de serem aprovados no processo de habilitação do Santo Ofício, já que um dos requisitos do processo de habilitação, como vimos no capítulo 3, recaía sobre os habilitandos terem "fazendas de que possam viver abastadamente".[77]

No Vocabulário Bluteau, da primeira metade do século XVIII, os termos homens de negócio, mercador e negociante ainda eram considerados praticamente como sinônimos.[78] No entanto, a historiografia que se deteve sobre a problemática dos agentes mercantis da primeira metade do Setecentos tende a classificar os

---

77    Regimento de 1640, Título XXI, §1º.

78    No vocabulário Bluteau não existe uma entrada/ verbete para designar homem de negócio; esta expressão, na verdade, aparece dentro do verbete *negócio*, cuja definição é muito simples: *negociante*. Agora, a definição que o jesuíta dá para o termo negociante é: "aquele que trata negócios próprios ou alheios. Negociante, homem de negócio, mercador, banqueiro" (Letra N, p. 700). Já o significado dado para o termo negociar é: "comprar e vender, ser homem de negócio, fazer o oficio de mercador" (Letra N, p. 702). Disponível em: http://www.brasiliana.usp.br/dicionario

homens de negócio como aqueles comerciantes que – diferentemente dos mercadores – sobretudo atuavam no comércio de grosso trato e controlavam as rotas mercantis de maior alcance geográfico, além de dominar o sistema de créditos; enfim, aqueles que compunham a elite mercantil.[79]

O processo de hierarquização do corpo mercantil que estava em andamento na sociedade luso-brasileira do século XVIII, no qual os homens de negócio tendiam a se situar no topo, acentuou-se no período pombalino. No governo de Pombal, em consequência da ênfase dada ao comércio,[80] foi adotada uma política de maior diferenciação do corpo mercantil. Aquela separação que já vinha ocorrendo entre comerciantes de grosso trato (atacado) e a retalho (varejo) ganha, nessa época, um novo cariz.

No reinado de Dom José, procurou-se consagrar nos estatutos legais a diferenciação entre comércio de grosso trato e a retalho, tentando ajustar esta divisão dentro da principal fratura da ordem social portuguesa do Antigo Regime, ou seja, a separação da sociedade entre nobres e mecânicos.[81] Esta política de diferenciação do corpo mercantil levada a cabo por Pombal, desde 1755, culminou na carta de lei de 30 de agosto de 1770, "que, ao mesmo tempo que codificava e restringia o uso legítimo da designação de homem de negócio, classificava essa profissão como "proveitosa, necessária e nobre".[82] Tentava-se, através da legislação, impedir

---

79   Por exemplo, ver: SAMPAIO, Antônio Carlos Jucá. *Op. cit.,* p. 239-263.

80   Sobre esta questão, ver, dentre outros: PEDREIRA, Jorge Miguel. *Os Homens de Negócio...* p. 62-124, 391-458; MAXWELL, Keneth. *Marquês de Pombal:* paradoxo do Iluminismo. Rio de Janeiro: Paz e Terra, 1996.

81   PEDREIRA, Jorge Miguel. *Os Homens de Negócio...* p. 84

82   PEDREIRA, Jorge Miguel. *Os Homens de Negócio...* p. 91. Na Ordem de Cristo, por exemplo, aqueles que comprassem ações das companhias de comércio não seriam considerados mecânicos, Cf. OLIVAL, Fernanda. "O Brasil, as companhias pombalinas e a nobilitação no terceiro quartel do Setecentos". In: CUNHA, Mafalda Soares (org.). *Do Brasil à Metrópole*: efeitos sociais (séculos XVII-XVIII). Separata da *Revista Anais da Universidade de Évora,* Évora, n. 8 e 9, p 47-72, dez. 1998/1999. p. 73-98.

"o absurdo de se atrever qualquer indivíduo ignorante, e abjecto a denominar-se a si Homem de Negocio".[83]

Além da hipótese, explicitada acima, de que os pequenos comerciantes das Minas, diante da Inquisição, manipulavam o vocabulário para que parecessem se situar numa posição mais elevada da hierarquia mercantil, podemos considerar também aqui a localidade geográfica onde eles atuavam como um fator explicativo da fluidez da taxionomia pela qual eram caracterizados. Maria Aparecida Borrego, estudando os comerciantes da cidade de São Paulo, deparou-se também com a fluidez do léxico que denominava os agentes mercantis de sua amostragem. A variação, neste caso, era entre os termos mercador e homem de negócio: "dos 71 sujeitos denominados como mercadores, 26 também são registrados como homens de negócio. Mas, para 18 agentes, o termo mercador aparece nas fontes em data posterior ao de homem de negócio".[84] A hipótese que a autora levanta para explicar este aspecto da sua pesquisa é a de que no interior da Colônia, durante a primeira metade do século XVIII, não era possível delimitar claramente as atividades dos mercadores e dos homens de negócio, diferentemente do que ocorria em Salvador e Rio de Janeiro.[85] Já que Minas também era uma região afastada das duas grandes praças mercantis da Colônia – e ligada sobretudo ao Rio –, acreditamos que a explicação dada pela autora para a variação da taxionomia dos comerciantes paulistas também ajuda a explicar a fluidez do vocabulário que caracterizava os comerciantes da região mineradora.

Ademais, a variação da taxionomia em relação aos comerciantes pode também ser considerada um sintoma da própria heterogeneidade do corpo mercantil e da sua diversificação e fluidez entre uma atividade comercial e outra. Segundo Júnia Furtado e Renato Venâncio, "a diversidade foi a principal característica do comércio na América portuguesa, o que gerou um amplo espectro de tipos de comerciantes, de atividades e de estabelecimentos".[86]

---

83 Carta de Lei de 30 de agosto de 1770. *Apud*: PEDREIRA, Jorge Miguel. *Os Homens de Negócio*... p. 72.

84 BORREGO, Maria Aparecida Menezes. *Op. cit.*, p. 123.

85 BORREGO, Maria Aparecida Menezes. *Op. cit.*, p. 121.

86 Está no livro organizado pela Mary, achar a pág e citar na ABNT.

Quanto aos produtos comercializados, com exceção do Familiar Domingos Fernandes Britelo,[87] os agentes mercantis de nossa amostragem estavam ligados prioritariamente àquele setor abastecedor da região mineradora cujos carregamentos eram trazidos de fora da Capitania. O negócio de escravos ocupava 13 comerciantes de nossa amostragem, sendo que 2 deles, juntamente com os cativos, comercializavam também, em um caso, fazendas secas e, em outro, "cargas".

Os escravos comercializados eram, em sua maioria, comprados dos grandes traficantes dos portos do Rio de Janeiro e levados para serem vendidos nas Minas. O negócio de fazendas secas e/ou molhadas atraía 12 indivíduos de nossa amostragem.[88] Embora a documentação que consultamos não deixe clara a origem das fazendas secas (produtos não comestíveis) e/ou molhadas (produtos comestíveis) comercializadas, o simples fato das mercadorias serem denominadas como tal já indicia que elas eram provenientes de fora da capitania mineradora. Segundo Cláudia Chaves, "normalmente as cargas de secos e molhados e escravos indicam carregamentos provenientes de outras capitanias, cargas vindas principalmente do Rio de Janeiro e da Bahia".[89] O dinamismo desse mercado que trazia produtos de outras regiões do Império para a zona mineradora foi o que permitiu a mobilidade social dos reinóis que se tornaram Familiares do Santo Ofício em Minas colonial.

Aqui, não desconsideramos os trabalhos que mostram o dinamismo daquele mercado abastecedor da região mineradora cujas mercadorias eram produzidas dentro da própria Capitania.[90] Acontece que, no caso dos comerciantes da nossa

---

87    Este comerciante atuava no abastecimento da zona mineradora com carnes. IANTT, HSO, Domingos, mç. 42, doc. 721.

88    Além desses 12 comerciantes, temos mais quatro que comercializavam "fazendas" e/ou tinham lojas, mas, nestes casos, não foi possível especificar o que eles comercializavam.

89    CHAVES, Cláudia. Op. cit., p. 88.

90    CHAVES, Cláudia. Op. cit.; SILVA, Flávio Marcus da. Subsistência e Poder: a política de abastecimento alimentar nas Minas setecentistas. Belo Horizonte, FAFICH-UFMG, 2002 (Tese de doutorado); GUIMARÃES, Carlos Magno; REIS, Liana Maria. "Agricultura e escravidão em Minas Gerais (1700-1750)". Revista do Departamento de História (FAFICH-UFMG), n. 2, jun. 1986. p. 7-36; MENESES, José Newton Coelho. O Continente Rústico: abastecimento alimentar nas Minas Gerais setecentistas. Diamantina: Maria Fumaça, 2000.

amostragem, o ramo mercantil a que estavam atrelados e que permitiu a mobilidade social do grupo, inclusive a ponto de inseri-los na elite local da zona mineradora – como veremos melhor adiante –, era aquele responsável pela distribuição de produtos vindos de fora da Capitania, geralmente importados de regiões externas à América portuguesa pela praça do Rio de Janeiro.

## Diversificação dos Investimentos

Na perspectiva de Cláudia Chaves, "a mineração definiu a forma de povoamento e colonização, criando espaço desde o início para um grande fluxo de mercadores em Minas. Estes mercadores, por sua vez, criaram rapidamente condições para o estabelecimento do comércio fixo, dada sua vinculação com a produção agrícola local." A autora divide a fixação dos comerciantes na região mineradora em dois períodos. "Num primeiro momento, criou-se a estrutura para o desenvolvimento de pontos comerciais fixos, como lojas, vendas, tabernas, além de feiras e de uma rede comercial de abastecimento estabelecida". Já num segundo momento, "as riquezas geradas pelo comércio possibilitaram a fixação dos próprios mercadores na zona mineradora. Trata-se de um vínculo mais estreito com a atividade agrícola, a partir de um novo ator social": o tropeiro/ proprietário de terra. Chaves situa este "acontecimento no final da primeira metade do século XVIII".[91]

No entanto, analisando a trajetória dos comerciantes de nossa amostragem – ou seja, aqueles que se tornaram Familiares do Santo Ofício – verificamos um fenômeno diferente. O processo de fixação dos agentes mercantis na zona mineradora central, sobretudo na comarca de Vila Rica, ocorreu prioritariamente através do investimento em mineração e escravos, tendo o setor agrícola ocupado um segundo plano. Uma parcela significativa deles, se bem que não seja a maior parte do grupo, permaneceu no comércio até o fim da vida. Do universo de 92 comerciantes que se habilitaram ao cargo de Familiar na região de Mariana, em 83 casos foi possível saber se eles permaneceram no comércio, se investiram em outros seto-

---

91 CHAVES, Cláudia. Op. cit., p. 40.

res produtivos ou ainda se conjugaram várias atividades.[92] Do total de 83, sabemos que 36 agentes mercantis se dedicaram somente ao comércio até o final da vida. Quanto aos outros 47 comerciantes de nossa amostragem – através dos processos de habilitação, inventários e testamentos –, sabemos que eles investiram em outros setores econômicos que não apenas o comércio. É desse grupo que trataremos neste tópico. O destino principal dos recursos que eles amealhavam com o comércio era a mineração, a qual esteve presente, de formas variadas, entre os investimentos de 43 comerciantes daquele total de 47 indivíduos que não ficaram restritos ao comércio.[93] Vejamos no quadro abaixo a sistematização do movimento geral de diversificação dos investimentos dos comerciantes de nossa amostragem:

Tabela 17 – Movimento Geral de Diversificação dos Investimentos

| MOVIMENTO | No. CASOS | % |
|---|---|---|
| comércio – mineração | 11 | 23,40 |
| comércio – mineração + roças | 06 | 12,77 |
| comércio – engenho | 01 | 2,13 |
| comércio – mineração + engenho | 01 | 2,13 |
| comércio – mineração + fazendas | 04 | 8,51 |
| comércio – mineração + engenhos + roças | 02 | 4,26 |
| comércio + mineração | 15 | 31,91 |
| comércio + mineração + roças | 04 | 8,51 |
| comércio + roças | 03 | 6,38 |
| Total | 47 | 100,00 |

Fonte: IANTT, HSO; AHCSM, inventários e testamentos.

Quanto à diversificação dos investimentos, podemos dividir os comerciantes de nossa amostragem em dois grupos. No primeiro, temos aqueles que abandonavam totalmente o trato mercantil e passavam a viver, por exemplo, de minerar e/ou roças; no segundo, temos os que permaneciam no comércio, mas investiam em outros setores produtivos. No primeiro caso, podemos enquadrar 25 indivíduos

---

92 Do universo de 92, não sabemos se 9 investiram em outros setores ou se permaneceram atuando apenas no comércio.

93 IANTT, HSO; AHCSM, Inventários e Testamentos.

do total de 47 Familiares comerciantes que diversificaram seus investimentos; já, no segundo grupo, enquadramos os 22 indivíduos restantes.

Quanto aos 25 indivíduos que abandonaram a atividade mercantil, 11 migraram para a mineração, 6 investiram em lavras minerais e roças, 1 se tornou senhor de engenho,[94] 1 investiu em mineração e engenho, 1 passou a viver de minerar e fazendas e 2 investiram em mineração, roças e engenhos.

Em relação aos 22 indivíduos que permaneceram no setor mercantil, 15 aliaram esta atividade à mineração, 4 somaram, simultaneamente, a atividade mercantil à mineração e roças e 3 continuaram no comércio, porém investiram também em roças.

De modo geral, comparando o investimento em lavras minerais e roças, observamos que a mineração, de alguma forma, aparece entre as atividades de 43 indivíduos, de um total de 47 daqueles que estavam ligados ao comércio e que diversificaram seus investimentos, ou seja, em 91,4% dos casos. Apenas 15 indivíduos investem em roças, aliadas ou não a outras atividades, o que equivale a 31,91% dos casos. Se considerarmos a roça e o engenho juntos, esse número aumenta para 18, o que equivale à diversificação econômica de 38,29% dos indivíduos.

Junto com o investimento sobretudo na mineração, mas também em roças, os comerciantes de nossa amostragem adquiriam escravos, como fez Simão de Souza Rodrigues que "foi mercador e hoje vive de minerar com seus escravos e de suas cobranças".[95] O homem de negócio Bernardo Gonçalves Chaves "tinha loja de fazenda seca e há anos vive de minerar com seus escravos".[96] As testemunhas do processo de Manoel Gomes Sande, homem de negócio, declararam em seu processo de habilitação que ele "vive de sua roça e de minerar com seus escravos".[97] Em seu testamento, de 1792, Manoel declarou: "os bens que ao presente tenho é uma roça donde assisto nesta [Pirapetinga] e águas minerais e bastante escravos".[98]

---

94   Os engenhos, quando aparecem entre os investimentos dos comerciantes de nossa amostragem, eram sempre destinados a produzir aguardente.

95   IANTT, HSO, Simão, mç. 09, doc. 2195.

96   IANTT, HSO, Bernardo, mç. 08, doc. 425.

97   IANTT, HSO, Manoel, mç. 164, doc. 1720.

98   AHCSM, Cód. 199, a. 3811, 1º ofício. 1792.

O Familiar do Santo Ofício Miguel Ferreira Rabelo, habilitado em 1749, foi um dos que mais diversificou seus investimentos em Minas. Em seu processo de habilitação, de 1743, ele se identificou como homem de negócio e as testemunhas acrescentaram que ele tinha lavras e lojas de fazendas secas e molhadas. Vinte anos depois de se habilitar na Inquisição, em 1771, em seu inventário, cujo montemor era de 14:203$249 (quatorze contos, duzentos e três mil, duzentos e quarenta e nove réis), verificamos que ele tinha um plantel de 54 escravos. O Familiar empregava esses cativos em suas várias datas minerais e em "uma roça com o sócio João Martins da Cunha, com terras minerais, matas virgens, com paiol." Além desses bens, Rabelo tinha "duas casas de morada na freguesia do Sumidouro".[99] Numa sociedade escravista, além dos ganhos econômicos, os escravos serviam para garantir distinção social. De acordo com Schwartz,

> o Brasil-colônia foi uma sociedade escravista não meramente devido ao óbvio fato de sua força de trabalho ser predominantemente cativa, mas principalmente devido às distinções jurídicas entre escravos e livres, aos princípios hierárquicos baseados na escravidão e na raça, às atitudes senhoriais dos proprietários e à deferência dos socialmente inferiores.[100]

Continua o autor: "a escravidão e a raça criaram novos critérios de status que permearam a vida social e ideológica da Colônia".[101]

A diversificação dos investimentos levada a cabo pelos comerciantes de nossa amostragem confirma o que Júnia Furtado verificou em Homens de Negócio, ou seja, de que "a atividade comercial misturava-se à mineração, à produção de gêneros agrícolas e pecuários (...)".[102] Numa amostragem, a autora verificou que "58 (61,1%) comerciantes deixaram em seu legado bens de raiz, como ranchos, fazendas, lojas, casas

---

99  IANTT, HSO, Miguel, mç. 12, doc. 206; AHCSM, Inventários, cód. 68, a. 1476, 2º ofício, 1771.

100 SCHWARTZ, Stuart. *Segredos Internos*: engenhos, e escravos na sociedade colonial (1550-1835). São Paulo: Companhia das Letras, 1988. p. 209.

101 SCHWARTZ, Stuart. *Op. cit.*, p. 215.

102 FURTADO, Júnia. *Homens de Negócio...* p. 222.

de morada, lavras minerais e escravos".[103] Quanto ao investimento na mineração, em específico, a autora afirma que "nas Minas, era comum que os comerciantes obtivessem lavras para também desfrutar das riquezas minerais que a terra oferecia".[104]

## Cabedal

Nos processos de habilitação dos Familiares do Santo Ofício, as testemunhas ouvidas deveriam indicar, aproximadamente, o cabedal que os candidatos possuíam. Depois que todas apontavam suas avaliações, o Comissário responsável pelas diligências fazia uma média aproximada dos valores declarados, fossem convergentes ou não.

Através desses dados, pudemos observar que a maioria dos Familiares de Minas possuía fortunas que, em média, iam de 2 a 8 contos de réis. Os que possuíam mais de 10 contos de réis não chegavam a compor 1/3 dos agentes. No contexto das Minas, trata-se de pequenas e médias fortunas.[105] De maneira geral, esses indivíduos compunham um setor médio daquela sociedade, não podemos afirmar que eles eram a elite econômica da zona mineradora, embora alguns Familiares fizessem parte dela.

---

103 FURTADO, Júnia. *Homens de Negócio...* p. 246.

104 FURTADO, Júnia. *Homens de Negócio...* p. 246.

105 Não tivemos condições de comparar os cabedais, em réis, do grupo em análise com outras amostragens realizadas a partir de inventários das Minas. Afirmamos que se tratava de pequenas e médias fortunas, sem nenhum rigor estatístico, a partir do que observamos no trabalho de Maria Aparecida Borrego para os comerciantes de São Paulo: BORREGO, Maria Aparecida de Menezes. *Op. cit.*, p. 232-240.

Tabela 18 – Cabedal dos Familiares de Mariana (em contos de réis)

| CABEDAL | COMERCIANTE | MINEIRO | OUTROS | GERAL |
|---|---|---|---|---|
| 00 – 2:000$000 | 07 | 00 | 01 | 08 |
| 2:400$000 – 4:000$000 | 28 | 03 | 02 | 33 |
| 4:400$000 – 6:000$000 | 17 | 02 | 02 | 21 |
| 6:400$000 – 8:000$000 | 13 | 02 | 01 | 16 |
| 8:400$000 – 10:000$000 | 01 | 01 | 01 | 03 |
| 10:400$000 – 12:000$000 | 05 | 00 | 02 | 07 |
| 12:400$000 – 14:000$000 | 00 | 00 | 00 | 00 |
| 14:400$000 – 16.000$000 | 05 | 02 | 01 | 08 |
| 16:400$000 – 18:000$000 | 00 | 00 | 00 | 00 |
| 18:400$000 – 20:000$000 | 02 | 00 | 00 | 02 |
| 20:400$000 – 22:000$000 | 00 | 00 | 00 | 00 |
| 22:400$000 – 24:000$000 | 03 | 00 | 01 | 04 |
| 24:400$000 – 26:000$000 | 00 | 00 | 00 | 00 |
| 26:400$000 – 28:000$000 | 00 | 00 | 00 | 00 |
| 28:400$000 – 30:000$000 | 00 | 00 | 00 | 00 |
| Mais de 30 contos | 01 | 00 | 03 | 04 |
| Sem informação | 02 | 01 | 02 | 05 |
| TOTAL | 84 | 11 | 16 | 111 |

Fonte: IANTT, HSO.

Nos casos em que foi possível cotejar os valores das fortunas declaradas em seus testamentos e inventários com o cabedal verificado nos processos de habilitação, verificamos a tendência dos Familiares estarem mais ricos no final da vida.[106] Miguel Ferreira Rabelo, por exemplo, tinha, no momento de sua habilitação em 1749, 4:800$000 (quatro contos e oitocentos mil réis). Através de suas lojas de fazendas secas e molhadas e de suas lavras, ele conseguiu reunir, ao final de sua vida, em 1771, um monte-mor de 14: 203$299, que incluía 54 escravos.[107] Manoel Francisco Guimarães, homem de negócio, se habilitou, em 1777, tendo 3:200$000.

---

106 IANTT, HSO; AHCSM, Inventários e Testamentos.

107 IANTT, HSO, Miguel, mç. 12, doc. 206; AHCSM, Inventários, códice 68, auto 1746, 1771.

Quando faleceu, em 1791, seu patrimônio era de 4:804$555.[108] Alguns tinham o cabedal pouco alterado até o final da vida. O comerciante João Vieira Lima, por exemplo, se habilitou, em 1764, com 3: 600$000 e faleceu, em 1782, com uma fortuna de 3: 761$200.[109] Já alguns poucos morriam empobrecidos.[110]

*****

O padrão de recrutamento dos Familiares do Santo Ofício ficou claro a partir do estudo prosopográfico que realizamos sobre os habitantes das Minas setecentistas que procuraram o título de agente leigo da Inquisição. No que diz respeito à naturalidade, verificamos que a maioria absoluta dos indivíduos era originária do norte de Portugal – ¾ do total de agentes – com predominância dos naturais do Minho.

Eles eram, em geral, filhos de lavradores – caso da maioria – e de oficiais mecânicos que saíam de suas terras natais em busca de melhores oportunidades de vida: queriam trilhar o caminho da prosperidade, no caso do grupo analisado, na Capitania de Minas Gerais. Eles partiam de suas freguesias muito jovens, depois de alfabetizados, e comumente se apoiavam em redes de parentesco e de solidariedade para se inserirem em outras regiões, passando primeiro por Lisboa e depois vindo para a Colônia, onde desembarcavam no Rio de Janeiro.

A ocupação escolhida pelo grupo foi sobretudo a de comerciante. Eles atuavam no abastecimento da Capitania do ouro via Rio de Janeiro, dedicando-se geralmente ao comércio de escravos e de fazendas secas. Depois de amealharem recursos no comércio, parte significativa do grupo passava a investir em lavras e escravos, fixando-se, desta forma, em Minas.

Depois de estar 10 ou 15 anos, em média, na Capitania, eles pediam a habilitação no Santo Ofício: era o tempo que levavam para se ascenderem economicamente. Quase todos os indivíduos estudados eram solteiros no momento em

---

108 IANTT, HSO, Manoel, mç. 243, doc. 1471; AHCSM, Inventários, códice 75, auto 1624. 1791.

109 IANTT, HSO, João, mç. 124, doc. 1951; AHCSM, Códice 45, auto 1022, 1º ofício. 1782.

110 Ver, por exemplo, o caso de Bento Gomes Ramos, AHCSM, cód. 573; fl. 44; cx. 110, a. 2269; 1º ofício

que se tornaram agentes da Inquisição e pouquíssimos se casaram, provavelmente porque tinham dificuldade de encontrar noivas em Minas que pudessem passar pelo processo de habilitação do Santo Ofício. Além disso, a historiografia revela que era comum os comerciantes permanecerem solteiros em Minas.

Quanto ao cabedal, os processos de habilitação do grupo mostram que os pretendentes eram relativamente abastados, embora, de modo geral, não fizessem parte da elite econômica da Capitania, já que a maioria dos agentes possuía pecúlios que iam, em média, de 2 a 8 contos de réis.

A análise prosopográfica dos habitantes que compunham a rede de Familiares do Santo Ofício de Minas revela-nos claramente um grupo em processo de mobilidade social ascendente. Nesse processo, o primeiro passo dado pelos indivíduos em análise foi a obtenção de recursos econômicos. Se assim não fosse, por que não pediam a habilitação no Santo Ofício logo que chegavam em Minas? Eles somente o faziam depois de estarem 10 ou 15 anos, em média, na Capitania. Alguns candidatos ao cargo de Familiar chegavam a justificar sua candidatura, dentre outros argumentos, dizendo que eram ricos. Cosme Martins de Faria – cujo processo não teve desfecho –, por exemplo, afirmou que "ele suplicante deseja muito servir a Deus e a este Santo Tribunal no ministério de Familiar para aumento e exaltação da santa fé e porque na pessoa do suplicante concorrem todos os requisitos necessários e é abastado de bens por ser um mercador rico (...)".[111]

---

111 IANTT, Habilitações Incompletas, mç 15, doc. 31. Negrito nosso.

# 6
## FAMILIATURA DO SANTO OFÍCIO E DISTINÇÃO SOCIAL

OS "AVENTUREIROS E ARRIVISTAS"[1] das primeiras décadas de ocupação e colonização da zona mineradora, depois de obterem o capital econômico, sobretudo através do comércio, passavam a buscar o capital simbólico, investindo em insígnias, privilégios, enfim, em formas de dignificação e distinção social.[2] É dentro desta estratégia adotada pelo grupo em processo de mobilidade social que a familiatura cumpre um papel relevante.

O comissário Geraldo José de Abranches, de forma muito perspicaz, afirmou, no seu parecer sobre as diligências de capacidade do processo de habilitação de Antonio Gonçalves Pereira, mercador de secos e molhados, que este último se tratava com "limpeza, ainda que havera dois anos somente que principiou a tratar-se de casaca, cabeleira e espadim e que por meio do seu negócio teria de seu (livre de empenhos em que ordinariamente estão semelhantes pessoas implicadas) até 5 mil cruzados e umas boas casas".[3] Portanto, o minhoto Antonio Gonçalves Pereira, filho de lavradores, depois de ter amealhado recursos através do comércio de fazendas secas e molhadas em Minas, procurou tratar-se à lei da nobreza, usando

---

1 SOUZA, Laura de Mello e. *O Sol e a Sombra*: política e administração na América portuguesa do século XVIII. São Paulo: Companhia das Letras, 2006. p. 154, 178.

2 Sobre esta relação entre mobilidade social, capital econômico e capital simbólico, as nossas referências aqui são as análises de PEDREIRA, Jorge. Os Homens de Negócio...; MONTEIRO, Nuno Gonçalo. *Elites e Poder*: entre o Antigo Regime e o Liberalismo. Lisboa: Imprensa de Ciências Sociais – ICS-UL, 2003. p. 37-82, cap. 3. Ambos os historiadores tratam a mobilidade social no contexto do Antigo Regime português, no que diz respeito a conceitos e termos como capital simbólico e poder simbólico, inspirados no sociólogo francês: BOURDIEU, Pierre. *O Poder Simbólico*. Lisboa: Difel, Rio de Janeiro: Berthrand Brasil, 1989.

3 IANTT, HSO, Antônio, mç. 128, doc. 2157. Negrito nosso.

"casaca, cabeleira e espadim". É justamente nesse momento que ele se candidata ao cargo de Familiar do Santo Ofício.

Este exemplo ilustra muito bem o movimento perpetrado pelos reinóis em processo de mobilidade social ascendente: o mercador converteu capital econômico (provenientes do comércio de fazendas secas e molhadas) em capital simbólico (familiatura do Santo Ofício, cabeleira, casaca e espadim, boas casas, enfim, símbolos de distinção social).

Estudando os comerciantes em Minas, Júnia Furtado encontrou uma carta que explicita o quão a familiatura era ambicionada pelo grupo. Trata-se da missiva em que João Pinheiro Netto, dono de uma loja em Vila Rica, pede ajuda a seu tio, Franscisco Pinheiro, para conseguir o cargo de familiar. Netto afirmou: "pois nesta terra é uma das melhores honras que há".[4]

Dentre outros fatores, esse comportamento dos habitantes das Minas em processo de mobilidade social ascendente se explica, inicialmente, pelo fato de eles serem quase todos reinóis. Nascidos e criados em Portugal, eles nunca perdiam de vista os padrões de estratificação e distinção social do Antigo Regime. Depois de inseridos na sociedade colonial, eles adaptavam seus valores aos da sociedade escravista[5] das Minas da qual passavam a fazer parte – possuindo escravos, por exemplo –, mas a sua matriz cultural continuava sendo portuguesa. Sobre esta questão, fazemos das palavras de Sérgio Buarque de Holanda as nossas:

> É sobretudo a diversidade de aptidões bem ou mal afortunadas, que servirá para distribuir os vários elementos em camadas sociais, e é forçoso então que essa hierarquia se estabeleça segundo os padrões ibéricos e portugueses que são afinal os disponíveis. Aquela massa, pouco menos do que indiferenciada, dos primeiros tempos, vai recompor-se, na terra de adoção, conforme tradições que lhes venham da pátria de origem.[6]

---

[4] HSJ.TFP. Carta 142. Maço 18. f.690. *Apud*: Furtado, Júnia. *Homens de Negócio*...p. 225. Sou grato a Júnia Furtado pela indicação deste documento.

[5] SCHWARTZ, Stuart. *Op. cit*... p. 211-213.

[6] HOLANDA, Sérgio Buarque de. "Metais e Pedras Preciosas". In: *História Geral da Civilização Brasileira*. São Paulo: Difel, 1960, t. I, vol. II. p. 259-310, p. 296.

A importância que os indivíduos de nossa amostragem davam às formas de distinção social portuguesa fica patente em seus processos de habilitação. Depois de enriquecidos nas Minas, podemos encontrá-los enviando dinheiro e pálios para as irmandades de prestígio de suas freguesias natais. Uma testemunha das judiciais do processo de habilitação de Brás Dias da Costa, por exemplo, informou que ele "do Brasil tem mandado para a confraria do Santíssimo Sacramento desta freguesia 200 mil réis e este presente ano mandou um cofre e um pálio." Brás era natural da freguesia de Monte Alegre, Comarca de Bragança, e morava na freguesia de São Sebastião, Termo de Mariana, tendo se tornado Familiar em 1731.[7]

Nos vínculos que os reinóis das Minas continuavam mantendo com Portugal ao longo de suas vidas, as irmandades e as associações leigas assistencialistas ocupavam sempre um papel importante. Mesmo que a maioria não voltasse para o Reino, essas questões estavam presentes até ao final de suas vidas e isso fica patente em vários testamentos dos Familiares do Santo Ofício da região de Mariana. Baltazar Martins Chaves, por exemplo, legou 100$000 réis para a Santa Casa de Misericórdia da Vila de Chaves.[8] Gonçalo Rodrigues de Magalhães também deixou de esmola 200$000 réis, em seu testamento, para a Santa Casa de Chaves.[9] Já Domingos Fernandes deixou 400$000 réis para a Santa Casa da Ponte de Lima.[10] E João Vieira Aleluia destinou 200$000 réis de esmolas para as obras pias da igreja de São Lázaro do Porto.[11]

O minhoto Domingos Muniz de Araújo havia prometido "ao Santíssimo Sacramento da dita minha freguesia donde nasci a ser seu juiz". Apesar da promessa, ele não logrou ocupar o cargo tão prestigioso de juiz da irmandade do Santíssimo de sua terra natal. Com efeito, ele tentou compensar sua frustração ocupando o cargo de Definidor da mesa da Irmandade de São Miguel e Almas da freguesia de São Caetano, Termo de Mariana. Além disso, ele pediu ao seu testamenteiro que

---

7   IANTT, HSO, Brás, mç. 03, doc. 48.

8   AHCSM, Reg. Testamentos, livro 49, fl. 28v.

9   AHCSM, Reg. Testamentos, Livro 54, fl. 170v-174v

10  AHCSM, Reg. Testamentos, livro 51, fl. 203v.

11  AHCSM, Reg. Testamentos, livro 64, fl. 80.

mandasse 30 mil réis de esmola para a irmandade do Santíssimo de sua freguesia, na comarca de Viana, "e a São Miguel da mesma freguesia que é a das Almas vinte mil réis".[12] Esse vínculo com os padrões e formas de distinção social do Antigo Regime português exercia um papel fundamental para deixá-los ávidos por distinção social depois que se estabeleciam economicamente nas Minas.

Neste contexto, três elementos devem ser considerados para compreendermos como o cargo de Familiar do Santo Ofício poderia distinguir os seus titulares e, por isso, tê-los atraído: (I) a prova pública de limpeza de sangue que o título oferecia, (II) os privilégios inerentes ao título, e (III) o fato de os Familiares serem representantes e servidores em potencial de uma instituição metropolitana, a Inquisição.

Uma das principais fraturas da ordem social portuguesa do Antigo Regime era a distinção entre cristãos-velhos e cristãos-novos. Por sua característica discriminatória, a Inquisição era uma instituição que perpetuava essa divisão. Com efeito, o atestado de limpeza de sangue que a Carta de Familiar representava[13] distinguia os indivíduos que a obtivessem.[14] A familiatura colocava os agentes do Santo Ofício do lado positivo da fronteira social. Nas palavras de Hespanha, a "'limpeza de sangue' reforçava, no plano simbólico e ideológico, a imagem elitista e aristocratizante da sociedade".[15] E no contexto da sociedade escravista colonial, onde novas clivagens ganham força, nomeadamente, senhor/ escravo, branco/ preto ou mulato, os

---

12 AHCSM, Reg. Testamentos, n. 57, fl 74.

13 Ver capítulo 3.

14 "A Inquisição era uma instituição que reforçava a ideologia da "pureza de sangue" e "o poder discriminatório dos 'estatutos da pureza do sangue': instrumentos jurídicos das instituições tradicionais de nobilitação, distinção e promoção social, que obstruíam o acesso da população cristã-nova às carreiras nobilitantes e aos processos de nobilitação e distinção social." In: TORRES, José Veiga. "Da repressão à promoção social: a Inquisição como instância legitimadora da promoção social da burguesia mercantil". *Revista Crítica de Ciências Sociais*, 40, out. 1994. p. 117.

15 HESPANHA, Antônio Manuel. *Às Vésperas do Leviathan*: instituições e poder político, Portugal (século XVII). Coimbra: Livraria Almedina, 1994. p. 173. Sobre esta questão, ver também MONTEIRO, Nuno. *Elites e Poder...* p. 73; OLIVAL, Fernanda. "Rigor

Familiares do Santo Ofício novamente ficam do lado dominante/positivo e consagrado pela ordem social, o que dá ao título ainda mais relevância.

Embora não tivesse o mesmo peso que o "atestado de limpeza de sangue", os privilégios dos Familiares do Santo Ofício contribuíam também para aumentar o valor simbólico da familiatura. Na sociedade com princípios estratificadores do Antigo Regime, os privilégios assumem um peso simbólico fundamental, distinguindo quem os possuísse.[16] Segundo Torres, "alguns dos privilégios a que [a familiatura] dava acesso, pela carga simbólica de distinção nobre que possuíam, aproximavam os Familiares das gentes nobres das localidades, sem que fossem nobres, nem por origem, nem por estatuto profissional".[17]

Os primeiros privilégios dos Familiares do Santo Ofício foram concedidos por Dom Sebastião em 1562, isentando esses agentes inquisitoriais de uma série de obrigações e impostos, além de permitir que os Familiares usassem armas defensivas e ofensivas. Trata-se de privilégios típicos do Antigo Regime, que foram, por causa de negociações entre a Inquisição e a Coroa, sendo reeditados, acrescentados e reelaborados ao longo do tempo. O direito a foro privilegiado, por exemplo, foi concedido aos Familiares em 1580.[18] Mas havia crimes que não os isentavam da Justiça comum, como, por exemplo, os de lesa-majestade, motim, sodomia. Nestes casos, os Familiares não poderiam ser julgados pelo Juiz Conservador dos seus privilégios.

Em Minas, dentre os privilégios dos Familiares, o mais significativo foi o direito a foro privilegiado, pois as isenções de impostos e obrigações nem sempre

---

e interesses: os estatutos de limpeza de sangue em Portugal". *Cadernos de Estudos Sefarditas*, n. 4, 2004. p. 151-182.

16  Sobre os privilégios de foro na ordem jurídica portuguesa do Antigo Regime, ver HESPANHA, Antônio Manuel. *Op. cit.*, p. 323-351.

17  TORRES, José Veiga. *Op. cit.*, p. 122. negrito nosso.

18  Uma cópia que reúne os privilégios dos Familiares pode ser encontrada, dentre outros arquivos de Lisboa, na Biblioteca Nacional. BN, *Traslado Autentico de todos os privilégios concedidos pelos Reys destes Reynos, e & Senhorios de Portugal aos Officiaes, & Familiares do Santo Officio da Inquisição*. Lisboa: Officina de Miguel Manescal, Impressor do Santo Officio. Códice 867, F. G. 918.

eram respeitadas pelas autoridades. Quando os Familiares eram réus de certos crimes, podiam ser julgados na Conservatória dos Familiares do Santo Ofício, localizada em Vila Rica, que tinha jurisdição sobre toda a Capitania. O Juízo do Fisco de Minas foi criado em 1733, tendo sido desmembrado, assim, do Juízo do Fisco do Rio de Janeiro. Brás do Vale foi nomeado seu primeiro Juiz. Ele era quem atuava como o Juiz Conservador dos Familiares. Em 1740, com a extinção do Juízo do Fisco em Minas, o Juiz Conservador dos Familiares passou a ser o Ouvidor da Capitania. Mais tarde, em 1763, Minas passou novamente a contar com Juízo do Fisco e o nomeado para o seu cargo de Juiz foi João Fernandes Oliveira, contratador de diamantes, que aceitou exercer o cargo sem receber ordenado algum. Caso fossem julgados nesta instância e não ficassem satisfeitos com a sentença dada pelo Juiz Conservador dos Familiares, eles podiam apelar da mesma no Conselho Geral do Santo Ofício, onde seriam julgados pelo corpo de deputados deste órgão. Na maioria das vezes em que apelavam ao Conselho Geral do Santo Ofício, os Familiares conseguiam mudar, a seu favor, a sentença recebida na Conservatória dos Familiares de Vila Rica.[19]

A partir de finas do século XVII e ao longo do XVIII, devido ao grande aumento do número de Familiares habilitados pela Inquisição, o Rei passou a restringir o número de agentes que poderiam gozar dos privilégios. Tal restrição nunca ficou muito clara e havia sempre oscilações, por parte da Coroa e da Inquisição, quanto aos critérios que decidiriam quais Familiares seriam os privilegiados, o que abria uma série de brechas na legislação e espaços para

---

19  IANTT, CGSO, Autos Forenses; IANTT, CGSO, Livro 381, fl. 107V; IANTT, CGSO, Livro 381, fl. 250v. 108; IANTT, CGSO, Livro 381, fl. 250v. Sobre a relação entre Juízo do Fisco e Inquisição, ver FEITLER, Bruno. *Inquisition, Juifs et nouveaux-chrétiens au Brésil*: Le Nordeste, XVIIe et XVIIIe siècles. Louvain: Leuven University Press, 2003. p. 82-86. Por causa dos limites deste trabalho, não trataremos da questão dos privilégios dos Familiares em Minas: sua aplicação na prática, a reação das autoridades da Capitania a eles, etc. Interessa-nos, aqui, dizer que esses agentes inquisitoriais constituíam um corpo privilegiado dentro da ordem jurídica portuguesa e que isto contribuía para aumentar o prestígio do cargo.

contestações das medidas restritivas. Aqueles que fossem escolhidos para gozar dos privilégios seriam denominados "Familiares do número".[20]

O terceiro fator que contribuía para que a familiatura fosse valorizada pela sociedade luso-brasileira era o papel de representantes da Inquisição que os Familiares cumpriam. Eles eram uma espécie de elo entre a instituição metropolitana e a sociedade: ser um representante do Santo Ofício – "um poder soberanamente incontestável na sociedade portuguesa",[21] pelo menos até o período pombalino – e ser seu agente em potencial nos confins das Minas acrescentava, ainda mais, valor simbólico à medalha de Familiar.

Era por causa dos três fatores listados acima, conjugados no título de Familiar do Santo Ofício, que o grupo em processo de mobilidade social nas Minas setecentistas peticionou a familiatura ao Santo Ofício, vendo, nesta insígnia, uma forma de se distinguir socialmente, legitimando e consagrando a sua promoção social. Portanto, "a Inquisição, pela figura do Familiar, viu-se enredada pelas malhas dos interesses mais prosaicos e profanos de uma sociedade que ganhava mobilidade, e da qual, naturalmente, se sustentava e a quem servia".[22] Na base da mobilidade social do grupo focado neste estudo estava o desterramento de suas freguesias de origem e o enriquecimento,[23] em Minas, através do comércio, sobretudo.

---

20  Sobre esta questão, ver WADSWORTH, James. *Agents Of Orthodoxy...* p. 203-227. Sobre os Familiares privilegiados do número de Mariana, ver nosso trabalho de Iniciação Científica: RODRIGUES, Aldair Carlos. "Os Familiares do Santo Ofício e a Inquisição Portuguesa em Mariana no século XVIII: o caso dos privilegiados do número". *Revista de Estudos Judaicos*, Belo Horizonte, ano VI, n. 6, 2005/ 2006. p. 114-122.

21  TORRES, José Veiga. *Op. cit.*, p. 113. Segundo Bethencourt, "O reconhecimento de sua jurisdição sobre todas as pessoas, independentemente de seu estatuto e de seus privilégios, coloca o "Santo Ofício" em uma posição única em relação aos tribunais civis e eclesiásticos da época" [moderna]. BETHENCOURT, Francisco. *História das Inquisições*. São Paulo: Companhia das Letras, 2000. p. 297-298.

22  TORRES, José Veiga. *Op. cit.*, p. 131.

23  Para uma discussão mais aprofundada sobre a relação entre dinheiro e princípios estratificadores em Minas colonial, ver HOLANDA, Sérgio Buarque de. "Metais e Pedras Preciosas"...; SOUZA, Laura de Mello e. *O Sol e a Sombra...* cap. 4, p. 148-184.

Quando realizamos o estudo prosopográfico dos habitantes das Minas que se tornaram Familiares do Santo Ofício, ficou claro que a familiatura foi utilizada por aquele grupo como um mecanismo de distinção social. É importante, agora, situar essa insígnia entre outras formas distintivas obtidas pelo grupo em estudo para, primeiramente, verificarmos as potencialidades e os limites da familiatura no processo de diferenciação e reconhecimento sociais; em segundo lugar, para saber, em termos de distinção, o que era peculiar à familiatura.

Para tanto, escolhemos tratar, mais detidamente, a entrada dos habitantes de Minas que se tornaram Familiares em duas instituições: as Ordens Terceiras e a Ordem de Cristo. No caso da primeira, a análise será recortada para o Termo de Mariana e, em relação à segunda, trataremos de todos os Familiares de Minas que se tornaram Cavaleiros do hábito de Cristo. Embora com menor profundidade, abordaremos também o trânsito do grupo em análise nas câmaras e ordenanças do Termo de Mariana.

## Ordens Terceiras

O estabelecimento das irmandades em Minas e a sua configuração social relacionam-se ao movimento de sedimentação e estratificação da sociedade mineradora, cujo processo, como vimos, ganha força na década de 1730 e atinge seu ápice em meados da centúria.[24] Com efeito, se nos primeiros decênios do século XVIII, os brancos se concentravam principalmente na irmandade do Santíssimo, Rosário e São Miguel e Almas, a partir do ano de 1750, devido à maior complexidade do processo de estratificação social alcançado pela sociedade mineradora, os mais abastados vão se aglutinar sobretudo nas ordens terceiras do Carmo e de São Francisco.[25]

Por adotar critérios de admissão étnicos, sociais e econômicos mais rigorosos, as ordens terceiras ofereciam mais prestígio e distinção social aos seus membros,

---

24 Para compreendermos o papel das associações religiosas leigas em Minas, como as Ordens Terceiras do Carmo e São Francisco, as nossas referências foram: BOSCHI, Caio César. *Os leigos e o poder*: irmandades leigas e política colonizadora em Minas Gerais. São Paulo: Ática, 1986; SALLES, Fritz Teixeira. *Associações religiosas no ciclo do ouro*. Belo Horizonte: UFMG, Centro de Estudos Mineiros, 1963 (Coleção Estudos, 1).

25 FURTADO, Júnia. Homens de Negócio... p. 136-142.

fazendo com que pertencer a elas significasse integrar um estrato superior da sociedade escravista colonial.[26] É nesse contexto de maior sedimentação e assentamento da sociedade das Minas que devemos compreender a entrada e a distribuição dos Familiares do Santo Ofício da região de Mariana nas irmandades leigas. Através dos testamentos dos Familiares, datados, em sua maioria, da segunda metade do século XVIII, encontramos informações concernentes à filiação às irmandades para 35 oficiais de nossa amostragem. Observando a distribuição dos agentes inquisitoriais em tais instituições, a primeira constatação que nos salta aos olhos é a forte presença dos Familiares nas ordens terceiras – de um total de 35 agentes, apenas 3 não pertenciam às ordens terceiras do Carmo ou de São Francisco. Leonardo Manso Porto, homem de negócio, pertencia unicamente à irmandade do Senhor dos Passos;[27] João Vieira Aleluia, também homem de negócio, era filiado apenas à irmandade de São Miguel e Almas;[28] e Manoel Teixeira Ribeiro, que vivia de seu negócio, pertencia à irmandade do Senhor dos Passos, Nossa Senhora da Conceição, Nossa Senhora do Rosário e Terra Santa de Jerusalém.[29]

Quanto aos demais 32 Familiares de nossa amostragem, todos destacavam em seus testamentos a filiação a uma das ordens terceiras carmelitas ou franciscanas, seja no que toca ao amortalhamento e/ou sepultamento e, até mesmo, na escolha dos testamenteiros, como fez Francisco Jorge de Faria, em 1755, quando rogou "ao senhor irmão ministro e mais irmãos da venerável Ordem Terceira de São Francisco de quem sou irmão e aos padres procuradores da Terra Santa de quem sou irmão sejam meus testamenteiros."[30]

---

26 SALES, Fritz Teixeira. Op. cit., p. 126, BOSCHI, Caio César. Os Leigos... p. 20.

27 AHCSM, Reg. Testamento, Liv. 65, fl 97v-100v. Leonardo Manso Porto não pertencia a nenhuma das ordens terceiras certamente porque elas ainda não existiam na cidade de Mariana ou Vila Rica na época em que fez seu testamento, 1740.

28 AHCSM, Reg. Testamento, Liv. 64, fl. 80-84v. João Vieira Aleluia faleceu em 1753, ano no qual as ordens terceiras ainda não tinham a importância social que iriam adquirir nas Minas nas décadas seguintes.

29 AHCSM, Reg. Testamento, Liv. 52, fl. 226.

30 AHCSM, Reg. Testamentos, Liv. 25, fl. 01.

James Wadsworth afirmou a presença em Vila Rica da irmandade de São Pedro Mártir, o santo de invocação dos agentes da Inquisição, a qual agregava os Familiares de Minas.[31] Na verdade, os Familiares da região de Mariana, em seus testamentos, não fazem qualquer menção à existência da irmandade de São Pedro Mártir na zona mineradora, o que indica que naquela Capitania ela não existiu.

Nesta região interior da Colônia, apesar do grande número de agentes inquisitoriais, não houve esforço para fundar uma irmandade específica para os Familiares, como ocorrera em Salvador, Rio de Janeiro e Pernambuco.[32] Para os Familiares de Minas, era mais importante pertencer às irmandades locais, sobretudo as que agregavam a elite da região. Eles apenas celebravam a festa de São Pedro Mártir, que foi instituída em Vila Rica pelo Comissário Manuel Freire Batalha, no ano de 1733, ocasião em que os Familiares "vindos de fora"[33] se reuniram para celebrar seu santo de invocação. A celebração da festa de São Pedro Mártir era uma forma de os Familiares acatarem o regimento da Inquisição, segundo o qual eles, "na véspera e dia de São Pedro, sendo possível, se acharão na Inquisição de seu distrito para acompanharem o Tribunal, e assistirão na igreja em que se celebrar a festa do santo".[34] Em meados do século XVIII, os Familiares de Mariana celebravam a festa de São Pedro Mártir na Catedral da Sé.[35]

Por meio dos testamentos dos Familiares, notamos que as ordens terceiras ganhavam mais importância entre os agentes que habitavam a cidade de Mariana, pois era nas capelas daqueles sodalícios que eles queriam ser sepultados. Como as Ordens

---

31  WADSWORTH, James. "Celebrating St. Peter Martyr: The Inquisitional Brotherhood in Colonial Brazil". *Colonial Latin American Historical Review*, vol. 12, n. 2, spring 2003. p. 173-227. WADSWORTH, James. *Agents of Orthodoxy...* p. 228-253.

32  WADSWORTH, James. "Celebrating St. Peter Martyr: The Inquisitional Brotherhood in Colonial Brazil". *Colonial Latin American Historical Review*, vol. 12, n. 2, spring 2003. p. 173-227. WADSWORTH, James. *Agents of Orthodoxy...* p. 228-253.

33  IANTT, CGSO, mç 04, doc. 12.

34  Regimento de 1640, Liv. I, Tit. XXI, §3º.

35  Arquivo Eclesiástico da Arquidiocese de Mariana, Livros de Provisões, 1748-1750, tomo 2, fl 255v. "Provisão passada a favor dos Familiares do Santo Ofício para se expor o Santíssimo Sacramento na festividade do senhor São Pedro Mártir nesta Sé Catedral".

Terceiras do Carmo e São Francisco agregavam as elites locais e, por isso, cobravam anuais e taxas mais elevadas, tinham condições de oferecer um ritual fúnebre mais pomposo, bem ao gosto da sociedade barroca das Minas. No caso dos Familiares que habitavam as freguesias mais afastadas do núcleo urbano principal, apesar de, em sua grande maioria, também pertencerem às ordens terceiras, em geral, reivindicavam os sepultamentos nas matrizes ou capelas das irmandades locais; porém, o corpo deveria ser amortalhado sempre com o hábito terceiro de São Francisco ou de Nossa Senhora do Monte do Carmo. Não encontramos caso algum em que um membro da ordem terceira de São Francisco pertencesse simultaneamente à do Carmo.

Como podemos observar no quadro abaixo, 2/3 dos Familiares estavam na ordem Terceira de São Francisco, sobretudo na de Mariana – nos casos em que foi possível verificar a sede da irmandade. A ordem terceira do Carmo apetecia menos aos agentes leigos da Inquisição, pois apenas 1/3 se filiou a ela.[36]

**Tabela 19 – Os Familiares do Santo Ofício de Mariana nas Ordens Terceiras**[37]

| Ocupação | Ordem Terceira de São Francisco | Ordem Terceira do Carmo |
|---|---|---|
| Homem de negócio | 16 | 05 |
| Vive de seu negócio | 02 | 00 |
| Mineiro | 03 | 01 |
| Vive de sua fazenda | 00 | 01 |
| Escultor | 01 | 00 |
| Mestre carpinteiro | 00 | 01 |
| Boticário | 01 | 00 |
| Militar | 01 | 00 |
| Total | 24 | 08 |

Fonte: Testamentos do AHCSM e AEAM.

---

36 A localidade das ordens terceiras às quais os Familiares pertenciam era a seguinte: Ordem Terceira de São Francisco: Mariana, 06; Vila Rica, 03; Rio de Janeiro, 01; e sem mencionar a localidade, 15. No caso destes não mencionaram a localidade, suspeitamos que quase todos estavam na de Mariana.Ordem Terceira do Carmo: Mariana, 03; Vila Rica, 03; e sem mencionar o local, 02.

37 Obs.: em 03 casos, dos 35 testamentos localizados, o testador não pertencia a nenhuma das ordens terceiras.

Trazendo seus valores culturais de Portugal e imersos no universo mental da sociedade escravista e colonial das Minas, eles passavam a ambicionar também os símbolos de distinção social que interessavam às elites daquela sociedade, neste caso, pertencer às ordens terceiras do Carmo ou São Francisco. Embora não possamos precisar em anos, o momento de entrada nas ordens terceiras coincidiu mais ou menos com o pico da expedição de cartas de Familiar para os habitantes das Minas. Isto significa que, para o grupo focado em nossa análise, tanto a obtenção da familiatura, como a entrada nas irmandades de maior prestígio, fazia parte de um movimento maior: a busca por distinção social.

A predominância dos Familiares de Mariana na ordem terceira de São Francisco pode ser explicada por dois fatores. O primeiro se relaciona ao perfil ocupacional dos Familiares, já que 80% estavam ligados ao setor mercantil quando se habilitaram. Não dispomos, na historiografia, de trabalho detido sobre o perfil ocupacional dos membros das ordens terceiras de Minas. Sales sugeriu que "a Ordem Terceira de São Francisco era a irmandade dos intelectuais e altos funcionários, ao passo que a Ordem Terceira do Carmo englobava ou aglutinava em seu seio, de preferência, a classe de comerciantes".[38] Júnia Furtado e Caio Boschi endossam esta mesma tese de Sales.[39] No caso de São Paulo, Borrego verificou "significativa participação dos comerciantes na Ordem Terceira da Penitência de São Francisco e na Irmandade do Santíssimo Sacramento". Na primeira, a autora observou que os agentes mercantis correspondiam a 46,29 % do total de irmãos que ocuparam importantes cargos administrativos no sodalício.[40] Na região de

---

38 SALES, Fritz Teixeira. *Op. cit.*, p. 71. Apesar do autor colocar essa afirmação na conclusão do capítulo em que são analisados os aspectos sociais e econômicos da irmandade, na página 50, ele afirma que devido à polarização social alcançada pelas Minas em meados dos setecentos, já existiam classes estratificadas "como a dos comerciantes, a qual pertencia à Ordem 3ª de São Francisco".

39 FURTADO, Júnia. *Homens de Negócio...* p. 146-147. A autora acrescenta que "essa divisão nunca foi totalmente rígida, pois dois comerciantes (...) afirmaram em seus testamentos fazer parte da Ordem Terceira de São Francisco da Bahia ou Rio de Janeiro". p. 147; BOSCHI, Caio. *Os Leigos.* p 164.

40 BORREGO, Maria Aparecida. *Op. cit.*, p. 152-153.

Mariana, diferentemente do que afirmou Sales, acreditamos que havia uma tendência entre os comerciantes para estarem predominantemente na ordem terceira de São Francisco. No estatuto deste sodalício ficava estabelecido que a entrada dos irmãos teria como condição essencial a posse de

> "bens de ofício ou agência de que se possa comodamente sustentar. E não as tendo serão admitidos, exceto as pessoas que forem caixeiros de lojas de fazenda seca, ou molhados, porque estes, ainda que ao presente não tenham, contudo estão aptos para estabelecer negócio de que se possam sustentar, contanto, que neles concorram os mais requisitos."[41]

A atenção dedicada aos caixeiros pelos redatores do estatuto do sodalício é um reflexo da presença dos comerciantes, sobretudo reinóis, na Ordem Terceira de São Francisco. Era fato comum os imigrantes portugueses iniciarem a carreira mercantil como representantes de outros comerciantes ou de casas mercantis estabelecidas nas praças há mais tempo.

O segundo fator que explica a predominância dos Familiares na ordem terceira de São Francisco é sua presença desde a fundação desta irmandade. Na verdade, este fator se liga ao primeiro, já que os agentes inquisitoriais que se destacaram na criação da irmandade eram homens de negócio. Entre os sete irmãos que compunham a mesa administrativa do sodalício, estava o Familiar Tomé Dias Coelho. Ele apresentava o típico perfil de um Familiar de Minas: era minhoto, identificava-se como homem de negócio, embora também vivesse de minerar, e era solteiro. Depois de cerca de 25 anos nas Minas, habilitou-se como Familiar, em 1754,[42] tendo afirmado em seu testamento 20 anos depois que "(...) meu corpo será sepultado na capela do glorioso Seráfico S. Francisco da Ordem Terceira da cidade de Mariana na qual sou irmão (...)."[43]

---

41  SALES, Fritz Teixeira. *Op. cit.*, p. 51.

42  A informação de que ele era membro do Definitório da Ordem Terceira de São Francisco obtivemos em SALES, Fritz Teixeira. *Op. cit.*, p. 50. Os dados da sua habilitação em IANTT, HSO, Tomé, mç 05, doc. 68.

43  Arquivo Histórico da Casa Setecentista de Mariana. Registro de Testamento. Livro 47; fls 147v. 1º ofício. 1774.

A mesa dirigente da ordem Terceira de São Francisco, da qual o Familiar Tomé Dias Coelho fazia parte, elegeu Miguel Teixeira Guimarães e Francisco Soares Bernardes para serem os redatores do estatuto da irmandade. E aqui, mais uma vez, um agente leigo da Inquisição teve destaque, pois o primeiro era Familiar do Santo Ofício.[44] Miguel Teixeira Guimarães habilitou-se como Familiar em 1747, quando tinha 32 anos; era minhoto e homem de negócio; vivia de lojas de fazenda molhada e de minerar.[45] Anos depois de redigir o estatuto da mesma Ordem Terceira de São Francisco de Mariana, tal Familiar voltaria a atuar na mesma como ministro. Este fato se comprova pelas palavras usadas no testamento de que era "ministro da venerável ordem terceira desta cidade e por isso o testamenteiro mandará fazer as suas [ileg.] na fazenda a festa do Santo Patriarca no seu dia, conforme sou obrigado bem como pagará de esmola Mezaria determinada pelos estatutos e anuais que estiver devendo".[46]

A influência exercida pelos irmãos Familiares na ordem terceira de São Francisco de Mariana acabou se refletindo no seu estatuto, no qual se esclarecia que Os Familiares do Santo Ofício, juntamente com os Cavaleiros do Hábito de Cristo estavam dispensados dos interrogatórios.[47] Isso era possível também porque os processos de habilitação exigidos, tanto para se tornar Familiar como para entrar na Ordem de Cristo, eram considerados pela sociedade do Antigo Regime português como os mais rigorosos, sobretudo no que toca à limpeza de sangue.

O fato de os Familiares estarem isentos dos interrogatórios para a entrada na ordem terceira de São Francisco deve ter contribuído para a atração que esta irmandade exerceu sobre eles, em detrimento da ordem terceira do Carmo. Apesar de reconhecermos a influência desta isenção, acreditamos que o fato de a maioria dos Familiares de Mariana ser comerciantes é o fator que mais explica a predominância deles na ordem terceira franciscana. Mais do que Familiares que se tornaram membros das ordens terceiras, tratava-se, antes, de arrivistas reinóis, sobretudo homens de negócio, que se tornaram agentes leigos da Inquisição e membros da Ordem Terceira de São Francisco. Em outras palavras, os motivos que levavam os

---

44   Citado em SALES. *Op. cit.,* p. 50.

45   IANTT, HSO, Miguel, mç 12, doc 202.

46   AEAM, Testamentos, 1109.

47   SALES. *Op. cit.,* p. 51. Documento transcrito.

portugueses que moravam em Mariana a procurarem o título de Familiar do Santo Ofício eram os mesmos que os levavam a estar predominantemente nas ordens terceiras, sobretudo a de São Francisco. Ser Familiar e membro das ordens terceiras, portanto, faziam parte de um mesmo jogo: a busca por distinção e prestígio social.

Apesar de os Familiares do Santo Ofício de Mariana terem se aglutinado nas ordens terceiras, elas não eram as únicas associações religiosas leigas às quais pertenciam. Devemos lembrar que as ordens terceiras do Carmo e de São Francisco só passaram a existir em Mariana a partir da segunda metade do século XVIII. Antes disso, eles estavam presentes nas diversas irmandades de brancos da região, aparecendo com maior frequência na irmandade da Terra Santa de Jerusalém e na do Santíssimo Sacramento – seja a da Sé ou das freguesias mais afastadas de Mariana. Outras irmandades, como, por exemplo, as do Rosário, São Miguel e Almas, eram mencionadas nos testamentos de uma forma secundária.

Entre os Familiares que moravam na cidade de Mariana, notamos um pouco caso com as irmandades que não eram as ordens terceiras, enquanto que os agentes que habitavam as freguesias mais afastadas do centro urbano, apesar de fazerem questão de mencionar a ordem terceira à qual pertenciam, davam um certo destaque às irmandades locais. Vários Familiares exerceram cargos dentro das irmandades, que não eram ordens terceiras, como Antônio Martins de Araújo, que foi síndico da irmandade da Terra Santa de Jerusalém.[48] O Familiar Paulo Rodrigues Ferreira, apesar de em seu testamento ter citado apenas que era irmão da ordem Terceira de São Francisco, através de outra fonte ficamos sabendo que ele havia sido procurador da irmandade de São Miguel e Almas da Sé de Mariana.[49] Portanto, o destaque era dado às ordens terceiras.

De modo geral, se um mesmo indivíduo pertencia a várias irmandades e às ordens terceiras ao mesmo tempo, ele tendia a dar destaque, em seu testamento, às ordens terceiras. Isto indica que, pelos motivos já mencionados acima, elas eram as associações religiosas leigas que ofereciam maior estima social aos seus irmãos, pelo menos no momento de maior assentamento da sociedade das Minas.

---

48 AHCSM, Reg. Testamentos, cód. 25, a. 653, 1º ofício.

49 AHCSM, cx 145, a. 3050, 1º ofício.

## Câmaras e Ordenanças[50]

Diferentemente das ordens terceiras, onde os indivíduos de nossa amostragem penetraram em larga escala, nas câmaras e nas companhias de ordenanças da região de Mariana, a sua penetração foi menor. A entrada nestas instituições dependia de uma boa posição dentro dos jogos de poder político locais e não apenas da "limpeza de sangue".

No caso dos Familiares de Mariana, apenas 5 deles, em algum momento de suas vidas, chegaram a ocupar cargos importantes na câmara: Caetano Alves Rodrigues (vereador, em 1718, e presidente, em 1721), Nicolau da Silva Bragança (vereador, em 1726), Antônio Duarte (procurador em 1747), Paulo Rodrigues Ferreira (procurador, em 1771) e Francisco Pais de Oliveira Leite (presidente, em 1780).[51] Todos eles eram muito abastados no momento das habilitações no Santo Ofício, possuindo, respectivamente 200 mil, 30 mil, 100 mil, 25 mil cruzados. Quanto ao último, as testemunhas apenas informam que ele era "muito rico". Suas fortunas advinham de grandes plantéis de escravos, várias lavras e roças. Os comerciantes de nossa amostragem quase não tiveram inserção na Câmara de Mariana. Dos 5 citados apenas Antônio Duarte tinha envolvimento com essa atividade.

Diferentemente da Câmara de Mariana, a de Vila Rica parecia ser mais aberta aos comerciantes, pelo menos aos que se tornaram Familiares. Manoel José

---

50 Diferentemente do que ocorreria nas capitanias do Rio de Janeiro, Pernambuco e Bahia, em Minas não se constituiu uma companhia militar específica para os Familiares servirem. Sobre a organização das companhias dos Familiares no Brasil, ver WADSWORTH, James. *Agents of Orthodoxy...* p. 253-264.

51 Baseamos, aqui, na lista de vereadores, presidentes e procuradores da Câmara de Mariana publicada em: VASCONCELOS, Salomão. Vida Política e Social da Vila do Carmo. In: *Revista Brasileira de Estudos Políticos*. Belo Horizonte, n. 20, jan./ 1966. p. 195-234. Esta listagem inclui apenas os cargos de presidente, vereador e procurador. Sobre a relação entre prestígio social e ocupação de cargos camarários, ver SILVA, Maria Beatriz Nizza. *Ser Nobre na Colônia*. São Paulo: Editora da Unesp, 2004. p. 138-148. Sobre o papel das câmaras em Minas, ver: RUSSEL-WOOD, A. J. R. "O Governo Local na América Portuguesa: um estudo de divergência cultural". *Revista de História da USP*, São Paulo, ano 25, vol. 55, 1977. p. 25-80.

Veloso, comerciante de fazendas secas, "serviu de vereador da câmara e aos mais cargos distintos dela que não ocupara senão pessoas graves".[52] José Veloso Carmo, mercador de fazendas secas, e, mais tarde, mineiro, serviu "de vereador da câmara da dita vila [Rica], que é capital e de maior autoridade de toda a capitania".[53] Além desses, encontramos cerca de uma dezena de Familiares de Vila Rica que eram comerciantes – na época em que se habilitaram no Santo Ofício – e entraram na câmara daquela cidade.[54] Alguns agentes mercantis de outras regiões das Minas também conseguiram participar das Câmaras. Foi o caso do Familiar João Furtado Leite, habilitado em 1750, que "foi algum dia comboieiro de negros, foi o ano passado vereador na vila do Caeté e, de presente, vive de minerar nas lavras em que é sócio de seu primo".[55] Ele seguiu aquela trajetória comum a muitos comerciantes das Minas que, em meados do século XVIII, se tornaram Familiares, ou seja, concomitante à sua inserção social, ele abandonou a atividade mercantil e passou a viver de minerar.

Quanto às ordenanças e outras forças militares da região de Mariana, notamos a entrada nelas de uma pequena parcela dos Familiares.[56] Em parte, a obtenção de

---

52   IANTT, HOC, Letra M, mç. 19, doc. 13; IL, Livro de Registro de Provisões, Liv. 117, Fl. 52v.

53   IANTT, HOC, Letra J, mç. 40, doc. 04; IL, Livro de Registro de Provisões, Liv. 111, Fl. 352v.

54   IANTT, IL, Livro de Registro de Provisões. Obtivemos a listagem de todos os ocupantes de cargos na câmara de Vila Rica em: *Memorial Histórico-Político da Câmara Municipal de Ouro Preto*. Ouro Preto: Ouro Preto Ilimitada, 2004. (Memorial realizado pela Câmara Municipal de Ouro Preto). No caso de São Paulo, durante a primeira metade do século XVIII, Maria Aparecida Borrego verificou uma significativa participação dos comerciantes na câmara. BORREGO, Maria Aparecida de Menezes. *Op. cit.*, p. 128-167.

55   IANTT, HSO, João, mç. 93, doc. 1586.

56   Estudando as elites de Portugal do Antigo Regime, Nuno Monteiro afirmou que "as ordenanças constituíam outra das instituições relevantes da sociedade local portuguesa, certamente uma das mais originais". MONTEIRO, Nuno Gonçalo Freitas. *Elites e Poder...* p. 46. Para compreendermos a importância da ocupação de postos nas ordenanças como uma forma de distinção social em Minas, baseamos, sobretudo, em: COSTA, Ana Paula Pereira. *Atuação de poderes locais no Império Lusitano*: uma análise do perfil das chefias dos Corpos de Ordenanças e de suas estratégias na construção

tais postos coincidia com a ocupação de cargos na Câmara: dos 5 Familiares que foram vereadores, 3 tiveram também cargos nas forças militares da região de Mariana. Além desses, mais 8 indivíduos de nossa amostragem ocuparam cargos nas forças militares do Termo de Mariana, principalmente, nas companhias de ordenança.[57]

Nessas instituições marianenses, diferentemente do que ocorria na câmara, observamos uma maior penetração dos comerciantes. Dos 11 Familiares que entraram nas companhias militares, sobretudo nas de ordenanças, 6 exerciam alguma atividade mercantil, enquanto os demais viviam de minerar e de suas fazendas.[58]

A ocupação de cargos na Câmara e nas forças militares, sobretudo ordenanças, indica-nos que os Familiares que ali penetraram pertenciam à elite das Minas. Fato que podemos confirmar quando observamos que muitos dos que ocuparam estes postos, também se habilitaram na Ordem de Cristo, já que o desempenho daqueles ofícios os ajudava a criar um histórico de serviços prestados à Coroa.

## Ordem de Cristo

Dos símbolos de distinção social obtidos pelos indivíduos de nossa amostragem, o de mais difícil acesso foi o hábito da Ordem de Cristo. Do total de 457 Familiares do Santo Ofício em Minas, 23 se habilitaram para receber o hábito de Cavaleiro da Ordem de Cristo.[59] O reduzido percentual se explica pelo fato dos

---

de sua autoridade. Vila Rica, 1735-1777. Rio de Janeiro, UFRJ, 2006 (Dissertação de Mestrado). Segundo a historiadora, a ocupação de postos nas ordenanças significava "produção ou reproducao de prestígio e posição de comando, bens não negligenciáveis no Antigo Regime, bem como isenções de impostos e outros privilégios". p. 35. Sobre as ordenanças, ver também: MELLO, Christiane Figueiredo Pagano. *Os Corpos de Auxiliares e de Ordenanças na Segunda Metade do Século XVIII*: as Capitanias do Rio de Janeiro, São Paulo e Minas Gerais e a Manutenção do Império Português no Centro-Sul da América. Niterói, UFF, 2002 (Tese de Doutorado).

57   IANTT, HSO, HOC, AHU/ Resgate-MG.

58   IANTT, HSO, HOC, AHU/ Resgate-MG.

59   IANTT, HOC; Chancelaria da Ordem de Cristo. Sou muitíssimo grato a Fernanda Olival por ter pesquisado, em seu banco de dados sobre as ordens militares, o nome de todos

requisitos exigidos para a habilitação na Ordem de Cristo serem mais restritivos do que os do Santo Ofício.

Além da limpeza de sangue, exigência comum às duas instituições, outros dois requisitos, difíceis de ser transpostos, eram cobrados pela primeira. Um deles era que os candidatos tivessem prestado serviços à Coroa, a qual, como recompensa/remuneração, concedia a mercê do hábito de Cristo.[60] Depois de concedido o hábito, para serem armados Cavaleiros, os súditos precisavam passar pela habilitação da Mesa de Consciência e Ordens. Pelo processo, eles tinham que provar que não tinham "defeito de mecânica", ou seja, que não tinham vivido do trabalho de suas próprias mãos, exigência esta estendida também aos pais e avós dos candidatos.[61] Os habitantes de Minas, que se tornaram Familiares e também cavaleiros do hábito de Cristo, enfrentaram problemas típicos de grupos em mobilidade social ascendente quando se submeteram às provanças da Mesa de Consciência e Ordens, sobretudo no que se refere à limpeza de mãos.

Na rampa da distinção social escalada pelos 23 habitantes das Minas que obtiveram a familiatura e o hábito da Ordem de Cristo, 16 se tornaram primeiramente agentes da Inquisição para depois se tornarem cavaleiros do hábito de Cristo. Ser Familiar do Santo Ofício era um passo importante para se tornar cavaleiro, primeiro, porque, como vimos no capítulo 3, essa insígnia funcionava como um "atestado de limpeza de sangue", o que dava garantia ao candidato de que ele atenderia tranquilamente, na ordem militar, ao requisito de ser cristão-velho. Segundo Olival, "não se conhece, por ora, nenhum caso de familiar que tivesse reprovado nas Ordens Militares por questões de sangue".[62] E, segundo, porque, com

---

os 457 Familiares de Minas para saber quais deles tinham se tornado cavaleiros do hábito de Cristo.

60   Sobre a "economia da mercê", ver OLIVAL, Fernanda. *As Ordens Militares...* p. 15-38.

61   Sobre os procedimentos para se habilitar na Ordem de Cristo, ver OLIVAL, Fernanda. *As Ordens Militares...* p. 107-137.

62   OLIVAL, Fernanda. "Rigor e interesses: os estatutos de limpeza de sangue em Portugal". *Cadernos de Estudos Sefarditas*, n. 4, 2004. p. 166. Ainda, segundo a autora, "muitos dos que no século XVIII tinham necessidade de dispensa de mecânica, fosse nos próprios ou nos ascendentes, eram já familiares do Santo Ofício quando lutavam pelo hábito.

a familiatura, eles aumentavam a sua consideração e estima social, diferenciação esta que acabava tendo repercussão positiva quando as testemunhas depunham a seu respeito na habilitação da Ordem de Cristo.

No caso dos poucos que conseguiram o hábito da Ordem de Cristo antes de obter a familiatura, notamos que ocupavam postos importantes nas companhias de ordenanças – como o de sargento-mor e de capitão-mor – ou nas outras companhias militares de Minas ou ainda cargos nas câmaras. Devido ao exercício destes cargos, era mais fácil conseguir a mercê do hábito de Cristo através de serviços próprios à Coroa,[63] pois os que conseguiam a familiatura antes do hábito de Cristo, levavam mais tempo para darem entrada na habilitação da Ordem militar, já que, geralmente precisavam negociar a compra dos "serviços à Coroa" de terceiros.

No caso dos que se tornavam cavaleiros antes de se tornarem Familiares, o fato de possuírem serviços próprios não significava que teriam uma habilitação tranquila na Ordem de Cristo. Caetano Álvares Rodrigues, por exemplo, que era guarda-mor em Mariana e fora vereador na câmara da mesma vila, enfrentou problemas com o "defeito de mecânica", que recaía sobre si e seus progenitores – "seu pai foi caixeiro e depois mercador de loja e o avô materno alfaiate vestimentário". Depois de muita insistência, através do envio de várias petições e certidões que comprovavam seus serviços à Coroa – sobretudo seu apoio ao Governador Assumar na repressão do motim de Vila Rica ocorrido em 1720[64] –, em 1731, ele teve o seu "defeito" dispensado pelo Rei.[65]

De modo geral, daqueles para os quais dispomos de dados referente ao "defeito de mecânica", verificamos que apenas um candidato não enfrentou as dispensas. Em virtude daquela "mácula", os 12 restantes tiveram que solicitar a dispensa

---

Como eram cristãos-velhos, começavam por aquela distinção que, teoricamente, não averiguava das mecânicas". In: OLIVAL, Fernanda. *As Ordens Militares...* p. 377.

63  Além de contribuir no quesito "serviços", a ocupação destes postos era importante porque ajudava o indivíduo a exibir publicamente, ao nível local, um "viver nobremente" ou "viver à lei da nobreza", exigência importante para se entrar na Ordem de Cristo. OLIVAL, Fernanda. *As Ordens Militares...* p. 374.

64  SOUZA, Laura de Mello e. *Norma e Conflito...* p. 30-45.

65  IANTT, HOC, Letra C, mç. 12, doc. 06.

do Rei para se habilitarem. João Gonçalves Fraga conseguiu a dispensa de seu "defeito" devido ao "relevante serviço porque foi despachado, dando porém dois marinheiros para a armada", em 1732.[66] Manoel Borges da Cruz, que foi tanoeiro no Reino, ourives do ouro quando chegou em Minas, depois comboieiro de escravos e, por fim, vivia de minerar, em 1769, conseguiu ser dispensado dos "impedimentos assim pessoais como de pais e avós dando o donativo de seis mil cruzados por serem impedimentos muitos e alguns de grande abatimento e outros sórdidos".[67]

A negociação que os indivíduos de nossa amostragem realizaram com a Mesa de Consciência e Ordens para terem seus "defeitos de mecânica dispensados" revela um grupo em processo de mobilidade social ascendente e ávidos por nobilitação. Alguns, sobretudo aqueles que não tinham serviços próprios, além de arcar com custos do processo de habilitação, ainda tinham que pagar as altas multas para terem seus "defeitos de mecânica" dispensados.

A trajetória de vida dos indivíduos que se habilitaram na Ordem de Cristo e também no Santo Ofício, grosso modo, é muito parecida com aquela dos que se habilitaram somente nesta última:[68] eram, em sua maioria, naturais do norte de Portugal, filhos de lavradores e/ou oficiais mecânicos, vinham para a Colônia apoiados em redes de parentesco e eram solteiros. Ao chegar a Minas, atuavam sobretudo no setor mercantil – em geral, no comércio de escravos e fazendas secas – e depois passavam a investir na mineração. Em números, o perfil ocupacional dos 23 Familiares que se tornaram Cavaleiros era o seguinte: 15 eram comerciantes, 2 eram mineiros, 2 eram militares, 1 vivia de sua fazenda e 1 era senhor de engenho; para 2, não consta a ocupação.[69]

---

66 IANTT, HOC, Letra J, mç. 09, doc. 64.

67 IANTT, HOC, Letra M, mç. 23, doc. 13.

68 É claro que isto se deve também ao fato de nossa amostragem só incluir os Cavaleiros que, em algum momento de suas vidas, se tornaram Familiares do Santo Ofício.

69 IANTT, HOC. A ocupação considerada aqui foi aquela declarada na petição ao Conselho Geral do Santo Ofício quando eles se candidataram ao cargo de Familiar. Portanto, não consideramos a diversificação de seus investimentos ou a mudança de ocupação ao longo de suas vidas. No caso dos 15 comerciantes, a maioria deles atuava no comér-

No caso dos habilitandos que eram homens de negócio, eram comuns os problemas na habilitação por causa do "defeito de mecânica", geralmente "adquirido" no início de suas carreiras, quando tinham sido caixeiros ou exercido algum ofício mecânico, como ocorreu com Manoel José Veloso, por exemplo.[70]

Manoel José Veloso conseguiu a mercê do hábito de Cristo, com 12 mil réis de tença, por ter quintado 15 arrobas e 23 marcos de ouro na Real Casa de Fundição de Vila Rica "desde 01/08/1755 até 31/07/1756". Quando a Mesa de Consciência e Ordens realizou as provanças para habilitá-lo como cavaleiro do hábito de Cristo, constatou que ele "teve loja de panos e baetas e, assistindo em casa de um tio que era contratador de livros [no Rio de Janeiro], também vendia alguns", o que resultou em defeito de mecânica. Além disso, uma testemunha de seu processo, o Pe. Manuel Álvares Ribeiro, informou que ele "era homem de negócio de escravos que comprava no Rio de Janeiro para vender nas Minas (...)". Outras testemunhas negaram que ele tivesse sido comboieiro, seja de escravos ou de suas próprias mercadorias, ao declararem que "não teve o trato de comboieiro porque as fazendas que do Rio mandava para as Minas eram nas tropas que alugava aos homens de caminho, como se pratica e é estilo nas mais partes da América". Manoel José Veloso recorreu da decisão da Mesa de Consciência e Ordens em reprovar seu processo de habilitação, apoiado na quantidade de quinto pago por ele em Vila Rica. Acatando seu argumento, o Rei concordou em dispensar o seu "defeito de mecânica" em 20 de julho de 1768.[71]

Outro comerciante que enfrentou semelhante impedimento por causa do início da carreira foi Antônio de Abreu Guimarães, habilitado no Santo Ofício em 1753 e na Ordem de Cristo em 1765. Quando chegou às Minas, na fregue-

---

cio de escravos e fazendas secas. Dos 15, quando foi possível saber, 6 diversificaram seus investimentos investindo em mineração.

70 Esta não era uma característica peculiar aos cavaleiros de Minas, parece ter sido comum ao longo do século XVIII: segundo Olival, "o tipo ideal de cavaleiro com mecânica nele próprio estava geralmente ligado ao comércio; era quase sempre, homem de negócios do grande trato ou caixeiro, quando recebia o hábito. Tinha, em regra, bons recursos financeiros". OLIVAL, Fernanda. *As Ordens Militares...* p. 376.

71 IANTT, HOC, Letra M, mç. 19, doc. 13.

sia de Carijós, comarca do Rio das Mortes, "foi trabalhador de enxada e foice e que depois comboiara pretos algum tempo do Rio de Janeiro para as Minas e que para isto vendera as plantas que tinha roçado". Depois de obter lucro com o comércio de escravos, ele passou também a "ter loja de fazendas secas no arraial dos Carijós no qual assistia e tinha outra por sua conta no Serro, para as quais ia comprar fazendas para sortimento ao Rio de Janeiro". Esses "defeitos de mecânica" adquiridos no início da vida foram dispensados mediante o fato de "ser interessado em dez ações originais na Companhia" do Grão-Pará e Maranhão, conforme previa o alvará pombalino de 1757.[72]

Como os dois comerciantes acima, José Veloso do Carmo enfrentou problemas em sua habilitação na Ordem de Cristo por causa do "defeito de mecânica", uma vez que iniciara sua carreira numa loja de fazendas secas em Vila Rica, onde vendia "por si e seus caixeiros". Como aconteceu com outros comerciantes, após a lei de 3 de dezembro de 1750, ele conseguiu a dispensa de seu "defeito" porque, seis anos antes de peticionar sua habilitação na Ordem de Cristo, abandonou o negócio e passou a minerar, o que permitiu que ele fundisse "em um só ano mais de 11 arrobas de ouro" na Casa de Fundição de Vila Rica. Cotejando seu processo de habilitação na Mesa de Consciência e Ordens e no Santo Ofício, percebemos que José Veloso Carmo manipulou as informações de seu passado de modo a enfrentar menos "defeitos de mecânica" na Ordem de Cristo. Para esta última, ele informou que era filho e neto de lavradores de suas próprias terras, porém, na habilitação do Santo Ofício – onde não se exigia limpeza de ofício – constatamos que, na verdade, ele era filho de um carpinteiro/serrador de madeira, neto paterno de lavrador e carpinteiro e neto materno de fazedor de telhas e rodízios de moinho. Além de esconder a "mecânica" de seus ascendentes, ele omitiu que tinha sido alfaiate em Braga, antes de partir para o Brasil.[73]

---

72 IANTT, HOC, Letra A, mç. 16, doc. 11. Sobre o Alvará, ver OLIVAL, Fernanda. O Brasil, as companhias pombalinas e a nobilitação no terceiro quartel do Setecentos. In: CUNHA, Mafalda Soares (org.). Do Brasil à Metrópole: efeitos sociais (séculos XVII--XVIII). Separata da *Revista Anais da Universidade de Évora*, Évora, n. 8 e 9, p 47-72, dezembro 1998/1999. p. 73-98.

73 IANTT, HOC, Letra L, mç. 40, doc. 04. HSO, José, mç. 106, doc. 1485.

Outro que escondeu a sua mecânica na Ordem de Cristo foi Manoel Dias Pereira, cujo processo teve desfecho em 1760. Nas suas provanças para se tornar Cavaleiro, constatou-se que seus pais e avós eram lavradores de seus bens, porém na habilitação do Santo Ofício, concluída em 1753, as testemunhas informaram que seu pai viveu do ofício de alfaiate e depois de rendas, seu avô paterno era lavrador e o materno era rendeiro e tecelão. Além disso, no seu processo da Ordem de Cristo procurou-se enfatizar que ele vivia de minerar com seus escravos. Já no Santo Ofício, ele aparecia como mercador de fazenda seca – ocupação que, provavelmente, teria constituído um "defeito de mecânica", já que era comum aos comerciantes desse gênero venderem por si próprios em suas lojas, pelo menos no início da carreira.[74]

No caso de grupos em processo de mobilidade social ascendente, parece ter sido usual este tipo de manipulação para tentar esconder o passado mecânico diante da Mesa de Consciência e Ordens ou, pelo menos, para buscar diminuir a incidência do "defeito", com vistas a facilitar a obtenção da dispensa régia. Em relação aos que se tornavam Familiares antes de se tornarem Cavaleiros, caso da maioria, eles solicitavam ao Conselho Geral do Santo Ofício certidões de "como eram Familiares" para provar à Mesa de Consciência e Ordens que eram cristãos-velhos ou para comprovar suas filiações. Como na Inquisição a mecânica não era um entrave, os Comissários registravam, com alguma exatidão, a ocupação dos pais e avós dos Familiares, fato que tinha consequências negativas quando da habilitação na Ordem de Cristo.[75]

Alguns, como vimos acima, eram bem sucedidos e conseguiam esconder o passado mecânico declarado no Santo Ofício, mas outros não. O mercador Feliciano José, com loja em Passagem de Mariana, teve o azar de ter a ocupação dos seus pais declarada na sua "certidão de como era Familiar". Na luta pela nobilitação, ele não hesitou em solicitar uma nova certidão à Inquisição que omitisse o seu passado mecânico, pedido este que não contou com a simpatia do secretário

---

74 IANTT, HOC, Letra M, mç. 10, doc. 97; IANTT, HSO, Manoel, mç. 154, doc. 1575.

75 Sobre a manipulação das instituições do Antigo Regime português por indivíduos em busca de distincao e nobilitação, ver MELO, Evaldo Cabral de. *O nome e o sangue*: uma fraude genealógica no Pernambuco Colonial. São Paulo: Companhia das Letras, 1989.

do Conselho Geral do Santo Ofício, o qual, no meio do seu processo, deixou um bilhete avulso que merece ser transcrito:

> este Familiar quer o hábito de Cristo; já levou certidão de naturalidades e ofícios que pediu, e como lhe amargou o declarar-se nela que seu pai fora sapateiro e o avô trabalhador, queria outra sem a dita declaração para fugir à dispensa da mecânica, mas eu não estive pelos autos, e como poderá vir pedir outra, é preciso declarar-lhe os tais ofícios nela, se lha mandarem passar.[76]

Ao final das contas, até onde pudemos investigar, a estratégia do mercador Feliciano não logrou resultado, pois ele não conseguiu ser habilitado na Ordem de Cristo.

Outra característica da habilitação na Ordem de Cristo do grupo em análise é o fato de a maioria ter comprado de terceiros os serviços que geraram a mercê do hábito de Cristo pela qual lutavam. Trata-se de um perfil típico de grupos em mobilidade social ascendente. Segundo Olival, os principais compradores de hábitos, sobretudo no século XVIII, "eram pessoas cuja ascensão se esboçara recentemente; tinham, por isso, como mácula alguma mecânica na geração dos pais e/ ou dos avós; por vezes até o próprio candidato" era acusado pela Mesa de Consciência e Ordens de ser portador do "defeito de mecânica".[77] Pelos dados obtidos quanto aos serviços que geraram a mercê do hábito para 13 cavaleiros, verificamos que 8 compraram os serviços à Coroa; 4 obtiveram a mercê do hábito por serviços próprios e 1 a obteve através de serviços próprios e alheios.[78]

Quanto à distribuição dos hábitos da Ordem de Cristo por comarca, a de Vila Rica foi a que mais contou com cavaleiros: 17, o que representa quase ¾ do total – sendo que 10 residiam no termo de Vila Rica e 7 no de Mariana. No que se

---

76 O bilhete encontra-se, em avulso, no processo de habilitação do Familiar Feliciano José e, ao que tudo indica, foi escrito pelo secretário-mór do Conselho Geral do Santo Ofício. IANTT, hso, Feliciano, mç. 02, doc. 19.

77 OLIVAL, Fernanda. *As Ordens Militares...* p. 269. Sobre a "venalidade/ mercado de hábitos" das ordens militares, ver também p. 237-282.

78 IANTT, HOC; Chancelaria da Ordem de Cristo.

refere às outras comarcas, Rio das Mortes aparece com 4 cavaleiros, Serro com 1 e Rio das Velhas também com 1.

*****

Apesar das barreiras colocadas diante de um grupo em processo de mobilidade social ascendente, verificamos que vários indivíduos de nossa amostragem conseguiram atingir o topo da hierarquia das insígnias que ofereciam distinção social em Minas colonial. Dadas as características do grupo que logrou sucesso, o que mais nos chama a atenção é o papel exercido pelo comércio de abastecimento da região mineradora enquanto mola propulsora da mobilidade social e a mineração como fator de acomodação do indivíduo na região, pelo menos até meados do século XVIII.

Da mesma forma que a atividade mercantil possibilitou que os indivíduos de nossa amostragem obtivessem a familiatura, permitiu também que uma pequena parcela alcançasse o topo da hierarquia dos símbolos de distinção social na zona mineradora. A maioria daqueles que entraram na Ordem de Cristo, por exemplo, tinham como ocupação a atividade mercantil, pelo menos até conseguirem recursos suficientes para se estabelecerem localmente.

Colocadas as principais formas de distinção social obtidas pelo grupo que analisamos dentro de uma hierarquia, concluímos que, na sua base estava a participação nas associações religiosas leigas, sobretudo as ordens terceiras, e, logo acima, a familiatura.

Comparando a obtenção da familiatura com a entrada nas ordens terceiras pelo grupo, concluímos que esta última era acessível a todos os indivíduos da nossa amostragem que quisessem ser irmãos terceiros do Carmo ou de São Francisco. Portanto, de todas as formas de distinção consideradas aqui, a entrada nesses sodalícios era a que possuía menos valor simbólico.

Para ser apenas Familiar do Santo Ofício, teoricamente, o candidato não precisava estabelecer relações políticas ao nível local, como no caso das ordenanças ou câmaras, nem ter limpeza de ofício, como na Ordem de Cristo.

Numa posição intermediária, ficava a ocupação de postos nas ordenanças e nas Câmaras. No topo desta hierarquia, estava o hábito da Ordem de Cristo que, por ser o mais difícil de se conseguir, era também o que oferecia maior distinção social. Em termos de projeção social, além da inegável repercussão local, a familiatura e o hábito da Ordem de Cristo ofereciam distinção ao nível do Império português. Já a distinção obtida através da entrada nas ordens terceiras, da ocupação de postos nas companhias de Ordenanças e nas câmaras teria uma eficácia mais local.

Embora variassem na escala do valor simbólico, todas essas formas de distinção faziam parte de um mesmo jogo social e, por isso, uma acabava influenciando a obtenção da outra, sobretudo no que dependia da consideração pública do indivíduo. Quem tinha ocupado cargo nas câmaras, por exemplo, aproveitava o fato de ter servido "os cargos da república" para argumentar que vivia "limpamente e à lei da nobreza". A familiatura era utilizada para, além da estima pública que oferecia, provar que o indivíduo era "bem reputado na limpeza de sangue". No mundo com valores de Antigo Regime, o parecer, a forma de tratamento desempenhavam um papel fundamental na demarcação dos lugares dos indivíduos na sociedade.

Enfocando a familiatura dentro da constelação de insígnias e símbolos de distinção social em voga nas Minas setecentistas, concluímos que, para o grupo em análise, ela era relativamente acessível, já que o principal requisito para a habilitação no Santo Ofício era ser "limpo de sangue".

Pensando nas insígnias ao longo da vida dos indivíduos, temos a medalha de Familiar do Santo Ofício, o hábito das Ordens Terceiras e o hábito da Ordem de Cristo como aquelas que poderiam durar para o resto da vida dos que as obtivessem. Por outro lado, a ocupação de cargos nas câmaras e nas ordenanças tinham prazo determinado para acabar. Portanto, desse ponto de vista, a familiatura oferecia uma distinção estável, que não ficava à mercê da configuração do poder local, fato que certamente acrescentava-lhe valor simbólico.

A familiatura diferenciava-se de todas as insígnias acima porque ela era a única que, conforme vimos no capítulo 3, oferecia aos seus postulantes a autoridade de uma instituição metropolitana do porte da Inquisição. Além do prestígio de representarem aquela instituição, os familiares poderiam manipular a autoridade inquisitorial, de forma indevida, a favor de seus interesses próprios, conforme vimos no capítulo 2.

Quanto à escalada da hierarquia de insígnias e símbolos de distinção social, de modo geral, a tendência era que, primeiramente, o grupo em análise entrasse nas ordens terceiras; depois obtivesse postos nas ordenanças, a familiatura, cargos nas câmaras; por fim, a Ordem de Cristo. Podemos considerar os poucos indivíduos que conseguiram percorrer todo esse percurso como aqueles que pertenciam à elite local da zona mineradora.

A escalada da distinção social em Minas, de maneira geral, não se diferenciava muito do resto da Colônia. No Recife, entre 1713 e 1738, segundo Maria Beatriz Nizza da Silva – apoiada no trabalho de José Antônio Gonçalves de Mello – "podemos constatar um certo padrão no processo de nobilitação: postos de ordenança, familiatura, cargo municipal e, ocasionalmente, Ordem de Cristo".[79]

Por fim, podemos dizer que a maioria dos indivíduos de nossa amostragem se contentou com a familiatura e a entrada nas irmandades de prestígio. As outras formas de distinção social, nomeadamente, a entrada nas câmaras, nas ordenanças e na Ordem de Cristo, dependiam de uma boa relação com o poder político local e de uma posição econômica mais elevada. Como vimos, a maioria dos Familiares que estudamos não esteve em condições de atender àquelas exigências: eles eram pequenos e médios comerciantes, com cabedais variando, em média, de 2 a 8 contos de réis. Os poucos indivíduos que galgaram aquelas posições ligadas ao poder político – câmaras, ordenanças e hábito da Ordem de Cristo – eram os mais ricos de nossa amostragem e talvez estivessem entre os mais abastados das Minas.

---

79  SILVA, Maria Beatriz Nizza. *Ser Nobre na Colônia*. São Paulo: Editora da Unesp, 2005. p. 161.

# CONSIDERAÇÕES FINAIS

AO LONGO DESTE TRABALHO, nossa preocupação primordial foi enquadrar os Familiares do Santo Ofício de Minas – a partir de diversos ângulos – na hierarquia inquisitorial, na sociedade mineradora, na constelação de insígnias distintivas –, tendo sido a perspectiva da promoção social e a da repressão inquisitorial os eixos principais de análise. Dessa forma, procuramos desvendar a relação estabelecida entre a Inquisição portuguesa e a sociedade colonial através desse grupo de agentes.

O significado de ser Familiar – seja analisado através da perspectiva da repressão ou da distinção social – estava ligado ao caráter discriminatório da Inquisição. Para se habilitar como Familiar era exigida uma série de requisitos, – ser abastado de bens, "viver limpamente", não ter ascendente condenado pelo Santo Ofício e o principal deles: "ser limpo de sangue". Como se vê, a Inquisição não aceitava como seus agentes os descendentes de judeus, mouros, mulatos.

Nesse sentido, a distinção social oferecida pela familiatura estava ligada à perpetuação – através dos estatutos de limpeza de sangue – da fratura social portuguesa que separava, do lado positivo, os limpos de sangue (cristãos-velhos) e, do lado negativo, os de "sangue infecto" (sobretudo os descendentes de judeus). Quanto à repressão, a Inquisição era uma instituição que perseguia toda forma de heterodoxia em relação à fé católica.

Ao enfocarmos os Familiares a partir da perspectiva da repressão inquisitorial, observamos que eles eram um elo de ligação entre a população das Minas e o Tribunal de Lisboa. Por meio da atuação desses agentes, a Inquisição pôde se fazer presente até aos confins das Minas.

Sob as normas vindas da metrópole, as principais funções executadas pelos Familiares na ação inquisitorial ocorrida na Capitania foram: prender acusados e transportá-los ao Rio de Janeiro; confiscar bens e notificar testemunhas a deporem. De maneira geral, eles foram agentes de poucas iniciativas, limitando-se mais a cumprir ordens dos Comissários.

Diferentemente do que pensávamos, os Familiares tiveram pouca participação na perseguição inquisitorial aos cristãos-novos de Minas, capturados nas primeiras décadas do século XVIII. Na investida àquele grupo, os Familiares restringiram-se a cumprir ordens de prisão, condução e confisco de bens.

As denúncias que levavam ao encarceramento dos cristãos-novos eram obtidas no próprio Palácio da Inquisição; eles eram pegos pelo que Antonio José Saraiva chamou de a "fábrica de Judeus".[1] Na medida em que um acusado de judaísmo era preso, ele denunciava o maior número possível de pessoas de sua rede de solidariedade e parentesco para não receber a pena capital. Foi a longa perseguição do Santo Ofício a esse grupo que o levou a criar essa prática.

A atuação dos Familiares nas denúncias não foi muito significativa. Porém, quando foram responsáveis pelas delações, na maioria dos casos, assim agiram em virtude de serem comunicados dos supostos delitos por outrem. Eles eram considerados pela população como o canal de mais fácil acesso ao Santo Ofício.

Ser agente na Colônia de uma instituição sediada na distante Metrópole tinha suas implicações. Nas Minas, terras onde – nas palavras de Manuel Freire Batalha – "soava de mui longe a voz do Santo Ofício", os Familiares eram superestimados pela população, ou seja, eles tinham o seu poder hipertrofiado. Essa faceta do poder inquisitorial, muitas vezes, acabava sendo utilizada pelos Familiares para resolver questões cotidianas que os afligiam.

Vários agentes aproveitavam o momento de execução de suas funções para promover vinganças, roubar réus ou proteger amigos acusados pelo Santo Ofício. Outros, quando em apuros, utilizavam a medalha de Familiar para dizer que estavam em diligência e assim escaparem de situações hostis.

Num outro lado, esquecidos de suas funções inquisitoriais, encontramos Familiares que não hesitavam em recorrer a feiticeiros em busca de maior produtividade nas suas minas ou de solução para impedir a mortandade do plantel de escravos atingido por epidemias. Outros agentes, em momentos de raiva, gritavam querer arder no fogo do Inferno e "o Santo Ofício me queime já".

Enfocando os Familiares na perspectiva da promoção social, observamos o papel relevante da familiatura na sociedade mineira como um símbolo de distinção. A rede formou-se num contexto em que a função institucional da familiatura

---

1 SARAIVA, Antônio José. *Inquisição e Cristãos-Novos*. Lisboa: Editorial Estampa, 1985.

– a partir do último quartel do século XVII – passou a um respeitoso segundo plano e o papel social da insígnia, paulatinamente, foi ocupando um maior destaque na sociedade.

Em Minas, a familiatura teve maior difusão no espaço urbanizado e relacionado à mineração, justamente onde a ostentação e o luxo eram mais valorizados. Ao mesmo tempo, a difusão da insígnia esteve ligada à prosperidade econômica da zona mineradora central, responsável pela mobilidade social de centenas de reinóis.

Ainda no que diz respeito ao contexto interno da Capitania, a formação da rede de Familiares relacionou-se à consolidação do poder metropolitano na região e ao assentamento da sociedade formada abruptamente a partir da corrida do ouro. Externamente, a formação da rede esteve ligada à expansão geral da expedição de habilitações pela Inquisição portuguesa.

A familiatura foi procurada em Minas por um grupo de reinóis, vindos sobretudo do norte de Portugal, que saíam muito jovens de suas terras natais em busca da mobilidade social ascendente. A maioria deles era filho de lavradores. Chegando na Colônia, eles se envolviam sobretudo com o comércio que abastecia Minas a partir do Rio de Janeiro – principalmente com o setor de fazendas secas e escravos – e depois passavam a diversificar suas atividades econômicas. Abandonando ou não a atividade mercantil, o destino principal dos seus investimentos era a mineração. Eram quase todos solteiros no momento em que se tornavam Familiares e pouquíssimos se casaram depois. Isto não significa que ficassem castos, muitos tiveram filhos naturais, geralmente com escravas e forras. A maioria deles, quando conseguia a habilitação, tinha entre 30 e 40 anos. O grupo analisado pedia a habilitação no Santo Ofício quando já fazia 10 ou 20 anos que estavam em Minas. Era esse o tempo que levavam para se ascenderem economicamente. A ascensão econômica os impulsionava a um movimento de busca por distinção e prestígio social. Essa vontade de distinção já era trazida pelo grupo de suas terras natais e aqui se concretizava num outro contexto, qual seja, o da sociedade escravista colonial. Era nesse amplo movimento que a familiatura passava a fazer parte da trajetória desse grupo em processo de mobilidade social ascendente.

Não era qualquer um que poderia ser Familiar. Este título era reservado àqueles que pudessem arcar com os custos da burocracia do processo de habilitação e que atendessem aos requisitos exigidos pela Inquisição. O título de Familiar era acessível sobretudo àqueles que fossem cristãos-velhos, ou seja, "limpos de sangue".

Para o conjunto analisado, a familiatura fez parte de um jogo maior: a busca por símbolos e insígnias que ofereciam distinção social. Neste movimento, incluíam-se os hábitos das ordens terceiras, o hábito da ordem de Cristo, os postos nas câmaras e nas ordenanças. Mas nem todas as insígnias eram acessíveis ao grupo da nossa amostragem e elas variavam na escala do valor simbólico. Num nível mais baixo ficava o hábito da ordem terceira, um pouco mais acima a familiatura; numa posição intermediária estava a ocupação dos cargos na câmara e nas ordenanças e, no topo, o hábito da Ordem de Cristo.

Além da eficácia local, a familiatura oferecia distinção ao nível do Império, ou seja, quem se habilitasse como Familiar em Minas, o continuaria sendo no Funchal, em Goa, em Braga, etc. Além disso, o título de Familiar era uma distinção estável. Isto porque, uma vez aprovado no processo de habilitação do Santo Ofício, o sujeito teria a insígnia para o resto da vida, ou seja, ela não ficava à mercê dos jogos e configuração do poder local como era o caso da câmara e ordenanças.

Enfim, ser Familiar significava ser limpo de sangue; ter acesso a privilégios fiscais ou de foro privativo; representar a Inquisição; servir como elo de ligação entre os colonos e a poderosa instituição. Por tudo o que foi dito, podemos afirmar que ser Familiar do Santo Ofício em Minas significava ser distinto socialmente.

# FONTES

## Manuscritas

ARQUIVO HISTÓRICO DA CÂMARA MUNICIPAL DE MARIANA

- Registro de Provisões

| Nome do Familiar do Santo Ofício | Referência | Data de registro da Carta de Familiar na Câmara de Mariana |
|---|---|---|
| Antônio Álvares Vieira | cód.573; fl. 48v-49 | 08 de agosto de 1776. |
| Antônio Carvalho da Motta | cód. 573; fl. 44v | 07 de agosto de 1776. |
| Antônio Ferreira da Rocha | cód. 573; fl. 111-112v | 01 de dezembro de 1776. |
| Antônio Freire Mafra | cód. 573; fl. 106v-107 | 04 de outubro de 1776. |
| Antônio Gonçalves Pereira | cód. 573; fl. 51-51v | 09 de agosto de 1776. |
| Antônio Martins de Araújo | cód. 660; fl. 300 | 09 de junho de 1770. |
| Bento Gomes Ramos | cód. 573; fl. 44 | 07 de agosto de 1776. |
| Custódio Francisco Pereira | cód. 573; fl. 54v | 12 de agosto de 1776. |
| Domingos Coelho | cód. 573; fl. 45v. | 07 de agosto de 1776. |
| Francisco Pais de Oliveira Leite | cód. 573; fl. 104v-105 | 22 de setembro de 1776. |
| João Barroso Basto | cód. 573; fl. 104-104v | 18 de setembro de 1776. |
| João Favacho Roubão | cód. 573; fl. 101-101v | 02 de setembro de 1776. |
| João Ferreira Fossa | cód. 573; fl. 52v | 12 de agosto de 1776. |
| João Gomes de Sande | cód. 573; fl. 78v-79 | 16 de agosto de 1776. |
| João Gomes Pereira | cód. 573; fl. 48-48v | 08 de agosto de 1776. |
| João Vieira Lima | cód. 573; fl. 56v-57 | 13 de agosto de 1776. |

| | | |
|---|---|---|
| José Álvares de Ameida | cód. 573; fl. 55v-56 | 13 de agosto de 1776. |
| Manoel Gomes de Sande | cód. 573; fl. 46-46v | Sem informação |
| Miguel Teixeira Guimarães | cód. 573; fl. 49v-50 | 09 de agosto de 1776. |
| Paulo Rodrigues Ferreira | cód. 573; fl. 49-49v | 09 de agosto de 1776. |
| Pedro Pereira Chaves | cód. 573; fl. 53-53v | 12 de agosto de 1776. |
| Sebastião Pereira Leite | cód. 573; fl. 53v-54 | 12 de agosto de 1776. |
| Simão de Souza Rodrigues | cód. 573; fl. 56-56v | 13 de agosto de 1776. |
| Thomé Dias Coelho | cód. 573; fl. 46v-47 | Sem informação |

- Registro de Editais. 1776. Códice 462.

ARQUIVO HISTÓRICO DA CASA SETECENTISTA DE MARIANA

- Inventários:

| Nome | Referência | Ano | Observações |
|---|---|---|---|
| Antônio Alves Vieira | cx. 42, a. 953; 1º ofício | 1777 | Com traslado do testamento |
| Antônio Carvalho da Motta | cx. 12, a. 416; 1º ofício | 1801 | Com traslado do testamento |
| Antônio Duarte | cód. 69, a. 1517, 2º ofício | 1771 | |
| Antônio Ferreira da Rocha | cód.68, a. 1496; 2º ofício | 1787 | |
| Antônio Gonçalves Pereira | cx. 29, a. 720; 1º ofício | 1750 | |
| Antônio Martins de Araújo | cód. 25, a. 653; 1º ofício | 1801 | |
| Bento Gomes Ramos | cx. 110, a. 2269; 1º ofício | 1784 | |
| Domingos Coelho | cx. 26, a. 679; 1º ofício | 1793 | |
| Francisco Jorge de Faria | cód. 75, a. 1603, 1º ofício | 1772 | Com testamento |
| João Favacho Roubão | cód. 49, a.1119; 2º ofício | 1782 | |
| João Vieira Lima | cx. 45, a. 1022; 2º ofício | 1782 | |
| José Ferreira Pinto | cód. 106, a. 2181, 1º ofício | 1739 | |
| Manoel Francisco Guimarães | cód. 75, a. 1624, 2º ofício | 1791 | |
| Manoel Luiz da Silva | cód. 96, a. 2053, 2.o ofício | 1810 | |
| Manoel Pereira Machado | cód. 98, a. 2085, 2º ofício | 1764 | |
| Miguel Ferreira Rabelo | cód. 68, a. 1746, 2º ofício | 1771 | |

| Paulo Rodrigues Ferreira | cx. 145. a. 3050; 1° ofício | 1801 | Com Testamento |
| Sebastião Pereira Leite | cód. 89, a. 1926; 2° ofício | 1798 | |
| Tomé Fernandes do Vale | cód. 136, a. 2752, 2° ofício | 1801 | |

• Testamentos:

| Nome | Referência |
|---|---|
| Antônio Alvez Vieira | cód. 259, a. 4734, 1.o of. |
| Antônio Carvalho da Mota | cód 12, a. 416, 1° oficio |
| Antonio Glz Chaves | cód. 43, a. 1008, 1.o of. |
| Antonio Martins de Araújo | cód. 25, a. 653, 1. of. |
| Baltazar Martins Chaves | liv. 49, fl 28v, 1 of. |
| Brás Moreira de Sampaio | liv. 51, fl. 244, 1 of. |
| Brás Ribeiro da Silva | liv. 50, fl. 122v, 1 of. |
| Custódio Francisco Pereira | liv. 39, fls. 34, 1 of. |
| Dionísio Álvares Guimarães | liv. 74, fl. 79, 1 of. |
| Domingos Alvres dos Santos | liv. 41, fl. 92v, 1 of. |
| Domingos Fernandes Antunes, sargto mor | liv. 51, fl. 203v, 1 of. |
| Domingos Fernandes Britelo | liv. 64, fl. 80v-84v, 1 of. |
| Domingos Ferreira de Azevedo | liv. 67, fl. 05, 1 of. |
| Domingos Miz de Araújo | liv. 57, fl. 74, 1 of. |
| Francisco Jorge de Faria | liv. 25, fl 01, 1 of. |
| Francisco Pais de Oliveira Leite | liv. 1, fl. 66v, 1 of. |
| Gonçalo Roiz de Magalhães | liv. 54, fl. 170v-174v, 1° of. |
| João Barroso Basto | cod. 158, a. 3301; 1° ofício |
| João Botelho de Carvalho | liv. 50, fl 33, 1° of. |
| João Favacho Roubão | cód. 49, a. 1119, 2° of. |
| João Golçalves Fraga | liv. 68, fl. 64 |
| João Gomes Sande | cód 186, a 3659, 1 of |
| João Vieira Aleluia | liv. 64, fl 80-84v |
| João Vieira Lima | cód. 45, a. 1022, 2 of |
| José Álvares de Almeida | cód. 163, a. 3352, 1.o of. |
| Leonardo Manso Porto | liv. 65, fl 97v-100v |
| Luiz Pinto de Mendonça | liv. 51, fl 22-25v |
| Manoel Fco. Guimarães | liv. 41, fl. 99v |

| | |
|---|---|
| Manoel Fernandes Silva | liv. 57, fl. 62v |
| Manoel Ferreira da Costa | liv. 17, fl. 207v-210 |
| Manoel Gomes Sande | cód. 199, a. 3811, 1 of |
| Manoel Luiz da Silva | liv. 51, fl 156v-160 |
| Manoel Teixeira Ribeiro | liv. 52, fl. 226 |
| Miguel da Costa Arcos | liv. 52, fl. 145v |
| Miguel Ferreira Rabelo | cód. 68, auto 1476, 2 of |
| Paulo Rodrigues Ferreira | cx 145, a. 3050, 1. of |
| Pedro Pereira Chaves | liv. 61, fl. 45 |
| Sebastião Pereira Leite | liv. 45, fls. 160 |
| Tomé Dias Coelho | liv. 47, fls 147v, 1 of |
| Tomé Fenandes do Vale | liv. 65, fl. 40v-44v |

ARQUIVO ECLESIÁSTICO DA ARQUIDIOCESE DE MARIANA

- Testamentos:
 Miguel Teixeira Guimarães, n.o 1109

- Processos de Habilitação de Genere Vitae et Moribus. Silvério Ribeiro de Carvalho. Armário 10, Prateleira 1769. 1776.

- Livros do Juízo Eclesiástico

INSTITUTO DOS ARQUIVOS NACIONAIS/ TORRE DO TOMBO

- Habilitações do Santo Ofício

| Nome | Referência |
|---|---|
| Alexandre dos Santos | mç 4, doc. 38 |
| Amaro Romeiro da Costa | mç 03, doc 49 |
| André Ferreira Fialho | mç 11, doc. 174 |
| Antonio Álvares Vieira | mç 128, doc 2155 |
| Antonio Antunes Lima | mç 77, doc. 1497 |
| Antonio Araújo Soutelinho | mç 80, doc. 1537 |

| | |
|---|---|
| Antonio Botelho de São Paio | mç 103, doc. 1836 |
| Antonio Carneiro Flores | mç 188, doc. 2787 |
| Antonio Carvalho da Mota | mç 163, doc 2555 |
| Antonio de Freitas Roiz | mç 93, doc. 1745 |
| Antonio de Gouveia Pinto | mç 70, doc. 1400 |
| Antonio Duarte | mç 134, doc 2228 |
| Antonio Ferreira da Rocha | mç 130, doc. 2186 |
| Antonio Ferreira Pinto | mç. 06, doc. 1250 |
| Antonio Francisco Nogueira | mç 78, doc. 1508 |
| Antonio Freire Mafra | mç 111, doc. 1923 |
| Antonio Gomes Rezende | mç 110, doc. 1918 |
| Antonio Gonçalves Chaves | mç 69, doc. 1374 |
| Antonio Gonçalves da Mota | mç 141, doc. 2304 |
| Antonio Gonçalves Lamas | mç 181, doc. 2704 |
| Antonio Gonçalves Lima | mç 130, doc. 2182 |
| Antonio Gonçalves Pereira | mç 128, doc. 2157 |
| Antonio Martins de Moraes | mç 103, doc. 1831 |
| Antonio Muniz De Araújo | mç 168, doc. 2586 |
| Antonio Pinto dos Santos | mç 118, doc. 2028 |
| Antonio Ribeiro de Miranda | mç 101, doc. 1806 |
| Antonio Rodrigues Da Silva | mç 122, doc. 2076 |
| Baltazar Martins Chaves | mç 7, doc. 114 |
| Bento Álvares | mç 12, doc. 169 |
| Bento Gomes Ramos | mç 15, doc. 216 |
| Bernardo Gonçalves Chaves | mç 8, doc. 425 |
| Boaventura Cardoso Neves | mç 01, doc. 01 |
| Brás Dias da Costa | mç 03, doc. 48 |
| Brás Moreira de São Paio | mç 5, doc. 69 |
| Brás Ribeiro da Silva | mç 4, doc. 56 |
| Caetano Álvares Rodrigues | mç 4, doc. 48. |
| Caetano Ferreira Fialho | mç 5, doc. 60 |
| Capitão Manoel Borges da Cruz | mç 206, doc. 1183 |
| Custódio Francisco Pereira | mç 05, doc 58 |
| Custódio José de Souza | mç 5, doc. 63 |
| Dionísio Alves Guimarães | mç 05, doc. 59 |

| | |
|---|---|
| Domingos Álvares Basto | mç 53, doc. 833 |
| Domingos Álvares Couto | mç 41, doc. 702 |
| Domingos Álvares de Azevedo | mç 27, doc. 518 |
| Domingos Álvares dos Santos | mç 50, doc. 814 |
| Domingos Álvares Passos | mç 38, doc. 666 |
| Domingos Coelho | mç 43, doc. 728 |
| Domingos Fernandes Antunes | mç 45, doc. 745 |
| Domingos Fernandes Britello | mç 42, doc. 721 |
| Domingos Fernandes Tenilha | mç 27, doc. 507 |
| Domingos Ferreira de Azevedo | mç 36, doc. 636 |
| Domingos Muniz de Araújo | mç 42, doc. 724 |
| Feliciano José | mç 02, doc. 19 |
| Francisco da Costa | mç 50, doc. 1019 |
| Francisco Jorge de Faria | mç 82, doc. 1429 |
| Francisco Pais de Oliveira Leite | mç 77, doc. 1371 |
| Furtuoso Álvares Ferreira | mç 01, doc. 14 |
| Gonçalo Roiz de Magalhães | mç 8, doc. 141 |
| Inácio Botelho de Sampaio | mç 05, doc. 80 |
| João Botelho de Carvalho | mç 81, doc. 1451 |
| João da Costa Torres | mç 56, doc. 1075 |
| João do Vale Vieira | mç 69, doc. 1051 |
| João Favacho Roubão | mç 72, doc 1329 |
| João Francisco Nogueira | mç 68, doc. 1263 |
| João Furtado Leite | mç 93, doc. 1586 |
| João Gomes Pereira | mç 113, doc. 1834 |
| João Gomes Sande | mç 98, doc. 1651 |
| João Gonçalves Fraga | mç 61, doc. 1146 |
| João Lopes Baptista | mç 165, doc. 1417 |
| João Vieira Aleluia | mç 99, doc. 1659 |
| João Vieira Lima | mç 124, doc. 1951 |
| José Álvares de Almeida | mç 96, doc. 1385 |
| José Álvares de Pinho | mç 109, doc. 2527 |
| José Ferreira Pinto | mç 52, doc. 824 |
| José Pinto da Silva | mç 111, doc. 2547 |
| Leandro Machado Luis | mç 02, doc. 26 |

| | |
|---|---|
| Leonardo Manso Porto | mç 02, doc. 24 |
| Lourenço Álvares Ferreira | mç 06, doc. 93 |
| Luiz Pinto de Mendonça | mç 14, doc. 333 |
| Manoel Álvares de Neiva | mç 142, doc. 2414 |
| Manoel Álvares Muniz Basto | mç 121, doc. 2168 |
| Manoel da Costa Maeiro | mç 160, doc. 1673 |
| Manoel Fernandes da Silva | mç 168, doc. 1772 |
| Manoel Ferreira da Costa | mç 102, doc. 1889 |
| Manoel Francisco Guimarães | mç 243, doc. 1471 |
| Manoel Francisco Peixoto | mç 127, doc. 2240 |
| Manoel Gomes Batista | mç 159, doc. 1652 |
| Manoel Gomes Sande | mç 164, doc. 1720 |
| Manoel Gonçalves de Carvalho | mç 125, doc. 2215 |
| Manoel João Dias Penide | mç 103, doc. 1899 |
| Manoel Luiz da Silva | mç 169, doc. 1787 |
| Manoel Nunes da Silva | mç 130, doc. 1281 |
| Manoel Pacheco de Andrade | mç 210, doc 1226 |
| Manoel Pereira Machado | mç 103, doc. 1908 |
| Manoel Pinto Machado | mç 159, doc. 1657 |
| Manoel Teixeira Ribeiro | mç 217, doc. 1279 |
| Miguel da Costa e Arcos | mç 16, doc. 251 |
| Miguel Ferreira Rabelo | mç 12, doc 206 |
| Miguel Gonçalves de Carvalho | mç 08, doc. 149 |
| Miguel Teixeira Guimarães | mç 12, doc. 202 |
| Nicolau da Silva Bragança | mç 03, doc. 41 |
| Paulo Pereira de Souza | mç 08, doc. 114 |
| Paulo Rodrigues Ferreira | mç 08, doc 125 |
| Pedro Gomes de Abreu | mç 23, doc 452 |
| Pedro Pereira Chaves | mç 32, doc 5761 |
| Sebastião Pereira Leite | mç 13, doc. 214 |
| Serafim Ferreira | mç 01, doc. 02 |
| Simão De Souza Rodrigues | mç 09, doc 2195 |
| Tomé Dias Coelho | mç 05, doc. 68 |
| Tomé Fernandes do Vale | mç 03, doc. 42 |
| Vitorino da Costa de Oliveira | mç 01, doc. 06 |

- Habilitações da Ordem de Cristo.

    LETRA A: mç 02, doc 11; mç 47, doc 79; mç 16, doc 11; mç 48, doc 67; mç 50, doc 34; mç 50, doc 51; mç 21, doc 02;
    LETRA B: mç 12, doc 143;
    LETRA C: mç 12, doc 06;
    LETRA F: mç 36, doc 34;
    LETRA I: mç 87, doc 82;
    LETRA F: mç 24; doc 05; mç 25, doc 108;
    LETRA J: mç 90, doc 64; mç 93, doc 81; mç 40, doc 04; mç 100, doc 22; mç 97, doc 07;
    LETRA M: mç 23, doc 13; mç 10, doc 97; mç 24, doc 16; mç 19, doc 13; mç 19, doc 01.

- Chancelaria da Ordem de Cristo
    Livro 204, fl. 64v-66v.

- Fundo Inquisição de Lisboa:

- Provisões de nomeação e termos de juramento, livros 108 – 123.

- Registro geral do expediente, livros 20 – 24.

- Habilitandos Recusados. Livro 36 (1683-1737).

- Cadernos do Promotor; Livros 290, 304, 305, 306, 315, 316, 317, 318, 319.

- Fundo Conselho Geral do Santo Ofício
    mç. 4, doc. 12; mç. 12, doc. 28; Livro 381.

ARQUIVO HISTÓRICO ULTRAMARINO

- Requerimentos. (em cd/ Projeto Resgate).

## Impressas

REGIMENTOS DO SANTO OFÍCIO PORTUGUÊS. In: Revista do HGB, Rio de Janeiro, n. 392, jan./ dez. 1996, p. 495-1020.

LISANTI, F. Luis. Negócios Coloniais: uma correspondência comercial do século XVIII. Brasília: Ministério da Fazenda, São Paulo: Visão Editorial, 1973. vol. 2.

VIDE, Sebastião da. Regimento do Auditório Eclesiástico do Arcebispado da Bahia. São Paulo: Antonio Antunes, 1853.

_____. Constituições Primeiras do Arcebispado da Bahia. São Paulo: Antonio Antunes, 1853.

Memorial Histórico-Político da Câmara Municipal de Ouro Preto. Ouro Preto: Ouro Preto Ilimitada, 2004. (Memorial realizado pela Câmara Municipal de Ouro Preto).

# REFERÊNCIAS BIBLIOGRÁFICAS

ALCALÁ, Angel (org.). *Inquisicion española y mentalidad inquisitorial*. Barcelona: Ariel, 1984.

ALMEIDA, Carla. *Homens Ricos, Homens Bons:* produção e hierarquização social em Minas colonial: 1750-1822. Niterói, UFF, 2001 (Tese de Doutorado).

ÁVILA, Affonso. *Resíduos Seiscentistas em Minas:* textos do século do ouro e as projeções do mundo barroco, 2 vols. Belo Horizonte: Centro de Estudos Mineiros, 1967.

AZEVEDO, João Lúcio. *História dos Cristãos-Novos portugueses.* 3ª ed. Lisboa: Clássica Editora, 1989.

ANDREONI, João Antônio (Antonil). *Cultura e Opulência do Brasil por suas drogas e Minas.* São Paulo: Nacional, 1967.

AZZI, Riolando. "Igreja e Estado em Minas Gerais, crítica institucional". *Revista do IAC*, n. 0, Ouro Preto, UFOP, jan. 1987.

BAIÃO, Antônio. *A Inquisição em Portugal e no Brasil*: subsídios para sua história. Lisboa: Arquivo Histórico Português, 1920.

_____. *Episódios Dramáticos da Inquisição portuguesa.* 3 vols. Lisboa: Seara Nova, 1973.

BELLINI, Lígia. *A coisa obscura*: mulher, sodomia e Inquisição no Brasil colonial. São Paulo: Brasiliense, 1989.

BENASSAR, Bartolomé. *Inquisição, Inquisições, Fontes Inquisitoriais, Sociedades e Mentalidades.* Tradução, apresentação e notas: Renato Pinto Venâncio e Lana Lage da Gama Lima (mimeografado).

BETHENCOURT, Francisco. *História das Inquisições*: Portugal, Espanha e Itália séculos XV-XIX. São Paulo: Companhia das Letras, 2000.

_____. "Inquisição e controle social". *História Crítica*, 14, 1987. p. 5-18.

_____; CHAUDHURI, Kirti. (orgs.). *História da Expansão Portuguesa*. Lisboa: Temas e Debates, vol. 3, 1998. p. 158-168.

BICALHO, Maria Fernanda. "As Câmaras ultramarinas e o governo do império". In: FRAGOSO, João; BICALHO, Maria Fernanda; GOUVÊA, Maria de Fátima (orgs.). *O Antigo Regime nos Trópicos*: a dinâmica imperial portuguesa. Rio de Janeiro: Civilização Brasileira, 2001.

BICALHO, Maria Fernanda; FERLINI, Vera Lúcia (orgs.). *Modos de Governar*: ideias e práticas políticas no império português (séculos XVI a XIX). São Paulo: Alameda, Cátedra Jaime Cortesão, 2005.

BORREGO, Maria Aparecida de Menezes. *A teia mercantil*: negócios e poderes em São Paulo Colonial (1711-1765). São Paulo, FFLCH/USP, 2007 (Tese de Doutorado).

BOSCHI, Caio César. "As Visitas Diocesanas e a Inquisição na Colônia". *Revista Brasileira de História*, São Paulo, vol. 7, n. 14, p. 151-184.

_____. *Os leigos e o poder*: irmandades leigas e política colonizadora em Minas Gerais. São Paulo: Ática, 1986.

_____. " 'Como Filhos de Israel no Deserto?' (ou a expulsão dos eclesiásticos em Minas Gerais na 1ª metade do século XVIII)". *Vária História*, Belo Horizonte, n. 21, p. 119-141.

BOXER, Charles. *A Igreja e a expansão Ibérica (1440-1770)*. Lisboa: Edições 70, 1981.

_____. *O Império Marítimo Português*: 1415-1825. São Paulo: Companhia das Letras, 2002.

_____. *A Idade de Ouro do Brasil*: dores do crescimento de uma sociedade colonial. São Paulo: Cia Editora Nacional, 1979.

BRAGA, Maria Luísa. *A Inquisição em Portugal*: primeira metade do século XVIII. (O inquisidor geral D. Nuno da Cunha de Athayde e Mello). Lisboa: Imprensa Nacional, Casa da Moeda, 1992 (História moderna e contemporânea-10).

BROBERG, Rachel Mizrahi. *Um capitão mor judaizante*. São Paulo, FFLCH/USP, 1984 (Dissertação de Mestrado).

CALAINHO, Daniela Buono. *Em nome do Santo Ofício*: familiares da Inquisição portuguesa no Brasil colonial. Rio de Janeiro, UFRJ, 1992 (Dissertação de Mestrado).

CAMPOS, Adalgisa Arantes. "Considerações sobre a pompa fúnebre na Capitania das Minas – o século XVIII". *Revista do Departamento de História*. Belo Horizonte, UFMG, n. 04, 1987. p. 03-24

CAMPOS, Maria Verônica. *Governo de Mineiros*: "de como meter as Minas numa moenda e beber-lhe o caldo dourado" (1693-1737). São Paulo, FFLCH/USP, 2002 (Tese de Doutorado).

CARNEIRO, Maria Luiza Tucci. *Preconceito Racial em Portugal e Brasil-Colônia*: os cristãos-novos e o mito da pureza de sangue. 3ª edição revista e ampliada. São Paulo: Perspectiva, 2005.

CHAVES, Cláudia Maria das Graças. *Perfeitos Negociantes*: mercadores nas Minas setecentistas. São Paulo: Annablume, 1999.

CAROLO, Denise Monteiro de Barros. *A política inquisitorial portuguesa e os Cristãos-novos*. São Paulo, FFLCH/USP, 1995 (Dissertação de Mestrado).

CLOTILDE, Paul. *A presença da Inquisição em Santos no século XVIII*. São Paulo, USP, 1978 (Dissertação de Mestrado).

COSTA, Ana Paula Pereira. *Atuação de poderes locais no Império Lusitano*: uma análise do perfil das chefias dos Corpos de Ordenanças e de suas estratégias na construção de sua autoridade. Vila Rica, 1735-1777. Rio de Janeiro, UFRJ, 2006 (Dissertação de Mestrado).

CHIZOTI, Geraldo. *O Cabido de Mariana (1747-1820)*. Franca, Unesp, 1984 (Dissertação de Mestrado).

CRUZ, Gonzalo Cerrillo. *Los Familiares de la Inquisición española*. Valladolid: Junta de Castilla y Leon, 2000.

CUNHA, Mafalda Soares (org.). Do Brasil à Metrópole: efeitos sociais (séculos XVII-XVIII). Separata da Revista Anais da Universidade de Évora, Évora, n. 8 e 9, p. 47-72, dezembro 1998/1999. p. 73-98.

FARINHA, Maria do Carmo Jasmins Dias. "A Madeira nos Arquivos da Inquisição". In: *Colóquio Internacional de História da Madeira*, 1986. vol. 1, Funchal, Governo Regional da Madeira – Secretaria Regional do Turismo, Cultura e Emigração – DRAC, 1989. p. 689-739.

FEITLER, Bruno; LIMA, Lana Lage da Gama; VAINFAS, Ronaldo (orgs.). *A Inquisição em Xeque*: temas, controvérsias, estudos de caso. Rio de Janeiro: EDUERJ, 2006.

FEITLER, Bruno. *Inquisition, Juifs et nouveaux-chrétiens au Brésil*: Le Nordeste, XVIIe et XVIIIe siècles. Louvain: Leuven University Press, 2003.

_____. *Nas Malhas da Consciência*: Igreja e Inquisição no Brasil. São Paulo: Alameda, Phoebus, 2007.

FERNANDES, Neusa. *A Inquisição em Minas Gerais no século XVIII*. Rio de Janeiro: EDUERJ, 2000.

FIGUEIREDO, Luciano. *Barrocas famílias*: vida familiar em Minas Gerais no século XVIII. São Paulo: Hucitec, 1997.

_____. "Segredos de Mariana: pesquisando a Inquisição Mineira". *Acervo*, Rio de Janeiro, vol. 2, n. 2, jul./ dez. 1987. p. 1-23.

FURTADO, Celso. *Formação econômica do Brasil*. São Paulo: Nacional, 1972.

FURTADO, Júnia Ferreira. *Homens de negócio*: a interiorização da metrópole e o comércio nas Minas Setecentistas. São Paulo: Hucitec, 1999.

_____. (org.). *Diálogos Oceânicos*: Minas Gerais e as novas abordagens para uma história do Império Ultramarino português. Belo Horizonte: Ed. UFMG, 2001.

_____. "Historiografia mineira: tendências e contrastes". *Vária História*, Belo Horizonte, mar. 1999, n. 20. p. 45-59.

FRAGOSO, João. *Homens de Grossa Aventura*: acumulação e hierarquia na praça mercantil do Rio de Janeiro (1790-1830). Rio de Janeiro: Civilização Brasileira, 1998.

FRAGOSO, João; FLORENTINO Manolo. *O Arcaísmo como Projeto*: mercado atlântico, sociedade agrária e elite mercantil em uma economia colonial tardia, Rio de Janeiro, 1790-1840. 4ª ed. Rio de Janeiro: Civilização Brasileira, 2001.

GINZBURG, Carlo. *O queijo e os vermes*: o cotidiano e as ideias de um moleiro perseguido pela Inquisição. Trad. São Paulo: Companhia das Letras, 1987.

_____. "O nome e o como: troca desigual e mercado historiográfico". In: *A Microhistória e outros Ensaios*. São Paulo: Difel, 1991. p. 203-214.

GOMES, Plínio Freire. *Um Herege Vai ao Paraíso*: Cosmologia de um Excolono Condenado pela Inquisição (1680-1744). São Paulo: Companhia das Letras, 1997.

GONÇALVES, Andréa Lisly; POLITO, Ronald. *Termo de Mariana II*. Ouro Preto: Ed. UFOP, 2004.

GROSSI, Ramon Fernandes. "Uma leitura do viver nas Minas setecentistas a partir do imaginário da doença e da cura". *Episteme*, Porto Alegre, n. 19, jul./ dez. 2004. p. 81-98.

GUIMARÃES, Carlos Magno; REIS, Liana Maria. "Agricultura e escravidão em Minas Gerais (1700-1750)". *Revista do Departamento de História* (FAFICH-UFMG), n. 2, jun. 1986. p. 07-36

HANSON, Carl A. *Economia e sociedade no Portugal barroco, 1668-1703*. Lisboa: Publicações D. Quixote, 1986.

HERCULANO, Alexandre. *História da origem e estabelecimento da Inquisição em Portugal*. Lisboa: Europa-América, s. d., 3 vols.

HENNINGSEN, Gustav; TEDESCHI, John (eds.). *The Inquisition in early modern Europe. Studies on sources and methods*. Dekalb, Nothern: Illinois University Press, 1986.

HESPANHA, Antônio Manuel. *Às Vésperas do Leviathan*: instituições e poder político, Portugal (século XVII). Coimbra: Livraria Almedina, 1994.

HIGGS, David; CALLAHAN, J. (orgs.). *Church and society in Catholic Europe of the eighteenth century*. Cambridge, 1979.

HOLANDA, Sérgio Buarque de. "Metais e Pedras Preciosas". In: *História Geral da Civilização Brasileira*. São Paulo: Difel, 1960, t. I, vol. II. p. 259-310.

_____. *Raízes do Brasil*. 4ª ed. Brasília: UNB, 1963.

HOORNAERT, Eduardo. *A Igreja no Brasil Colônia*: 1550-1800. Petrópolis: Vozes, 1978.

IGLÉSIAS, Francisco. "Periodização da História de Minas Gerais". *Revista Brasileira de Estudos Políticos*, t. XXIX, jul. 1970. p. 183-194.

JOBIM, Leopoldo Collor. "O Santo Ofício e a Inquisição no Brasil setecentista: o Estudo de uma denúncia". *Revista de Estudos Ibero-Americanos*. Porto Alegre, vol. 13, n. 2, dez. 1987. p. 185-219.

KANTOR, Íris. *Pacto Festivo em Minas Colonial*: a entrada triunfal do primeiro Bispo na Sé de Mariana (1748). São Paulo, FFLCH/USP, 1996 (Dissertação de Mestrado).

_____. "Tirania e fluidez da etiqueta nas Minas setecentistas". *Revista de História*, UFOP, Ouro Preto, n. 5, 1995. p. 112-122.

KANTOR, Íris; JANCSÓ, István (orgs.). *Festa*: cultura e sociabilidade na América portuguesa. 2 vols. São Paulo: Edusp, Fapesp, Hucitec, Imprensa Oficial, 2001.

KARNAL, Leandro. *Teatro da Fé* – Representação Religiosa no Brasil e no México do Século XVI. São Paulo: Hucitec/ História Social/USP, 1998.

LENHARO, Alcir. *As Tropas da Moderação*: o abastecimento da Corte na formação política do Brasil (1808-1842). São Paulo: Símbolo, 1979.

LEWKOWICZ, Ida. *Vida em Família*: caminhos da Igualdade em Minas Gerais. São Paulo, FFLCH/USP, 1992 (Tese de Doutorado).

LIMA, Lana Lage da Gama. *A Confissão pelo Avesso*: O Crime de Solicitação no Brasil. 3 vols. São Paulo, FFLCH/USP, 1990 (Tese de Doutorado).

MATTOSO, José (org.). *História de Portugal; o Antigo Regime (1620-1807)*. Lisboa: Editorial Estampa, s/d.

MAXWELL, Keneth. *A devassa da Devassa*: a Inconfidência Mineira, Brasil-Portugal, 1750-1808; tradução de João Maia. 2ª ed. Rio de Janeiro: Paz e Terra, 1978.

_____. *Marquês de Pombal*: paradoxo do Iluminismo. Rio de Janeiro: Paz e Terra, 1996.

MELLO, Christiane Figueiredo Pagano. *Os Corpos de Auxiliares e de Ordenanças na Segunda Metade do Século XVIII*: as Capitanias do Rio de Janeiro, São Paulo e Minas Gerais e a Manutenção do Império Português no Centro-Sul da América. Niterói, UFF, 2002 (Tese de Doutorado).

MELO, Evaldo Cabral de. *O nome e o sangue*: uma fraude genealógica no Pernambuco colonial. São Paulo: Companhia das Letras, 1989.

MENESES, José Newton Coelho. *O Continente Rústico*: abastecimento alimentar nas Minas Gerais setecentistas. Diamantina: Maria Fumaça, 2000.

MONTEIRO, Nuno Gonçalo. *Elites e Poder*: entre o Antigo Regime e o Liberalismo. Lisboa: Imprensa de Ciências Sociais – ICS-UL, 2003.

MOTT, Luiz. *Rosa Egipcíaca*: Uma Santa Africana no Brasil. Rio de Janeiro, Bertrand Brasil, 1993.

_____. *A Inquisição em Sergipe*. Aracajú: Score Artes Gráficas, 1987.

_____. "Modelos de santidade para um clero devasso: a propósito das pinturas do cabido de Mariana, 1760". *Revista do Departamento de História – UFMG*, Belo Horizonte, n. 9, 1989. p. 96-120.

_____. *Escravidão, homossexualidade e demonologia*. São Paulo: Ícone, 1988.

_____. *O lesbianismo no Brasil*. Porto Alegre: Mercado Aberto, 1987.

_____. *O sexo proibido*: virgens, gays e escravos nas garras da Inquisição. Campinas: Papirus, 1988.

_____. "O calundu Angola de Luzia Pinta: Sabará, 1739". *Revista do IAC*, Ouro Preto, UFOP, n. 01, 1994.

_____. "Um nome... em nome do Santo Ofício: o cônego João Calmon, Comisario da Inquisição na Bahia setecentista". *Universitas*, Salvador, n. 37, jul./set. 1986. p. 15-31.

_____. "A Inquisição no Maranhão". *Revista Brasileira de História*, São Paulo, vol. 15, n. 28. p. 45-73.

MULLET, Michael. *A Contra-Reforma*. Lisboa: Gradiva, 1985.

NOGUEIRA, André. "Da trama: práticas mágicas/ feitiçaria como espelho das relações sociais – Minas Gerais, século XVIII". *Mneme, Revista Virtual de Humanidades*, n. 11, vol. 5, jul./set. 2004. Disponível em www.seol.com.br/mneme.

NOVINSKY, Anita. *A Inquisição*. 8ª ed. São Paulo: Brasiliense, 1992 (Tudo é História, 49).

_____. *Cristãos-novos na Bahia*. São Paulo: Perspectiva, 1972.

_____. "A Igreja no Brasil colonial. Agentes da Inquisição". *Anais do Museu Paulista*, t. XXXIII, 1984. p. 17-34.

_____. *Cristãos-Novos na Bahia*. São Paulo: Perspectiva, 1972.

_____. "Ser marrano em Minas colonial". *Revista Brasileira de História*, São Paulo, vol. 21, n. 40, 2001. p. 161-176.

NOVINSKY, Anita; CARNEIRO, M. L. Tucci (orgs.). *Inquisição*: ensaios sobre heresias, mentalidades e arte. São Paulo: Edusp, 1992.

OLIVAL, Fernanda. *As Ordens Militares e o Estado Moderno*: Honra, Mercê e Venalidade em Portugal (1641-1789). Lisboa: Estar, 2001.

_____. "Rigor e interesses: os estatutos de limpeza de sangue em Portugal". *Cadernos de Estudos Sefarditas*, n. 4, 2004. p. 151-182.

PAIVA, José Pedro de Matos Paiva. "Inquisição e Visitas Pastorais: dois mecanismos complementares de controle social?" *Revista de História das Ideias*, Coimbra, vol. 11. 1989.

PAIVA, Eduardo França. "Testamentos, universo cultural e salvação das almas nas Minas Gerais dos setecentos". *Revista do IAC*, Ouro Preto, n. 2, 1995.

_____. "Os inventários mineiros: fontes para a história colonial". *Caderno de Filosofia e Ciências Humanas*, FINP, Belo Horizonte, n. 1, 1993. p. 26-29.

PEDREIRA, Jorge Miguel de Melo Viana. *Os Homens de Negócio da Praça de Lisboa de Pombal ao Vintismo (1755-1822)*: diferenciação, reprodução e identificação de um grupo social. Lisboa, Universidade Nova de Lisboa, 1995 (Tese de Doutorado).

_____. "Brasil, Fronteira de Portugal. Negócio, Emigração e Mobilidade Social (séculos XVII e XVIII)". In: CUNHA, Mafalda Soares (org.). "Do Brasil à Metrópole: efeitos sociais (séculos XVII-XVIII)". Separata da *Revista Anais da Universidade de Évora*, Évora, n. 8 e 9, dez. 1998/1999. p. 47-72.

PINTO, Virgílio Noya. *O ouro brasileiro e o comércio anglo-português*. São Paulo: Nacional, 1979.

RAMOS, Donald. "A influência africana e a cultura popular em Minas Gerais: um comentário sobre a interpretação da Escravidão". In: SILVA, Maria Beatriz da (org.). *Brasil: Colonização e Escravidão*. Rio de Janeiro: Nova Fronteira, 2000. p. 142-162.

_____. "From Minho to Minas: The Portuguese Roots of the Mineiro Family". *Hispanic American Historical Review*, 73, 4, 639-662, nov. 1993.

RODRIGUES, Aldair C. "Os Familiares do Santo Ofício e a Inquisição Portuguesa em Mariana no século XVIII: o caso dos privilegiados do número". *Revista de Estudos Judaicos*, Belo Horizonte, ano VI, n. 6, 2005/ 2006. p. 114-122.

_____. "Formação e atuação da rede de comissários do Santo Ofício em Minas colonial". *Revista Brasileira de História*, São Paulo, vol. 29, n. 57, 2009. p. 145-164.

_____. "Homens de Negócio: vocabulário social, distinção e atividades mercantis nas minas setecentistas". *História* [on line], Franca, vol. 28, n. 1, 2009. p. 191-214. Disponível em http://www.scielo.br/pdf/his/v28n1/08.pdf

ROMEIRO, Adriana. *Um Visionário na Corte de D. João V*: Revolta e Milenarismo nas Minas Gerais. Belo Horizonte, UFMG, 2001.

RUSSEL-WOOD, A. J. R. "O Governo Local na América Portuguesa: um estudo de divergência cultural". *Revista de História da USP*, São Paulo, ano 25, vol. 55, 1977. p. 25-80.

RUSSELL-WOOD, A. J. R. "Ritmos e destinos da emigração". In: BETHENCOURT, Francisco; CHAUDHURI, Kirti (orgs.). *História da Expansão Portuguesa*. Lisboa: Temas e Debates, vol. 3, 1998. p. 158-168. p. 117.

SALLES, Fritz Teixeira. *Associações religiosas no ciclo do ouro*. Belo Horizonte: UFMG, Centro de Estudos Mineiros, 1963 (Coleção Estudos, 1).

SALVADOR, José Gonçalves. *Os cristãos-novos em Minas Gerais durante o ciclo do ouro*. São Paulo: Pioneira, 1992.

_____. *Cristãos-novos, Jesuítas e Inquisição*. São Paulo: Pioneira, 1969.

SAMPAIO, Antônio Carlos. *Na Encruzilhada do Império*: hierarquias sociais e conjunturas econômicas no Rio de Janeiro (1650-1750). Rio de Janeiro: Arquivo Nacional, 2003.

SANTOS, Maria Helena Carvalho dos Santos (Org). *Pombal Revisitado*. Lisboa: Imprensa Universitária; Editorial Estampa, 1984. 2 vols.

SARAIVA, Antônio José. *Inquisição e Cristãos-novos*. Lisboa: Ed. Estampa, 1985.

SANTOS, Suzana Maria de Souza. *Além da exclusão*: convivência entre cristãos-novos e cristãos-velhos na Bahia setecentista. São Paulo, FFLCH/ USP, 2002 (Tese de Doutoramento).

SCHWARTZ, Stuart. *Segredos Internos*: engenhos, e escravos na sociedade colonial (1550-1835). São Paulo: Companhia das Letras, 1988.

SERRÃO, José Vicente. "O Quadro Humano". In: MATTOSO, José (org.). *História de Portugal*; o Antigo Regime (1620-1807). Lisboa: Editorial Estampa, s/d.

SILVA, Lina Gorenstein Ferreira. *Heréticos e impuros*. Rio de Janeiro: Secretaria de Cultura, 1995.

_____; CARNEIRO, Maria Luiza Tucci (orgs.). *Ensaios Sobre a Intolerância*: Inquisição, Marranismo e Anti-semitismo (Homenagem a Anita Novinsky). São Paulo: Humanitas, FFLCH/USP, 2002.

SILVA, Flávio Marcus da. *Subsistência e Poder*: a política de abastecimento alimentar nas Minas setecentistas. Belo Horizonte, FAFICH-UFMG, 2002 (Tese de doutorado).

SILVA, Maria Beatriz Nizza. *Ser Nobre na Colônia*. São Paulo: Editora Unesp, 2004.

SILVA, Filipa Ribeiro da. "A Inquisição na Guiné, nas Ilhas de Cabo Verde e São Tomé e Príncipe". *Revista Lusófona de Ciência das Religiões*, Lisboa, n. 5, vol. 6, 2004. p. 157-173.

SILVA, Renata Resende. *Entre a Ambição e a Salvação das Almas*: a atuação das Ordens Regulares em Minas Colonial. São Paulo, FFLCH/USP, 2005 (Dissertação de Mestrado).

SILVEIRA, Marco Antônio. *O universo do indistinto*: estado e sociedade nas Minas Setecentistas. São Paulo: Hucitec, 1997.

SIQUEIRA, Sônia Aparecida. *A Inquisição portuguesa e a sociedade colonial*. São Paulo: Ática, 1978.

_____. *A Presença da Inquisição no Vale do Paraíba*. Taubaté: UNITAU, 1978.

SOUZA, Laura de Mello e. *Desclassificados do Ouro*: a pobreza mineira no século XVIII. 4ª edição revista e ampliada. São Paulo: Paz e Terra, 2004.

_____. *O Diabo e a Terra de Santa Cruz*: feitiçaria e religiosidade popular no Brasil colonial. São Paulo: Companhia das Letras, 1986.

_____. *Inferno Atlântico*: Demonologia e Colonização (Séculos XVI-XVIII). São Paulo: Companhia das Letras, 1993.

_____ (org.). *História de Vida Privada no Brasil*: Cotidiano e Vida Privada na América Portuguesa. São Paulo: Companhia das Letras, 1997.

_____. "Famílias sertanistas: expansão territorial e riqueza familiar em Minas na segunda metade do século XVIII". In: SILVA, Maria Beatriz Nizza (org.). *Sexualidade, Família e religião na colonização do Brasil*. Lisboa: Livros Horizonte, 2002. p. 201-214.

_____. *Norma e Conflito*: Aspectos da História de Minas no século XVIII. Belo Horizonte: Editora da UFMG, 1999.

_____ e BICALHO, Maria Fernanda Baptista. *1680 – 1720*: O Império deste mundo. São Paulo: Companhia das Letras, 2000.

_____. *O Sol e a Sombra*: política e administração na América portuguesa do século XVIII. São Paulo: Companhia das Letras, 2006.

TRINDADE, Cônego Raimundo. *Arquidiocese de Mariana*: subsídios para sua história. Belo Horizonte: Imprensa Oficial, 1953.

TORRES, José Veiga. "Da repressão à promoção social: a Inquisição como instância legitimadora da promoção social da burguesia mercantil". *Revista Crítica de Ciências Sociais*, 40, out. 1994. p. 105-35.

_____. "Uma longa guerra social: os ritmos da repressão inquisitorial em Portugal". *Revista de História econômica e social*, 1, 1978. p. 56-68.

VAINFAS, Ronaldo (Direção). *Dicionário de Brasil Colonial (1500-1808)*. Rio de Janeiro: Objetiva, 2000. Verbete Irmandades, p. 316. Verbete Câmaras, p. 88-99.

VAINFAS, Ronaldo. *Trópico dos pecados*: moral, sexualidade e Inquisição no Brasil. Rio de Janeiro: Campus, 1989.

_____. "A teia da intriga". In: VAINFAS, Ronaldo (org.). *História e sexualidade no Brasil*. Rio de Janeiro: Graal, 1986. p. 41-66.

VALADARES, Vírginia Trindade. *Elites Mineiras*: conjugação de dois mundos. Lisboa: Edições Colibri; Instituto de Cultura Ibero-Atlântica, 2004.

VASCONCELOS, Diogo de. *História do Bispado de Mariana*. Belo Horizonte: Apoleo, 1935.

_____. *História Antiga de Minas Gerais*. Belo Horizonte: Itatiaia, 1974, vols. 1 e 2.

_____. *História Média de Minas Gerais*. Belo Horizonte: Itatiaia, 1974.

VASCONCELOS, Salomão de. "Vida social e política da Vila do Carmo". *Revista Brasileira de Estudos Políticos*, 20, jan. 1966.

VENÂNCIO, Renato Pinto; FURTADO, Júnia. "Comerciantes, tratantes e mascates". In: DEL PRIORE, Mary (org.). *Revisão do Paraíso*: os brasileiros e o Estado em 500 anos de História. Rio de Janeiro: Campus, 2000. p. 93-113.

VILLALTA, Luiz Carlos. *Reformismo ilustrado, censura e práticas de leitura*: usos do livro na América portuguesa. São Paulo, USP, 1999 (Tese de doutoramento).

_____. *A torpeza diversificada dos vícios*: celibato, concubinato e casamento no mundo dos letrados de Minas Gerais (1748-1801). São Paulo, USP, 1993 (Dissertação de Mestrado).

WADSWORTH, James. *Agents of Orthodoxy*: inquisitional power and prestige in colonial Pernambuco, Brazil. University of Arizona, 2002 (Tese de doutoramento).

_____. "Celebrating St. Peter Martyr: The Inquisitional Brotherhood in Colonial Brazil". *Colonial Latin American Historical Review*, vol. 12, n. 2, spring, 2003. p. 173-227.

_____. "Children of the Inquisition: Minors as Familiares of the Inquisition in Pernambuco, Brazil, 1613-1821". *Luso-Brazilian Review*, n. 42: 1, 2005. p. 21-43.

ZEMELLA, Mafalda. *O abastecimento da Capitania das Minas Gerais no século XVIII*. São Paulo: Hucitec, Edusp, 1990.

# AGRADECIMENTOS

ESTE LIVRO, COM LIGEIRAS ALTERAÇÕES, é a minha dissertação de mestrado defendida na FFLCH/USP em julho de 2007. Para a realização do trabalho, contei com o apoio inestimável de algumas pessoas e instituições que eu não poderia deixar de mencionar aqui.

Em primeiro lugar agradeço a Laura de Mello e Souza, minha querida orientadora, por ter acreditado no meu trabalho e me apoiado constantemente. Ela valorizou as descobertas da pesquisa documental e, através das reuniões da orientação e da leitura/ correção dos relatórios Fapesp, apontou caminhos que levaram o trabalho a ganhar esse formato final. Considero-me privilegiado por ter estudado Minas colonial sob sua generosa orientação!

Sou imensamente grato a Fernanda Olival, orientadora da minha pesquisa em Portugal, por ter me guiado atenciosamente nos arquivos lusos. Seu profundo conhecimento da documentação da Torre do Tombo foi decisivo para o rendimento da minha pesquisa. Fernanda, generosamente, passou-me bibliografia fundamental e discutiu comigo os rumos da dissertação; além de ter me ajudado a ler documentos "indecifráveis".

Ao meu amigo querido e ex-mestre, Luiz Carlos Villalta, por ter me ensinado cuidadosamente os primeiros passos da pesquisa histórica, quando eu era seu orientando de Iniciação Científica no ICHS-UFOP. A ele agradeço ainda o apoio para que eu ingressasse no programa de mestrado em História Social da FFLCH/USP.

A Andréa Lisly Gonçalves, amiga e ex-orientadora de Iniciação Científica, pelo incentivo e atenção que sempre me dedicou.

Sou grato ao professor Renato Venâncio por ter me apresentado aos Familiares do Santo Ofício através dos documentos do Arquivo da Câmara de Mariana, quando eu era aluno dos seus seminários de Brasil Colônia. Ele convenceu-me do quanto era importante estudar esse grupo de agentes inquisitoriais. Nos seus cursos, aprendi a explorar os arquivos de Minas.

Aos membros da minha banca de qualificação, Bruno Feitler e Íris Kantor, sou grato pelas críticas e sugestões decisivas aos rumos deste trabalho, muitas delas aqui incorporadas. Ambos, generosamente, continuaram acompanhando a minha dissertação.

Dividi com a Cidinha (Maria Aparecida Menezes Borrego), amiga querida, as angústias e as muitas alegrias de realizar esta dissertação. Ela foi a minha interlocutora constante; acompanhou cada passo da realização deste trabalho, desde a pesquisa arquivística à escrita do texto final – o qual leu integralmente e corrigiu com toda a atenção. Sua generosidade é sem tamanho!

A Márcia Moisés Ribeiro, amiga e companheira de pesquisa em Portugal, pelas palavras de incentivo e leitura crítica do texto final da dissertação.

Nas minhas andanças pelos arquivos mineiros, contei sempre com a generosidade de Maria Teresa e Maria José Ferro.

Aos meus queridos amigos da época da graduação no ICHS-UFOP: Gustavo Barbosa, Adriana Benfica, Sabrina, Renata Diório, Bruno Gianez, Marcela Marques, Heulália, Emmanuel e Wal (*in memoriam*). A Maykon Rodrigues, pela ajuda com a transcrição dos documentos de Mariana. A Cirleia, amiga de sempre. A Renata Resende, pela acolhida em Sampa.

À Rosana Gonçalves, pela leitura crítica dos meus textos e pela amizade. Com ela, Simone e Mateus passei momentos inesquecíveis em terras lusas.

Às simpáticas funcionárias da Torre do Tombo, sempre solícitas, por terem tornado ainda mais agradável o meu cotidiano de pesquisa em Lisboa. Lembro aqui de Dona Céu, Lídia, Adriana, Dra. Odete, Suzana e Dona Bárbara.

Agradeço às instituições que tornaram viável a realização deste trabalho. À Fapesp, agradeço pela bolsa de dois anos que permitiu dedicar-me integralmente ao mestrado; além da bolsa, a reserva técnica possibilitou que eu fizesse cópias de documentos, realizasse pesquisa em Minas e participasse de congressos. À Cátedra Jaime Cortesão/ Instituto Camões, na pessoa de Vera Ferlini, pela bolsa que viabilizou minha pesquisa nos arquivos portugueses e pelo espaço sempre acolhedor da "Cátedra". Ao Instituto Cultural Amílcar Martins, de Belo Horizonte, por um semestre de bolsa, durante a reta final deste trabalho. A Coseas/ USP pela bolsa-moradia/ CRUSP, na pessoa de Neusa.

A publicação deste trabalho foi possível graças ao concurso de publicações ("série teses e dissertações") do programa de Pós-graduação em História Social, coordenado pela professora Sara Albieri. Agradeço aos membros da comissão do concurso que muito me honraram com a seleção deste trabalho para edição em livro.

Esta obra foi impressa em Santa Catarina na primavera de 2011 pela Nova Letra Gráfica & Editora. No texto foi utilizada a fonte Minion pro, em corpo 10 e entrelinha de 15 pontos.